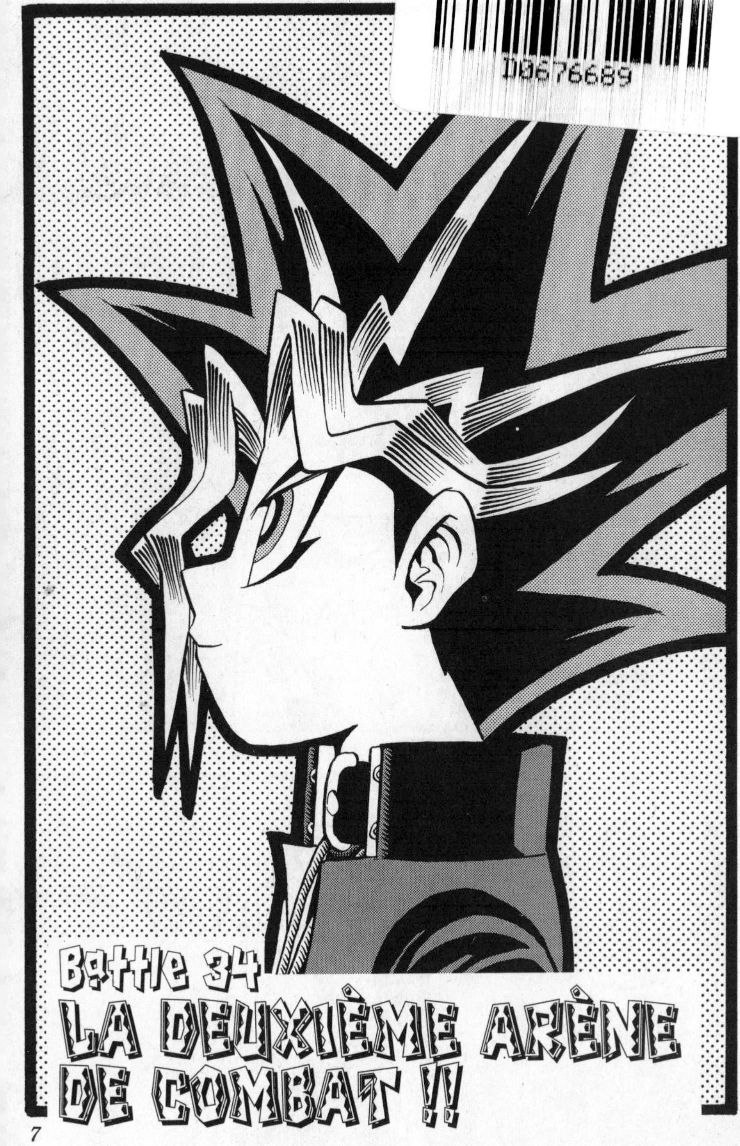

Battle 34
LA DEUXIÈME ARÈNE DE COMBAT !!

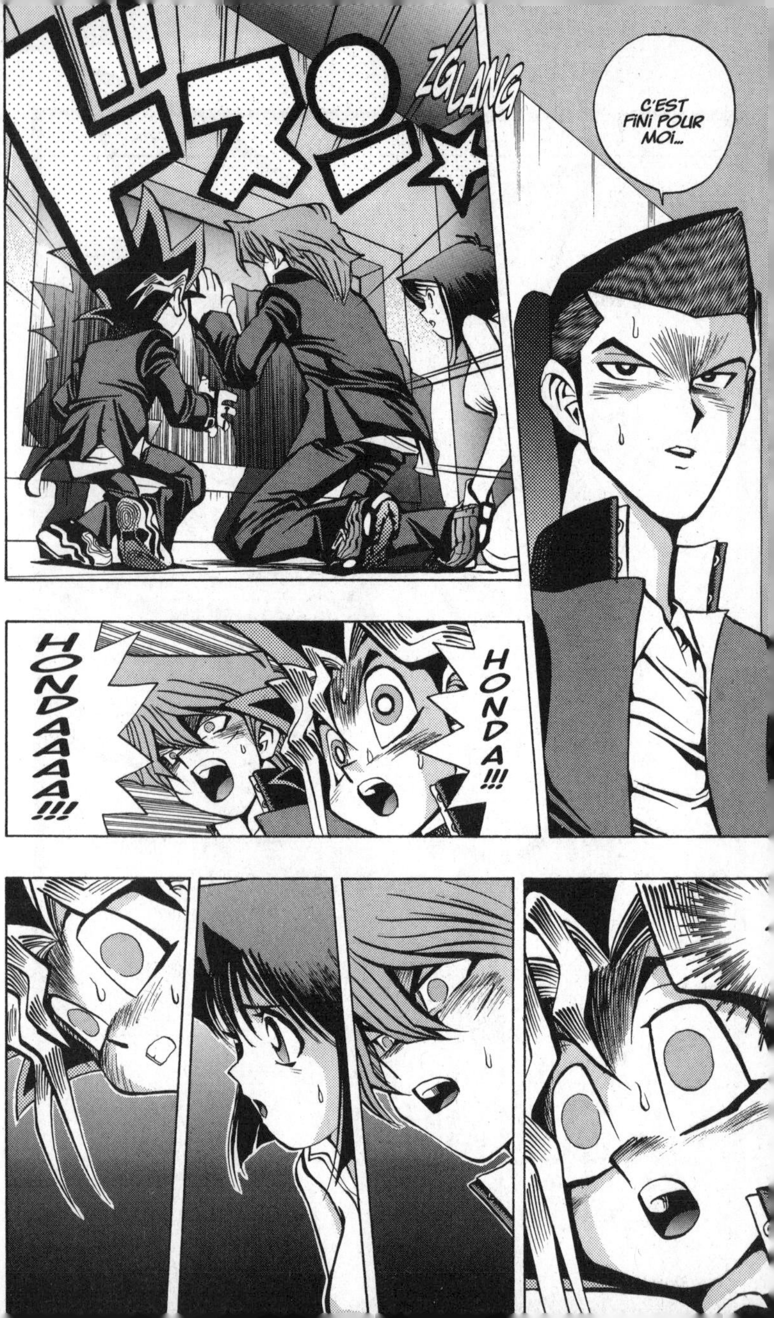
ZGLANG
C'EST FINI POUR MOI...
HONDA!!!
HONDAAAAA!!!

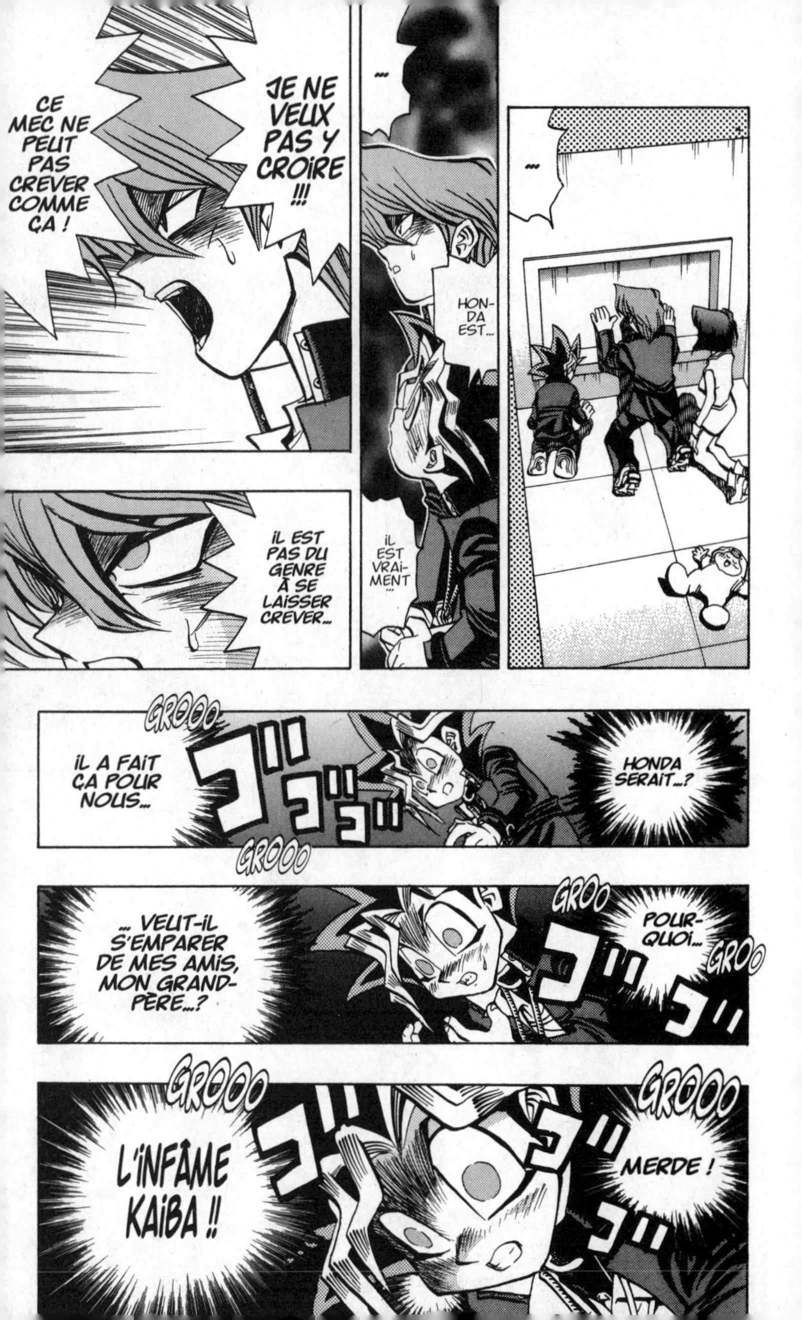
...
...
HONDA EST...
IL EST VRAIMENT...
JE NE VEUX PAS Y CROIRE !!!
CE MEC NE PEUT PAS CREVER COMME ÇA !
IL EST PAS DU GENRE À SE LAISSER CREVER...
HONDA SERAIT...?
GROOO
GROOO
IL A FAIT ÇA POUR NOUS...
GROO
POURQUOI...
GROO
... VEUT-IL S'EMPARER DE MES AMIS, MON GRAND-PÈRE...?
GROOO
MERDE !
GROOO
L'INFÂME KAIBA !!

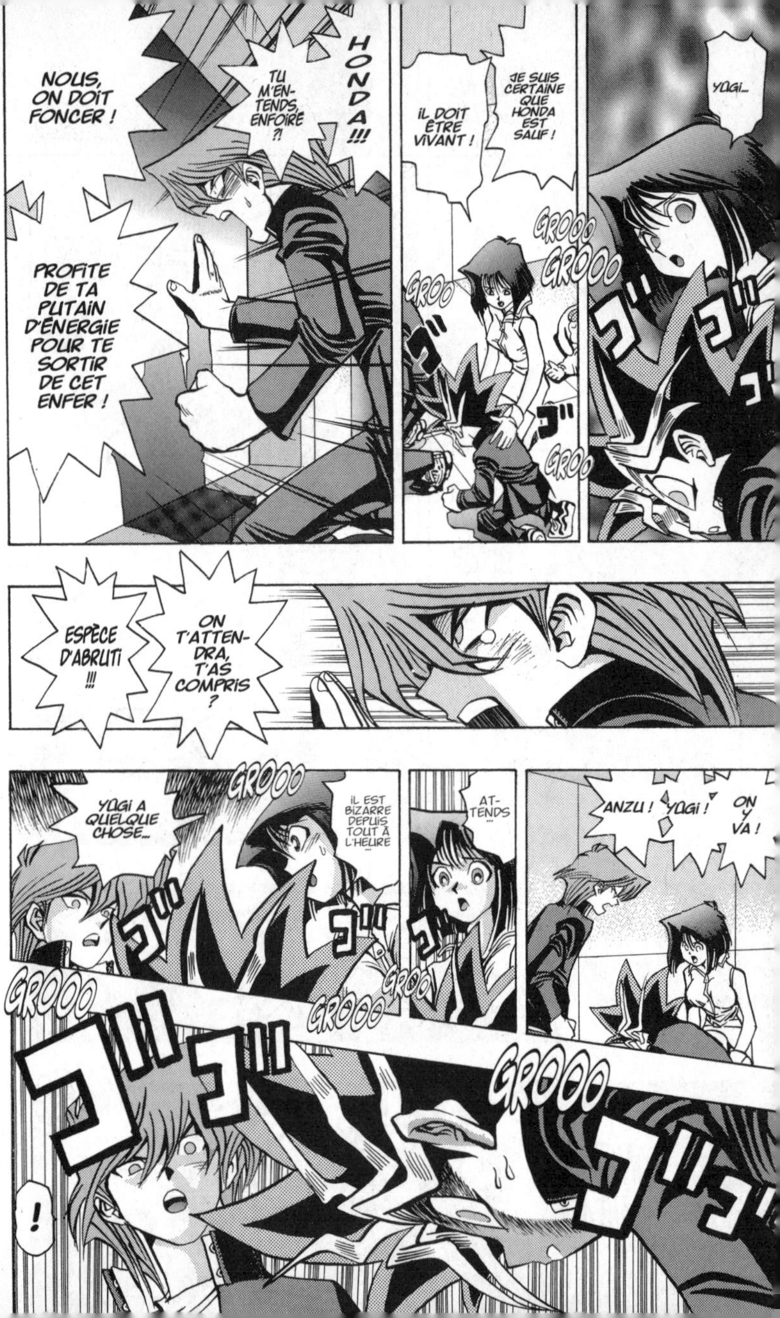
YUGI...
JE SUIS CERTAINE QUE HONDA EST SAUF !
IL DOIT ÊTRE VIVANT !
GROOO
GROOO
GROO
GROO
HONDA!!!
TU M'EN-TENDS, ENFOIRE ?!
NOUS, ON DOIT FONCER !
PROFITE DE TA PUTAIN D'ÉNERGIE POUR TE SORTIR DE CET ENFER !
ON T'ATTEN-DRA, T'AS COMPRIS ?
ESPÈCE D'ABRUTI !!!
ON Y VA !
YUGI !
ANZU !
AT-TENDS ...
IL EST BIZARRE DEPUIS TOUT À L'HEURE ...
GROOO
YUGI A QUELQUE CHOSE...
GROO
GROOO
GROOO
GROOO
!

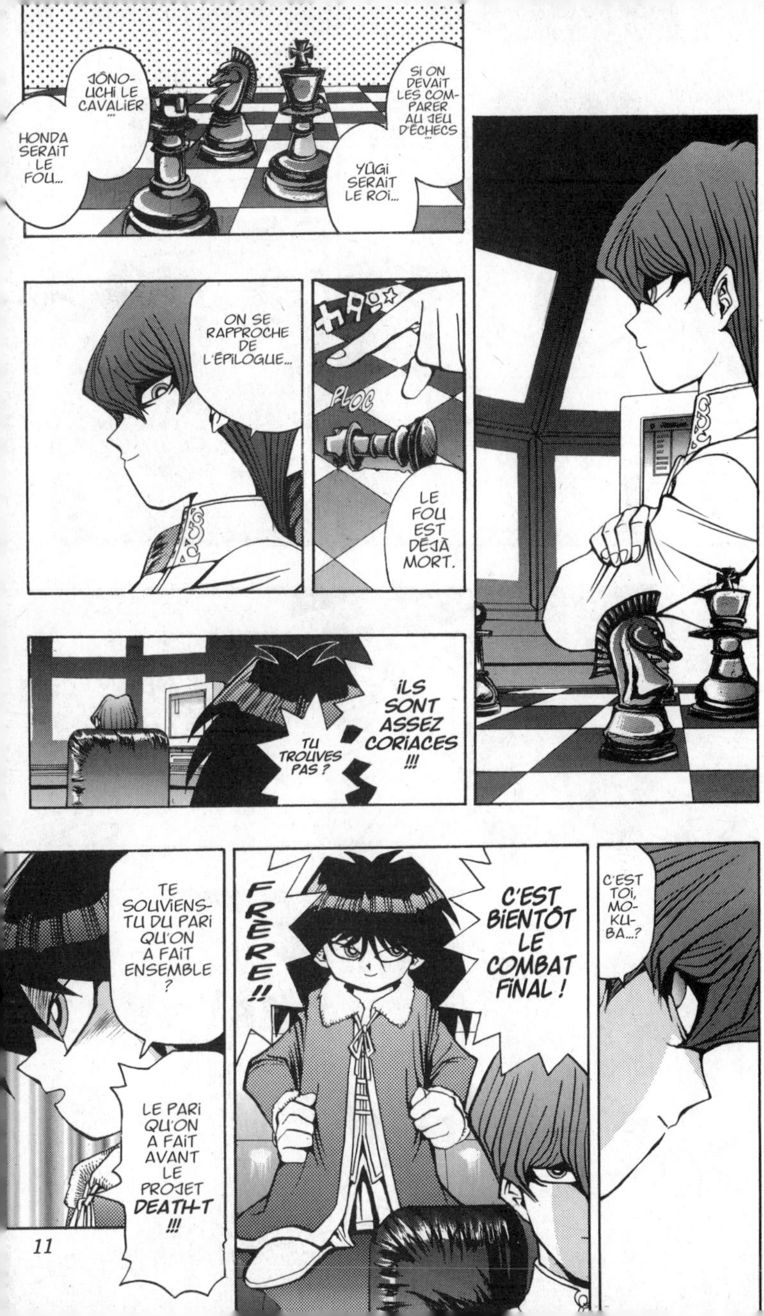
SI ON DEVAIT LES COMPARER AU JEU D'ÉCHECS...
YÛGI SERAIT LE ROI...
JÔNOUCHI LE CAVALIER...
HONDA SERAIT LE FOU...
PLOC
LE FOU EST DÉJÀ MORT.
ON SE RAPPROCHE DE L'ÉPILOGUE...
ILS SONT ASSEZ CORIACES !!!
TU TROUVES PAS ?
C'EST TOI, MO-KU-BA...?
C'EST BIENTÔT LE COMBAT FINAL !
FRÈRE !!
TE SOUVIENS-TU DU PARI QU'ON A FAIT ENSEMBLE ?
LE PARI QU'ON A FAIT AVANT LE PROJET DEATH-T !!!

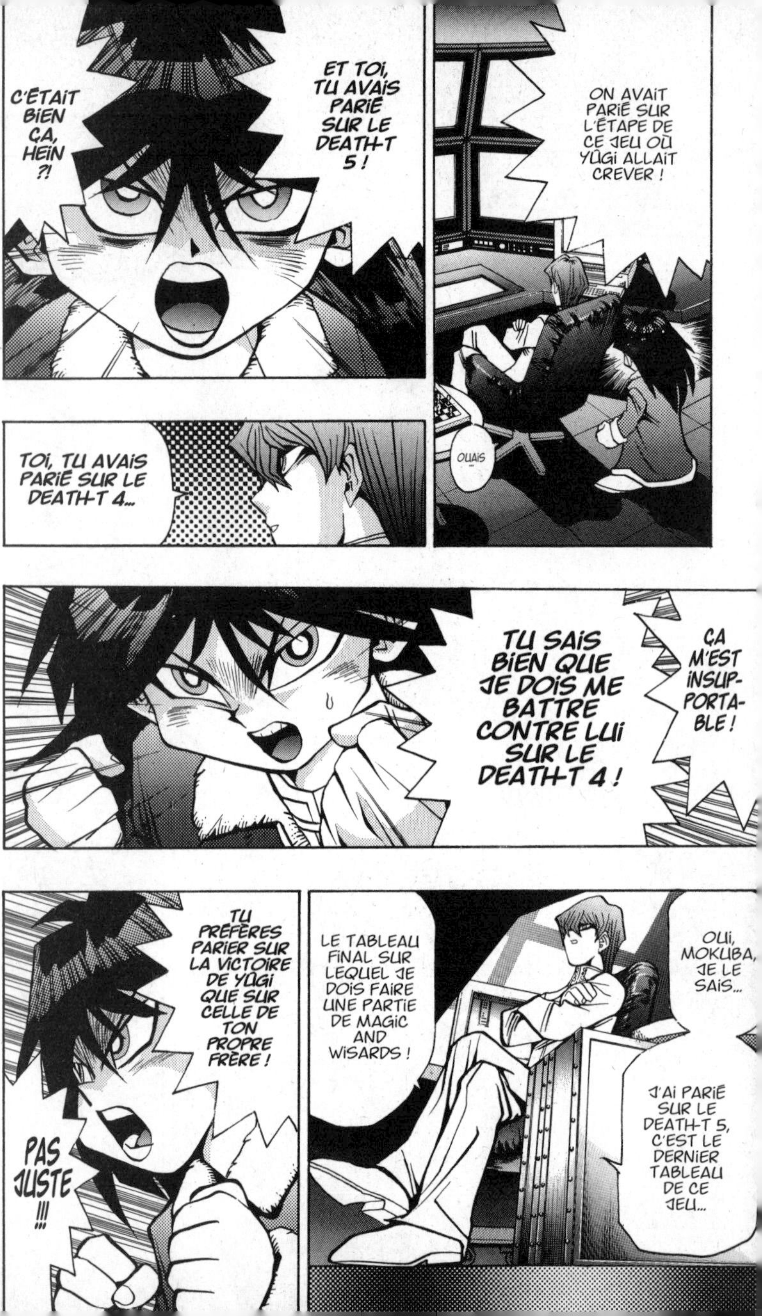
ON AVAIT PARIÉ SUR L'ÉTAPE DE CE JEU OÙ YÛGI ALLAIT CREVER !
OUAIS...
ET TOI, TU AVAIS PARIÉ SUR LE DEATH-T 5 !
C'ÉTAIT BIEN ÇA, HEIN ?!
TOI, TU AVAIS PARIÉ SUR LE DEATH-T 4...
TU SAIS BIEN QUE JE DOIS ME BATTRE CONTRE LUI SUR LE DEATH-T 4 !
ÇA M'EST INSUPPORTABLE !
OUI, MOKUBA, JE LE SAIS...
J'AI PARIÉ SUR LE DEATH-T 5, C'EST LE DERNIER TABLEAU DE CE JEU...
LE TABLEAU FINAL SUR LEQUEL JE DOIS FAIRE UNE PARTIE DE MAGIC AND WISARDS !
TU PRÉFÈRES PARIER SUR LA VICTOIRE DE YÛGI QUE SUR CELLE DE TON PROPRE FRÈRE !
PAS JUSTE !!!

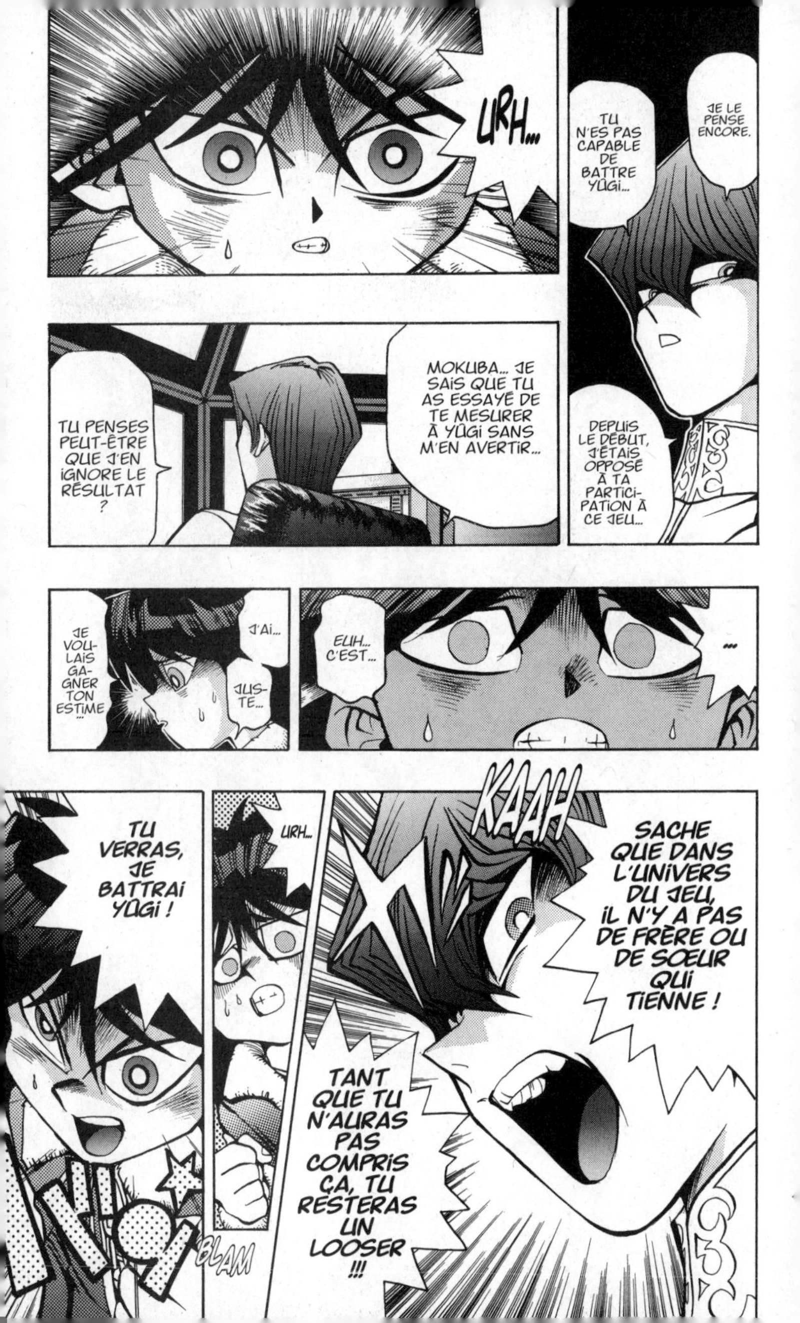

JE LE PENSE ENCORE.
TU N'ES PAS CAPABLE DE BATTRE YÛGI...
DEPUIS LE DÉBUT, J'ÉTAIS OPPOSÉ À TA PARTICIPATION À CE JEU...
URH...
MOKUBA... JE SAIS QUE TU AS ESSAYÉ DE TE MESURER À YÛGI SANS M'EN AVERTIR...
TU PENSES PEUT-ÊTRE QUE J'EN IGNORE LE RÉSULTAT ?
...
EUH... C'EST...
J'AI...
JUSTE...
JE VOULAIS GAGNER TON ESTIME...
KAAH
SACHE QUE DANS L'UNIVERS DU JEU, IL N'Y A PAS DE FRÈRE OU DE SOEUR QUI TIENNE !
TANT QUE TU N'AURAS PAS COMPRIS ÇA, TU RESTERAS UN LOOSER !!!
URH...
TU VERRAS, JE BATTRAI YÛGI !
BLAM

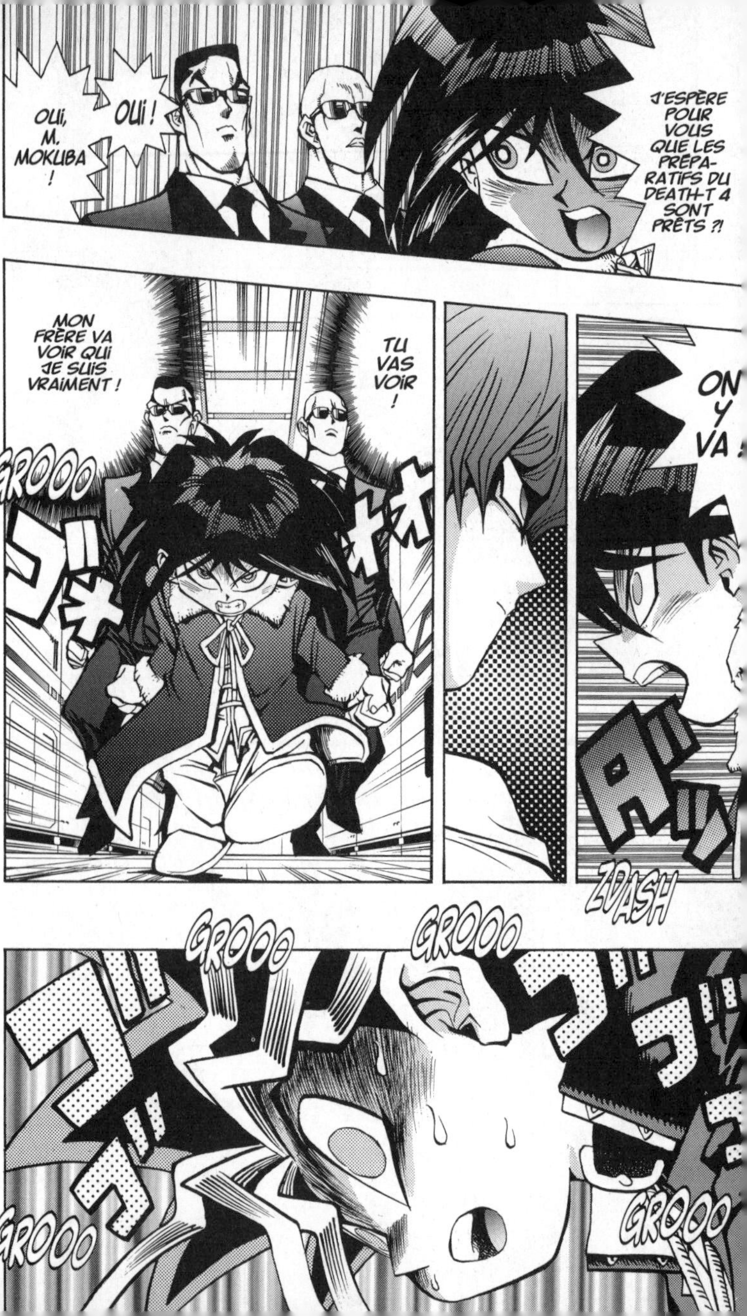
J'ESPÈRE POUR VOUS QUE LES PRÉPARATIFS DU DEATH-T 4 SONT PRÊTS ?!
OUI !
OUI, M. MOKUBA !
ON Y VA !
TU VAS VOIR !
MON FRÈRE VA VOIR QUI JE SUIS VRAIMENT !
GROOO
ZDASH
GROOO
GROOO
GROOO
GROOO

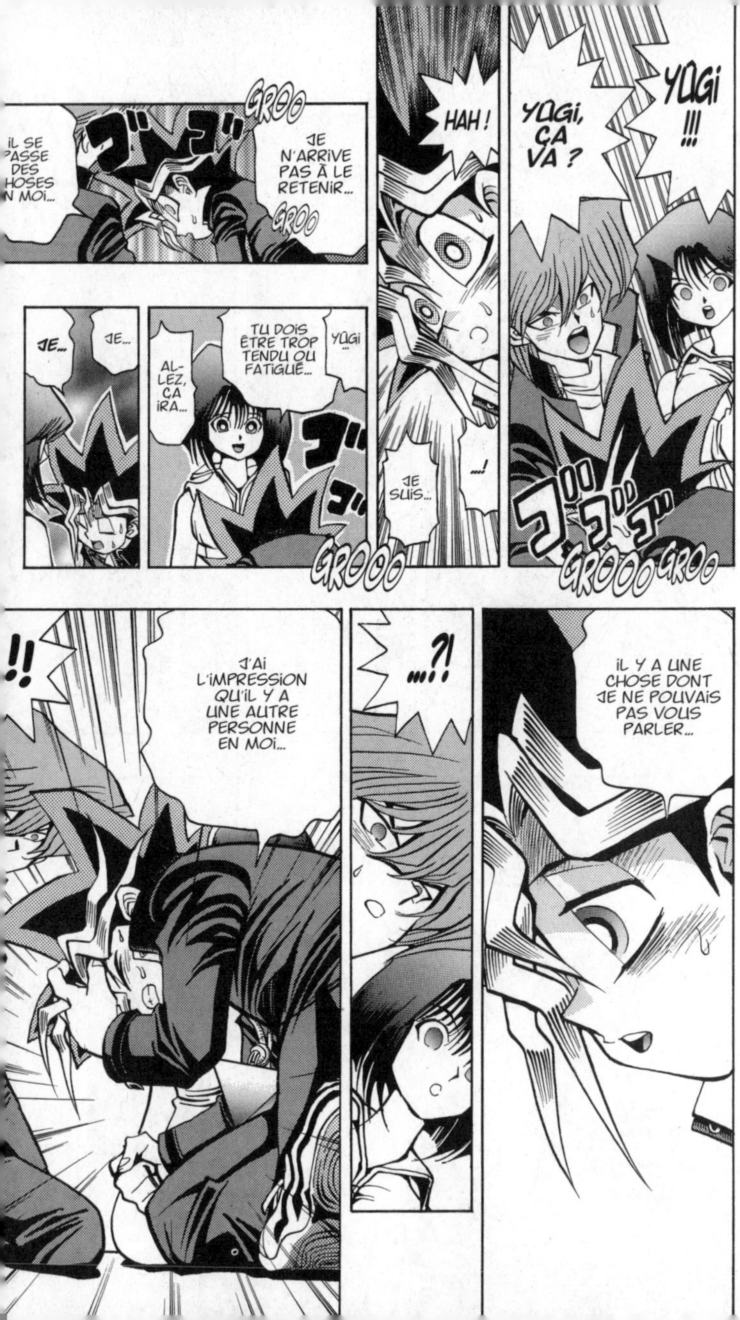
YÛGI !!!
YÛGI, ÇA VA ?
HAH !
JE N'ARRIVE PAS À LE RETENIR...
GROO
GROO
IL SE ASSE DES HOSES N MOI...
...!
JE SUIS...
GROO GROOO GROOO
YÛGI ...
TU DOIS ÊTRE TROP TENDU OU FATIGUÉ...
ALLEZ, ÇA IRA...
JE...
JE...
IL Y A UNE CHOSE DONT JE NE POUVAIS PAS VOUS PARLER...
...?!
J'AI L'IMPRESSION QU'IL Y A UNE AUTRE PERSONNE EN MOI...
!!

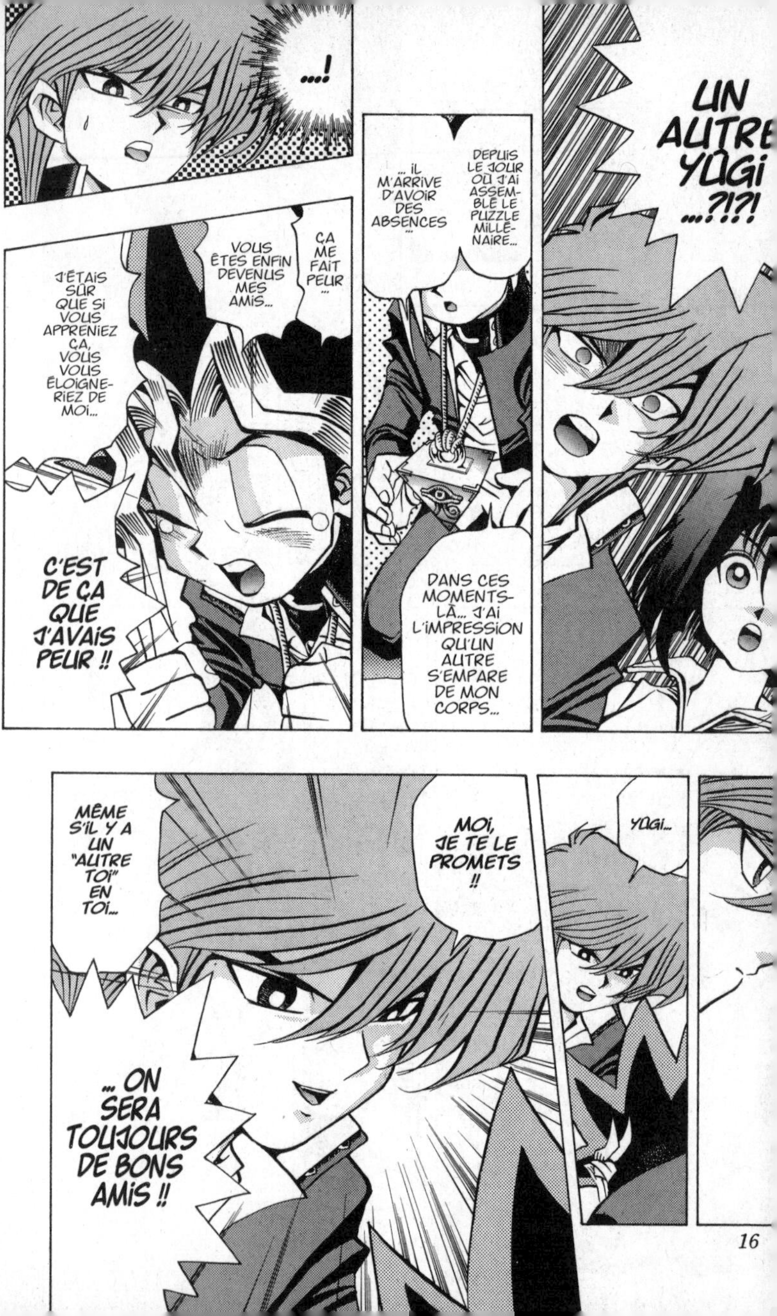
UN AUTRE YÛGI ...?!?!
...!
DEPUIS LE JOUR OÙ J'AI ASSEMBLÉ LE PUZZLE MILLÉNAIRE...
... IL M'ARRIVE D'AVOIR DES ABSENCES ...
DANS CES MOMENTS-LÀ... J'AI L'IMPRESSION QU'UN AUTRE S'EMPARE DE MON CORPS...
ÇA ME FAIT PEUR ...
VOUS ÊTES ENFIN DEVENUS MES AMIS...
J'ÉTAIS SÛR QUE SI VOUS APPRENIEZ ÇA, VOUS VOUS ÉLOIGNERIEZ DE MOI...
C'EST DE ÇA QUE J'AVAIS PEUR !!
YÛGI...
MOI, JE TE LE PROMETS !!
MÊME S'IL Y A UN "AUTRE TOI" EN TOI...
... ON SERA TOUJOURS DE BONS AMIS !!

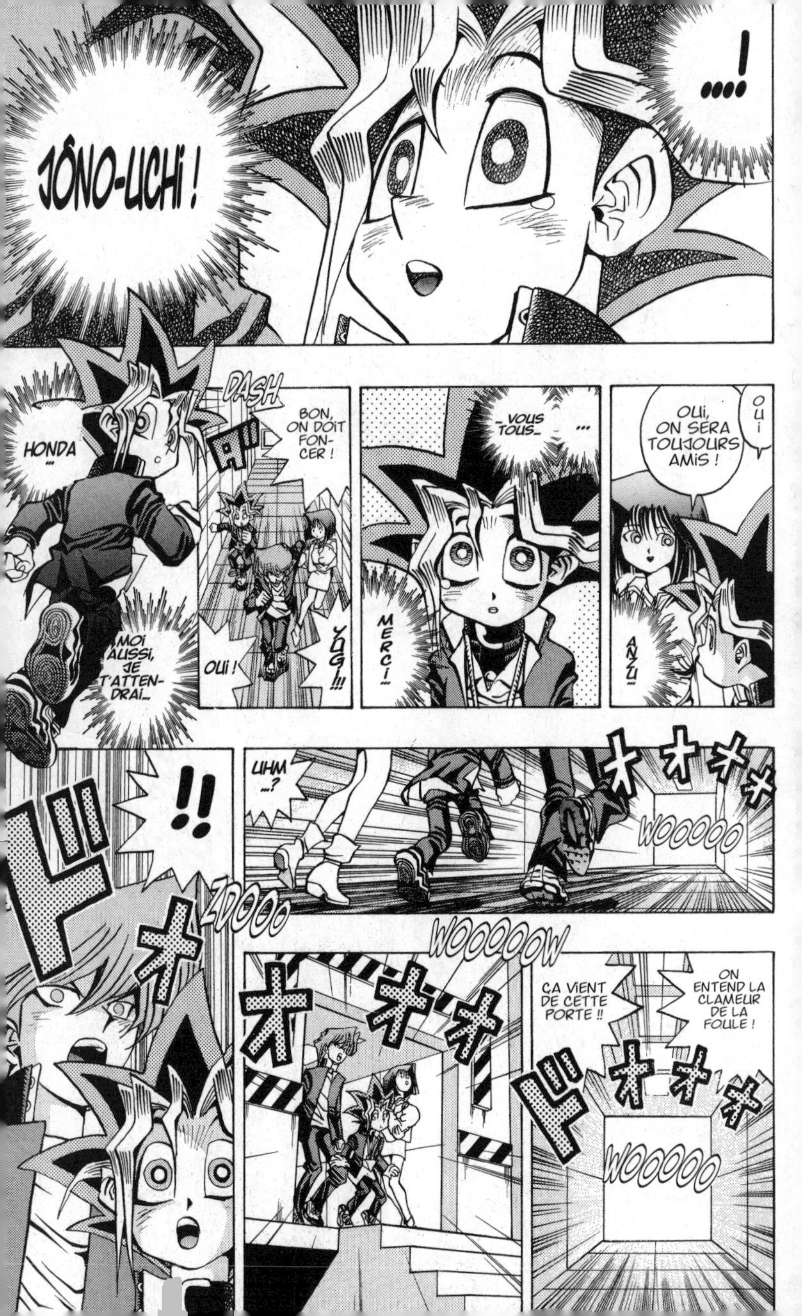
...!
JÔNO-UCHI !
OUI
OUI, ON SERA TOUJOURS AMIS !
ANZU...
...VOUS TOUS...
...
MERCI...
BON, ON DOIT FONCER !
DASH
YÛGI !!!
OUI !
HONDA ...
MOI AUSSI, JE T'ATTENDRAI...
WOOOOO
UHM ...?
!!
ZDOOO
WOOOOOW
ON ENTEND LA CLAMEUR DE LA FOULE !
ÇA VIENT DE CETTE PORTE !!
WOOOOO

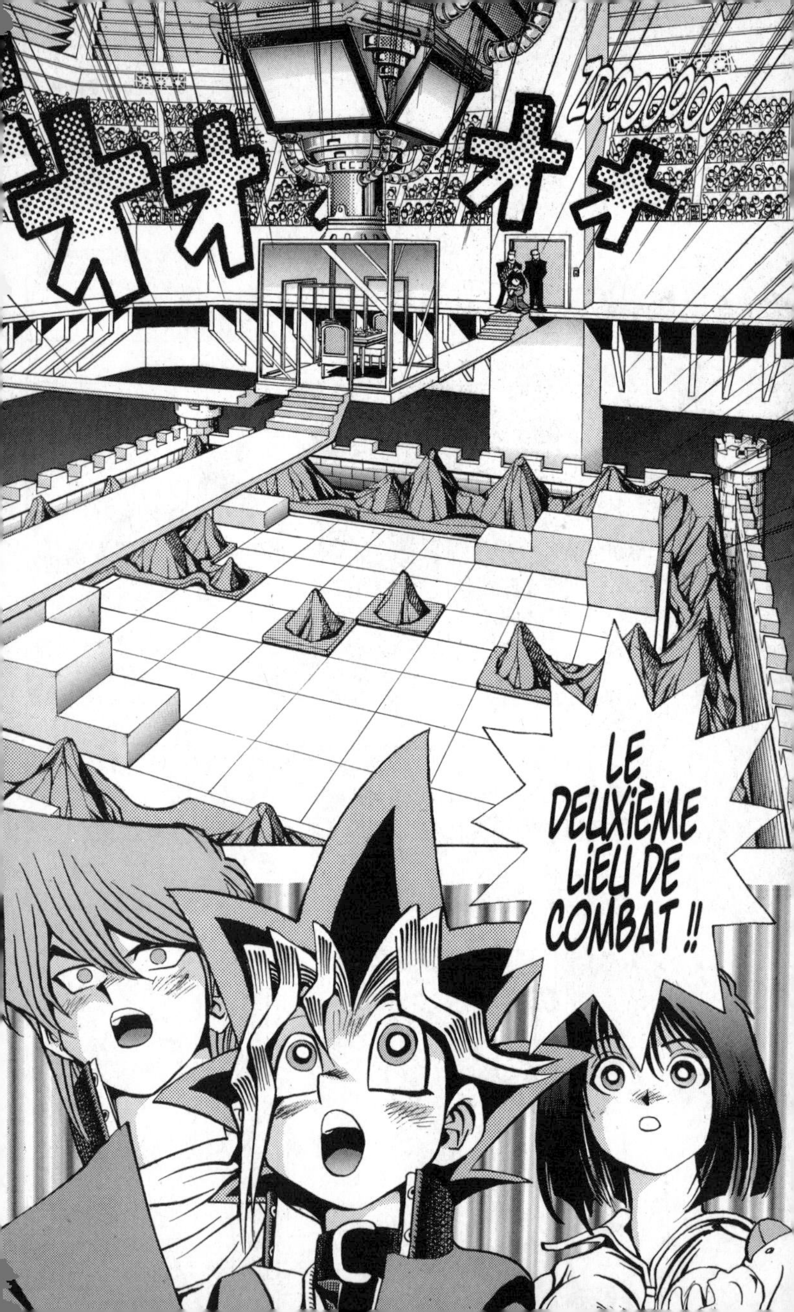
ZOOOOOO
LE DEUXIÈME LIEU DE COMBAT !!

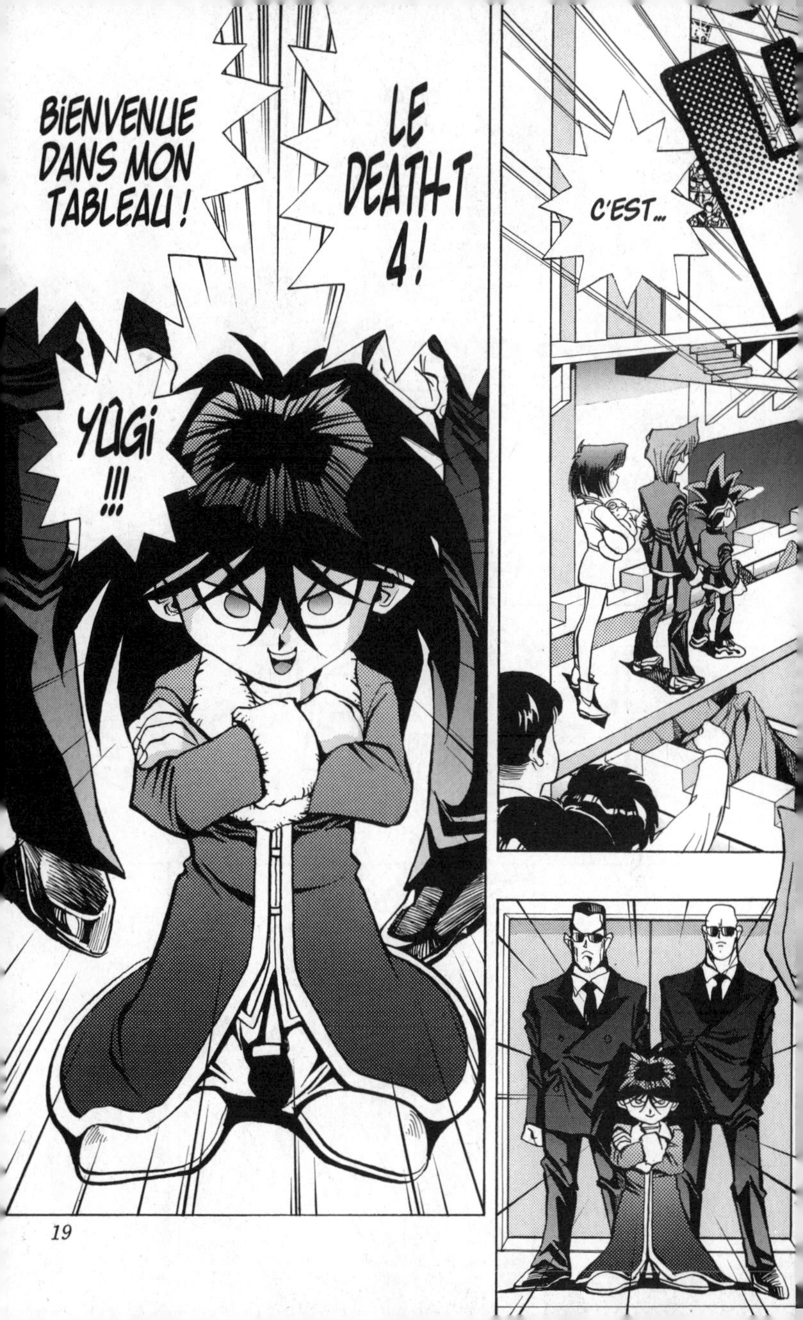

C'EST...
LE DEATH-T 4 !
BIENVENUE DANS MON TABLEAU !
YÛGI !!!

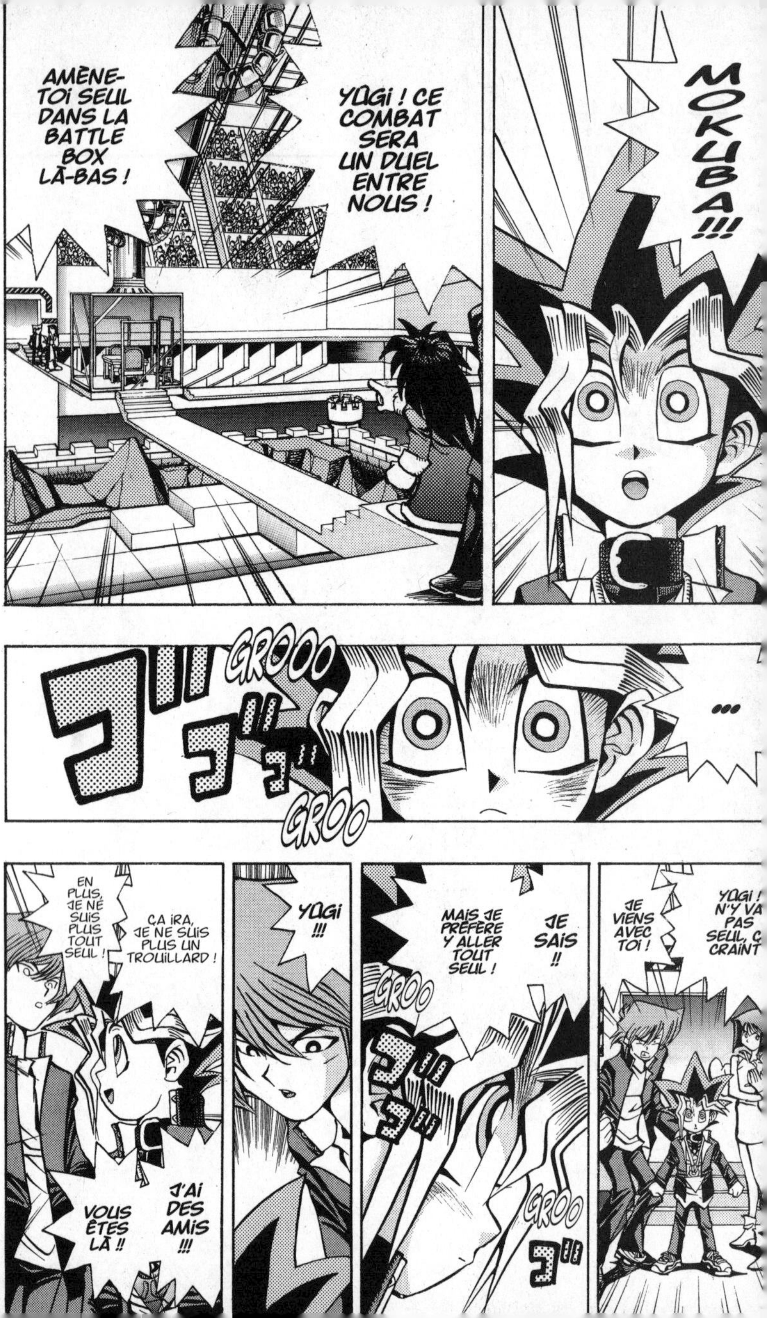
MOKUBA !!!
YŪGI ! CE COMBAT SERA UN DUEL ENTRE NOUS !
AMÈNE-TOI SEUL DANS LA BATTLE BOX LÀ-BAS !
...
GROOO
GROO
YŪGI ! N'Y VA PAS SEUL, Ç CRAINT
JE VIENS AVEC TOI !
JE SAIS !!
MAIS JE PRÉFÈRE Y ALLER TOUT SEUL !
GROO
GROO
YŪGI !!!
ÇA IRA, JE NE SUIS PLUS UN TROUILLARD !
EN PLUS, JE NE SUIS PLUS TOUT SEUL !
J'AI DES AMIS !!!
VOUS ÊTES LÀ !!

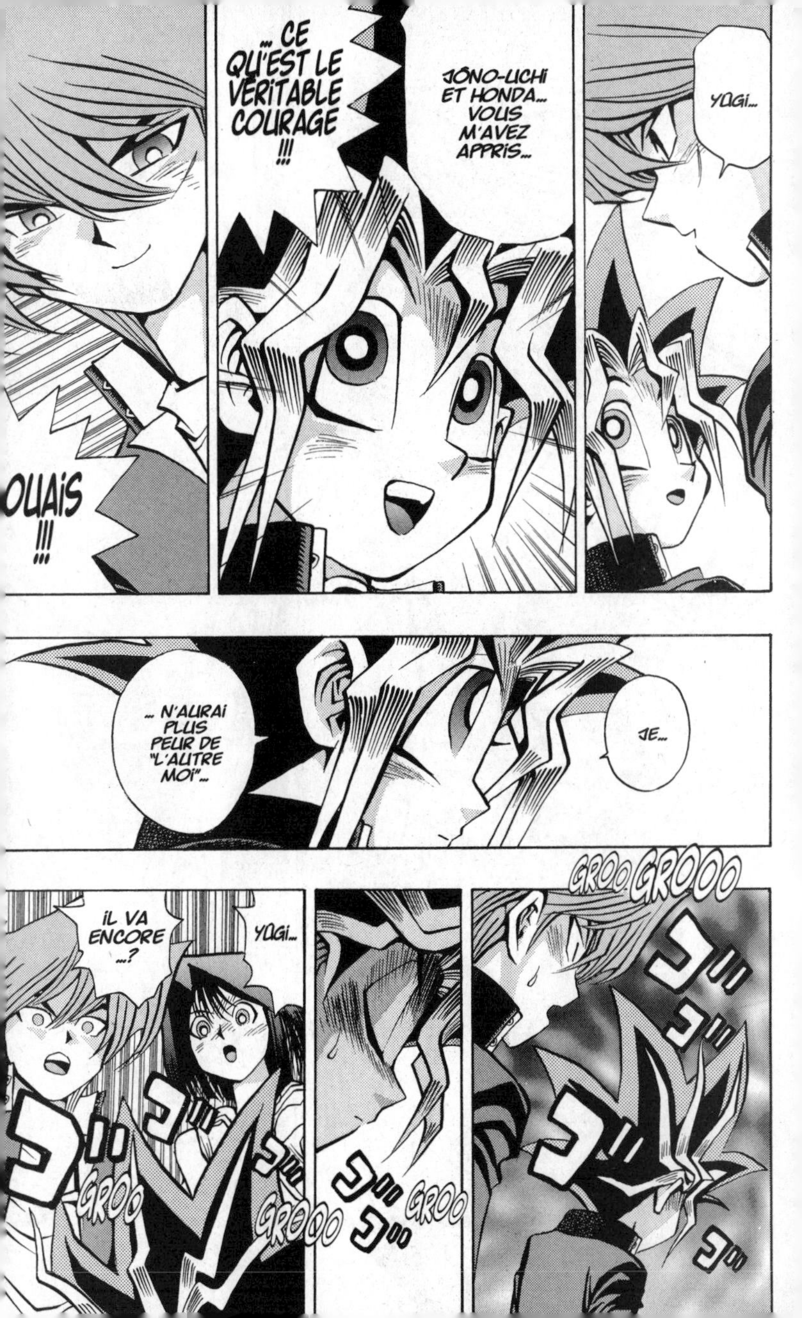
YÛGI...
JÔNO-UCHI ET HONDA... VOUS M'AVEZ APPRIS...
... CE QU'EST LE VÉRITABLE COURAGE !!!
OUAIS !!!
JE...
... N'AURAI PLUS PEUR DE "L'AUTRE MOI"...
GROO GROOO
GROOO GROO
YÛGI...
IL VA ENCORE ...?
GROO

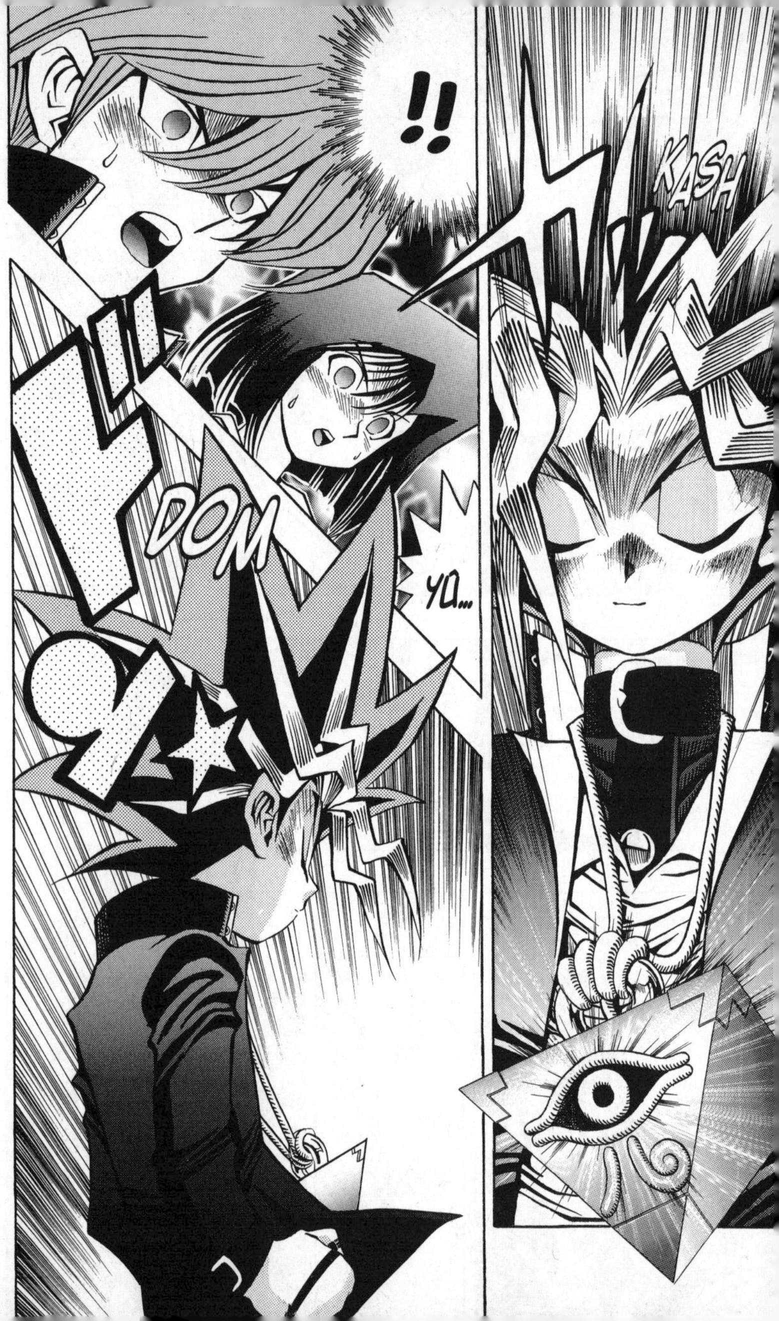
KASH
!!
DOM
YO...

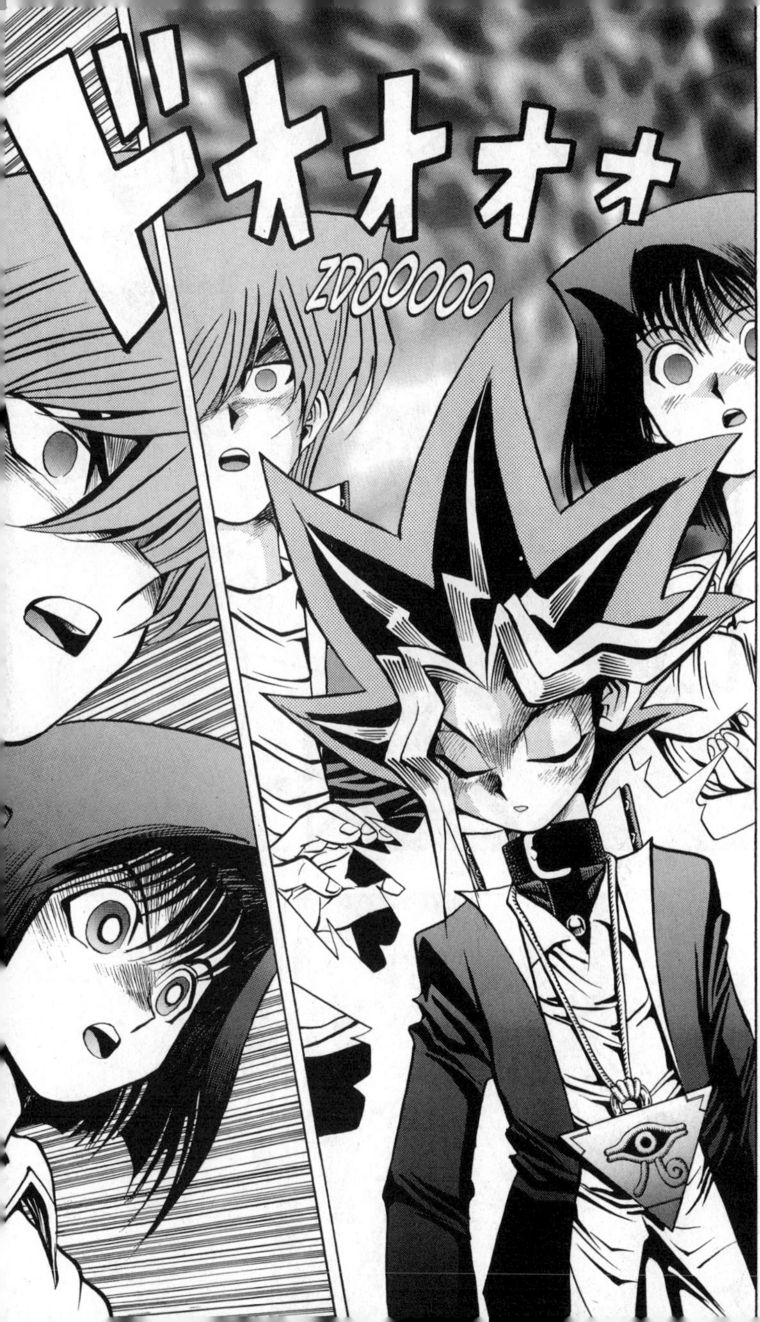
ドオオオォ
ZDOOOOO

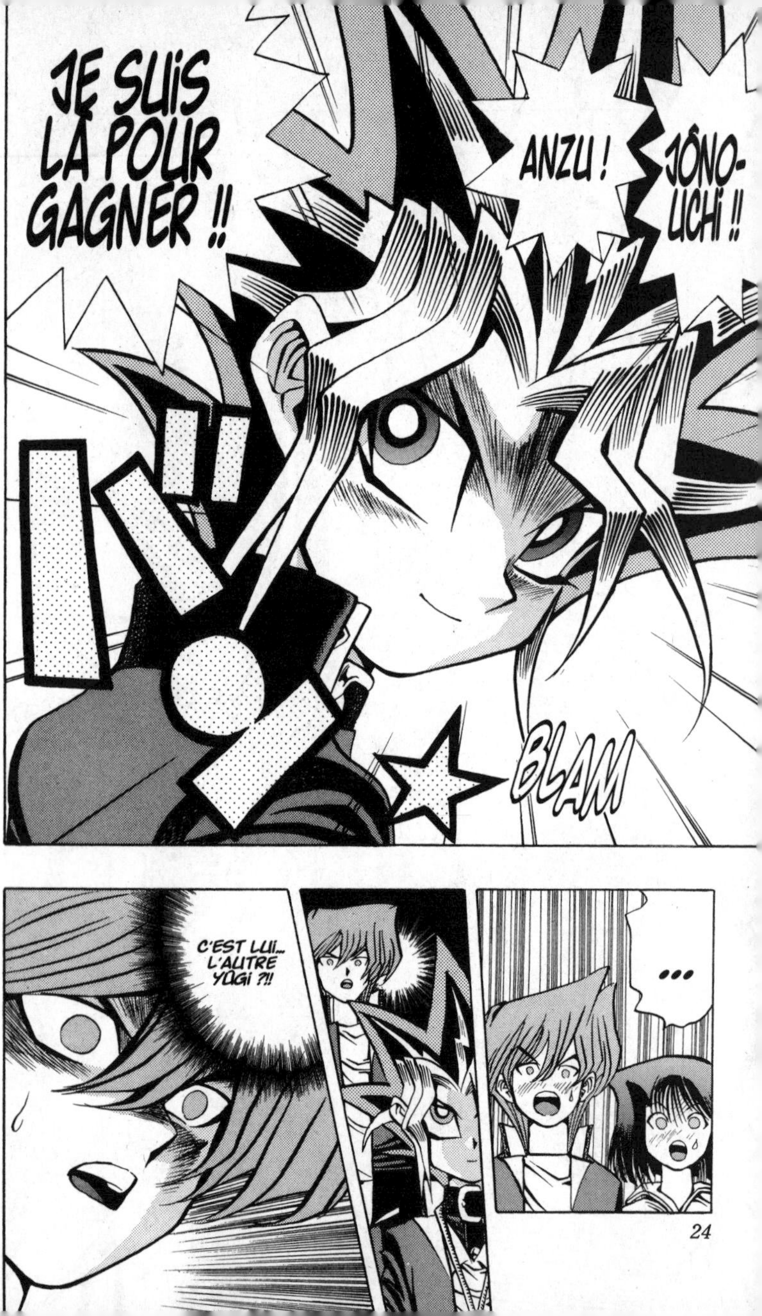
JÔNO-UCHI !!
ANZU !
JE SUIS LÀ POUR GAGNER !!
BLAM
...
C'EST LUI... L'AUTRE YûGI ?!!

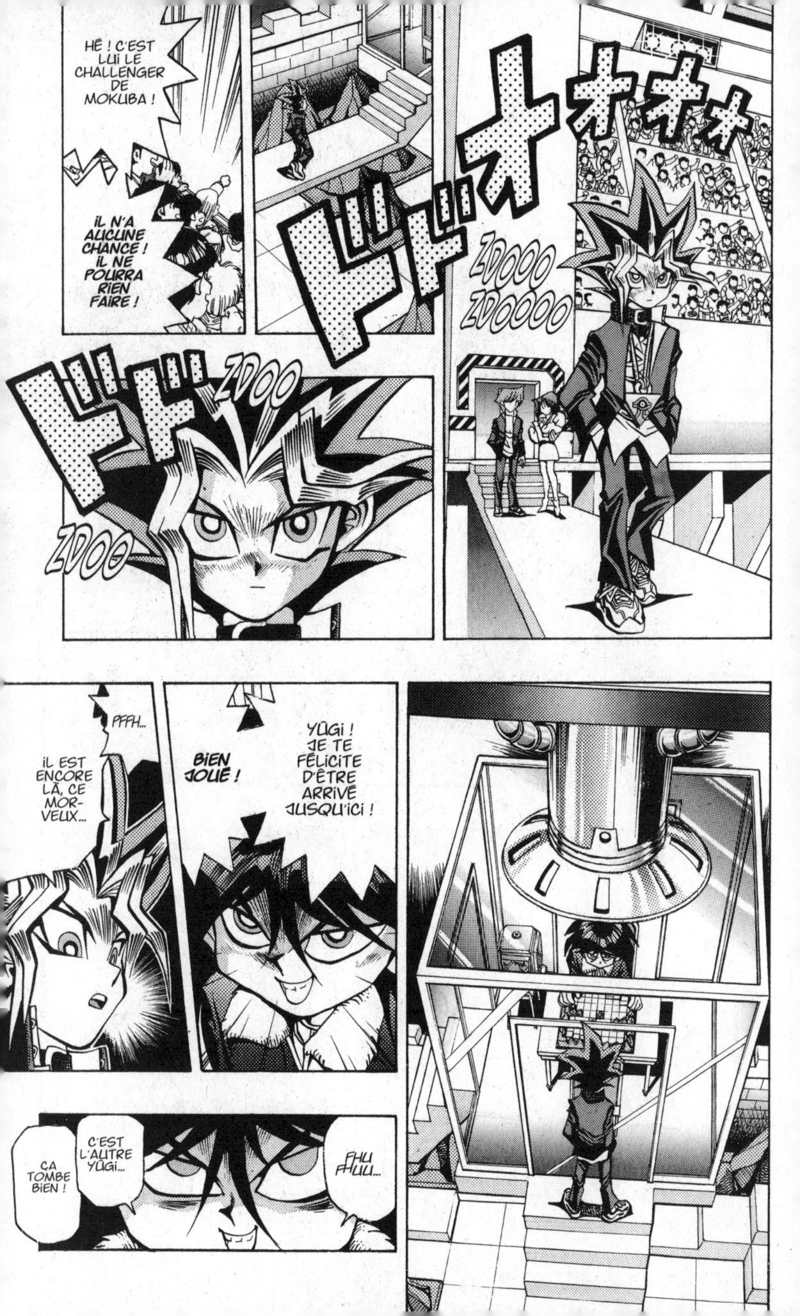

ドドドオオオオ
ZDOOO ZDOOOO
HÉ ! C'EST LUI LE CHALLENGER DE MOKUBA !
IL N'A AUCUNE CHANCE ! IL NE POURRA RIEN FAIRE !
ドドド
ZDOO
ZDOO
YÛGI ! JE TE FÉLICITE D'ÊTRE ARRIVÉ JUSQU'ICI !
BIEN JOUÉ !
PFFH...
IL EST ENCORE LÀ, CE MORVEUX...
FHU FHUU...
C'EST L'AUTRE YÛGI...
ÇA TOMBE BIEN !

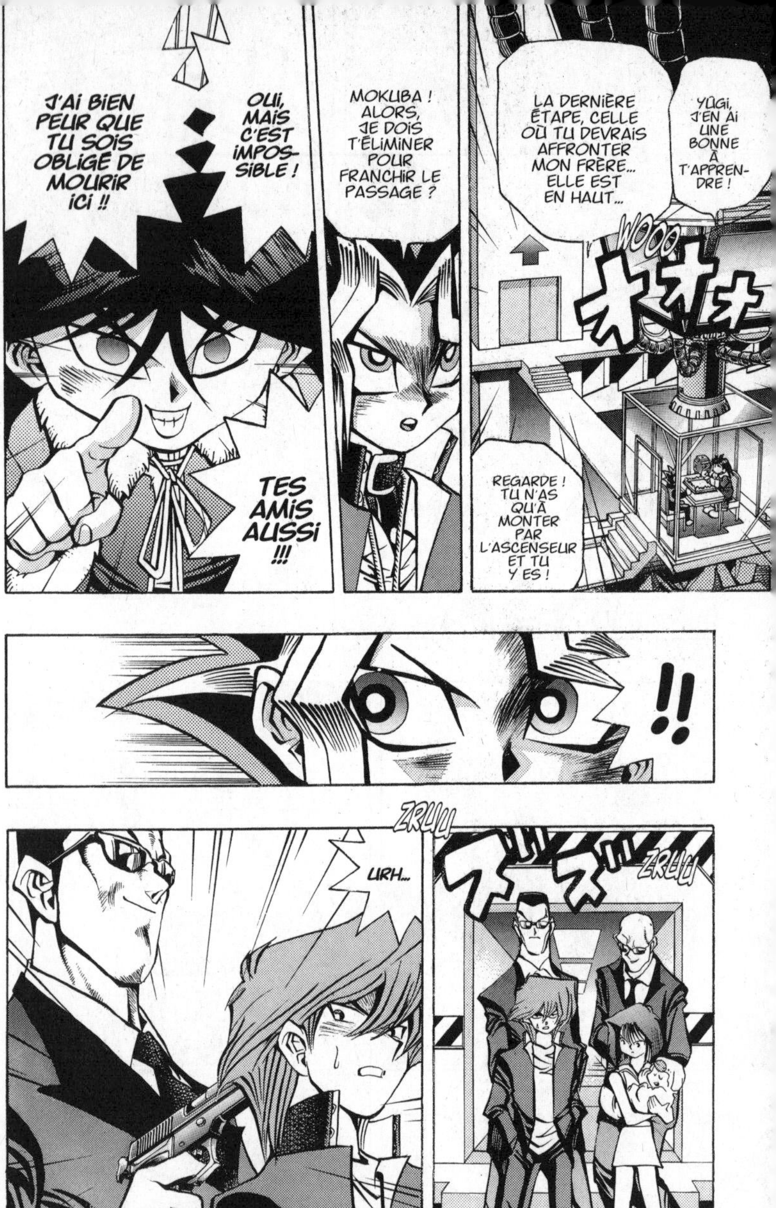
YûGi, J'EN Ai UNE BONNE À T'APPREN-DRE !
LA DERNIÈRE ÉTAPE, CELLE OÙ TU DEVRAIS AFFRONTER MON FRÈRE... ELLE EST EN HAUT...
WOOO
REGARDE ! TU N'AS QU'À MONTER PAR L'ASCENSEUR ET TU Y ES !
MOKUBA ! ALORS, JE DOIS T'ÉLIMINER POUR FRANCHIR LE PASSAGE ?
OUi, MAiS C'EST iMPOS-SiBLE !
J'Ai BiEN PEUR QUE TU SOiS OBLiGÉ DE MOURiR iCi !!
TES AMiS AUSSi !!!
!!
ZRUU
ZRUU
URH...

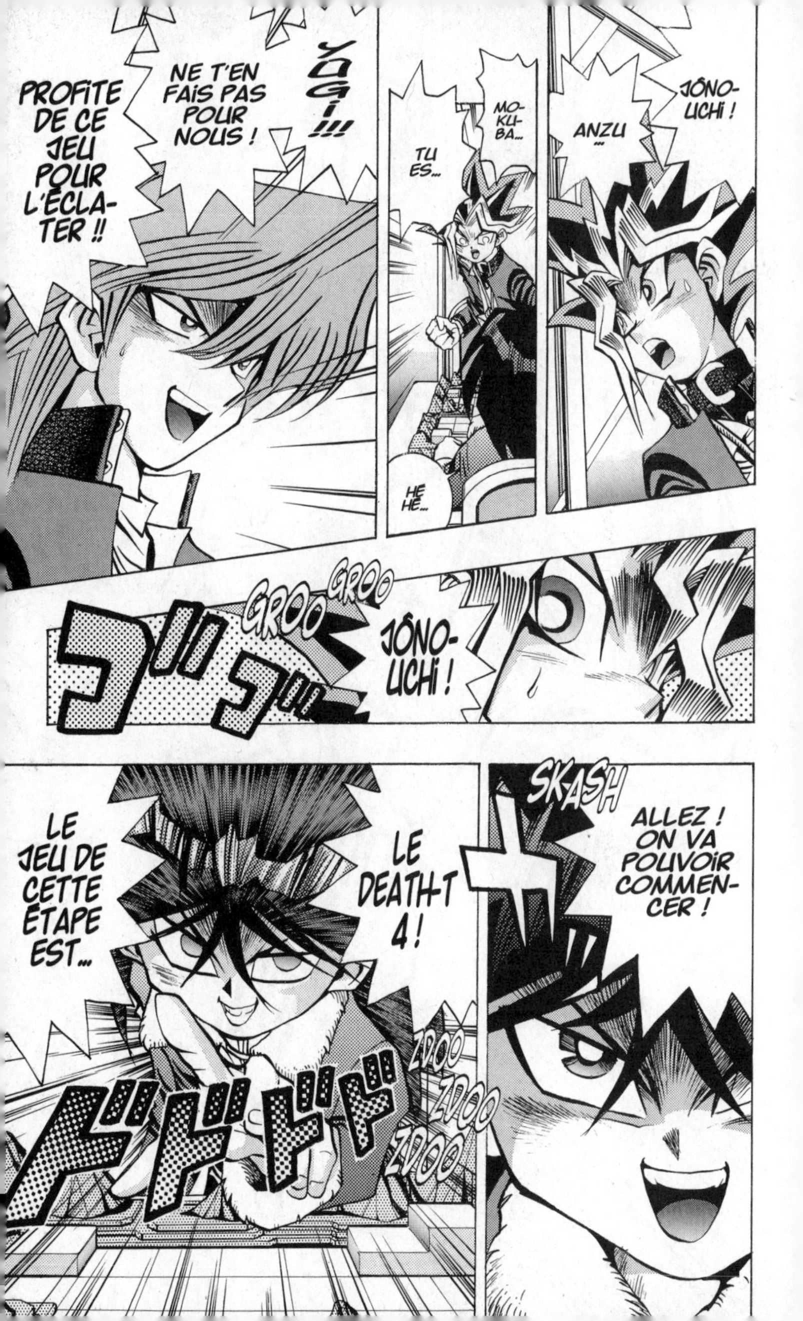
JÔNO-UCHI !
ANZU ...
MO-KU-BA...
TU ES...
HE HE...
YUGI !!!
NE T'EN FAIS PAS POUR NOUS !
PROFITE DE CE JEU POUR L'ÉCLATER !!
JÔNO-UCHI !
GROO GROO
SKASH
ALLEZ ! ON VA POUVOIR COMMENCER !
LE DEATH-T 4 !
LE JEU DE CETTE ÉTAPE EST...
ZDOO ZDOO ZDOO

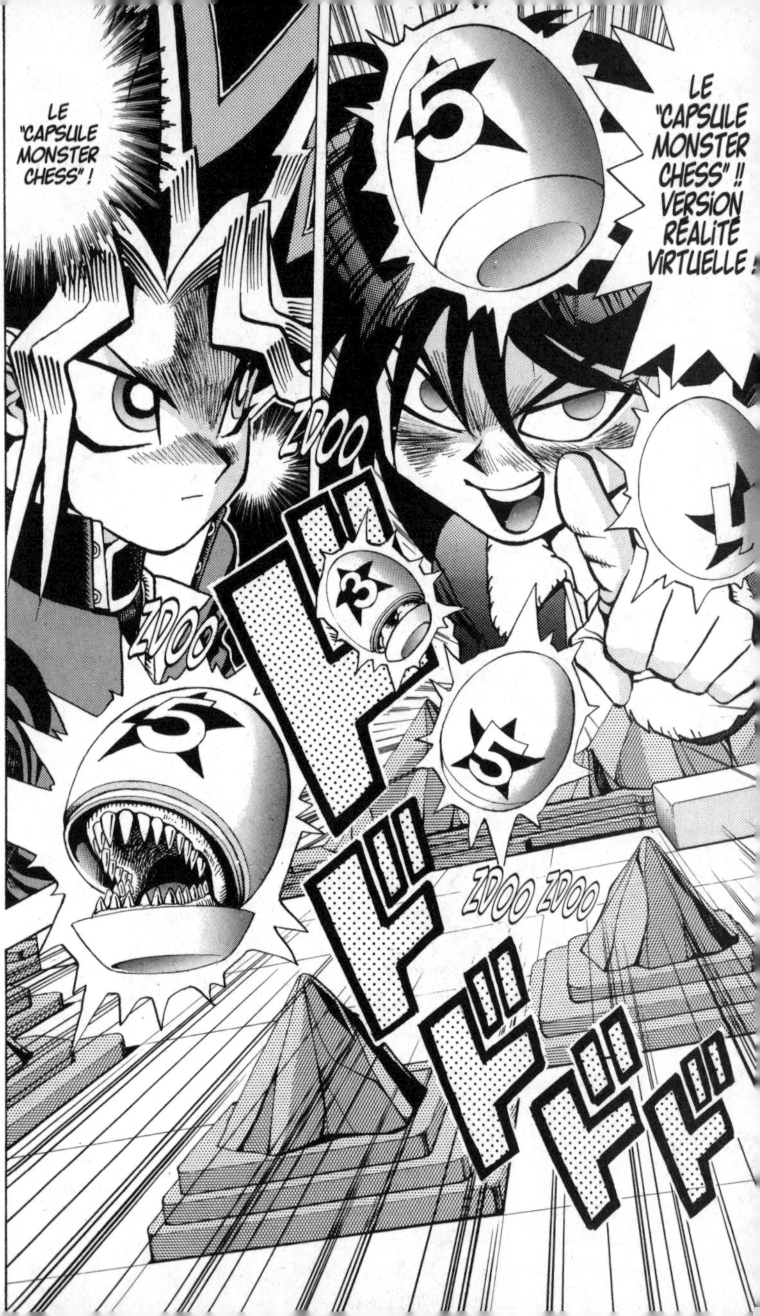
LE "CAPSULE MONSTER CHESS" !! VERSION RÉALITÉ VIRTUELLE !
LE "CAPSULE MONSTER CHESS" !
ZDOO
ZDOO
ZDOO ZDOO

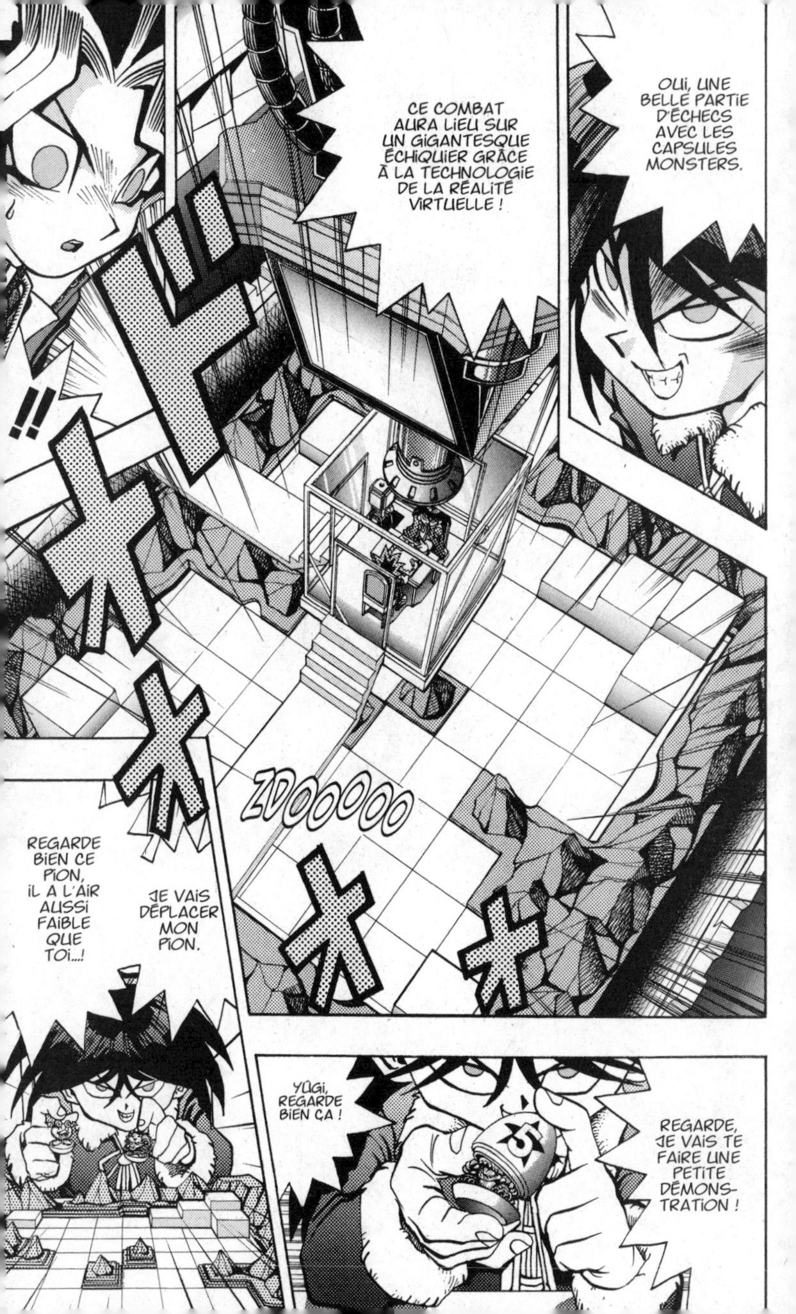
OUI, UNE BELLE PARTIE D'ÉCHECS AVEC LES CAPSULES MONSTERS.
CE COMBAT AURA LIEU SUR UN GIGANTESQUE ÉCHIQUIER GRÂCE À LA TECHNOLOGIE DE LA RÉALITÉ VIRTUELLE !
!!
ZDOOOOOO
JE VAIS DÉPLACER MON PION.
REGARDE BIEN CE PION, IL A L'AIR AUSSI FAIBLE QUE TOI...!
REGARDE, JE VAIS TE FAIRE UNE PETITE DÉMONS-TRATION !
YÛGI, REGARDE BIEN ÇA !

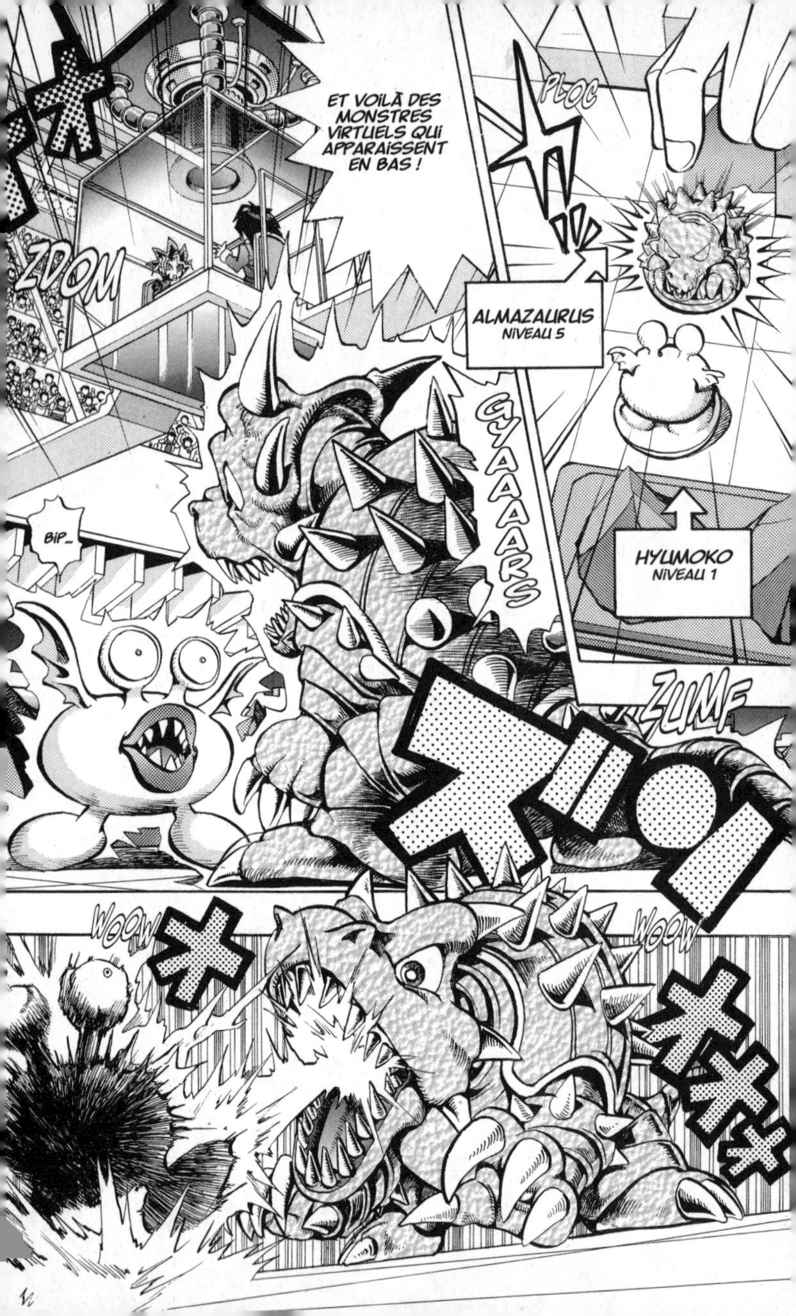
PLOC
ALMAZAURUS
NIVEAU 5
HYUMOKO
NIVEAU 1
ZUMF
ZDOM
ET VOILÀ DES MONSTRES VIRTUELS QUI APPARAISSENT EN BAS !
GYAAAAARS
BIP...
WOOW
WOOW

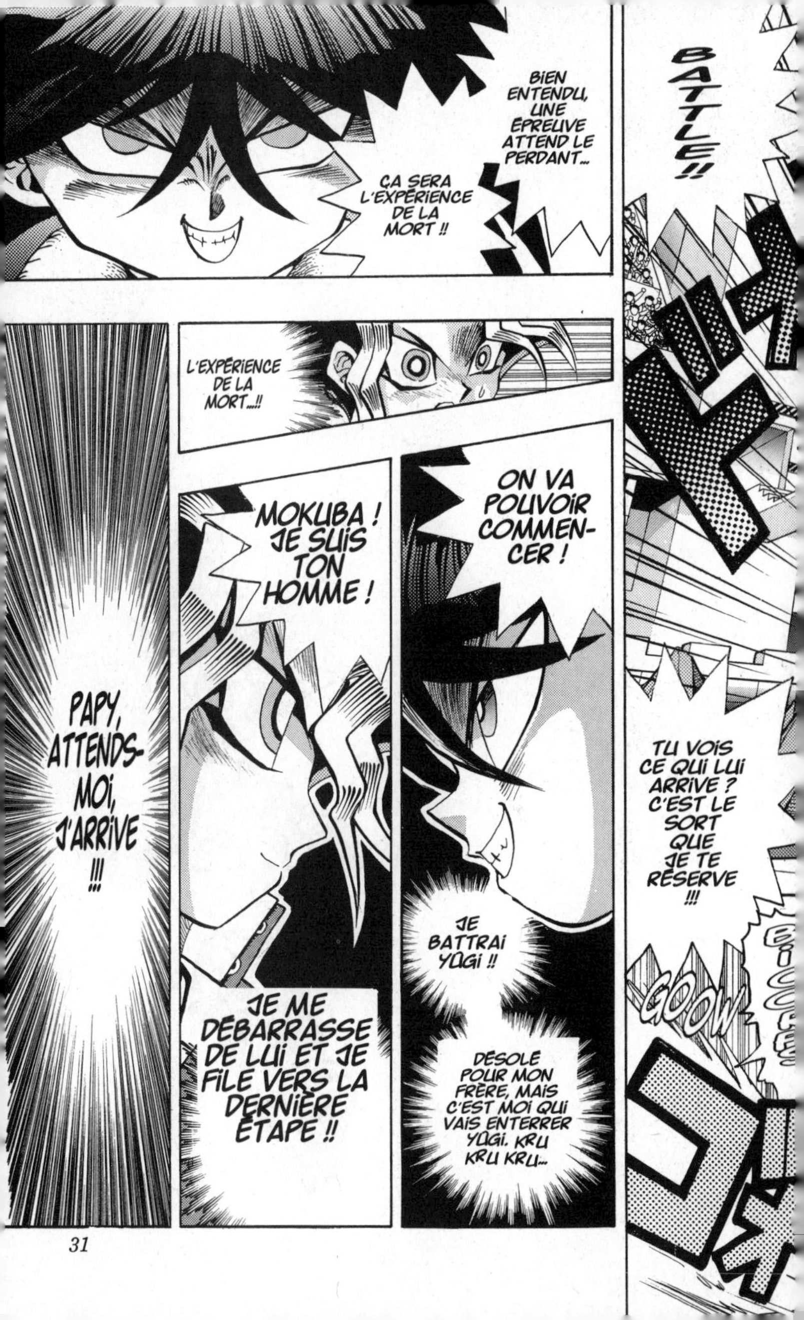
BATTLE!!
TU VOIS CE QUI LUI ARRIVE ? C'EST LE SORT QUE JE TE RÉSERVE !!!
GOOW
BIEN ENTENDU, UNE ÉPREUVE ATTEND LE PERDANT...
ÇA SERA L'EXPÉRIENCE DE LA MORT !!
L'EXPÉRIENCE DE LA MORT...!!
ON VA POUVOIR COMMENCER !
JE BATTRAI YUGI !!
DÉSOLÉ POUR MON FRÈRE, MAIS C'EST MOI QUI VAIS ENTERRER YUGI. KRU KRU KRU...
MOKUBA ! JE SUIS TON HOMME !
JE ME DÉBARRASSE DE LUI ET JE FILE VERS LA DERNIÈRE ÉTAPE !!
PAPY, ATTENDS-MOI, J'ARRIVE !!!

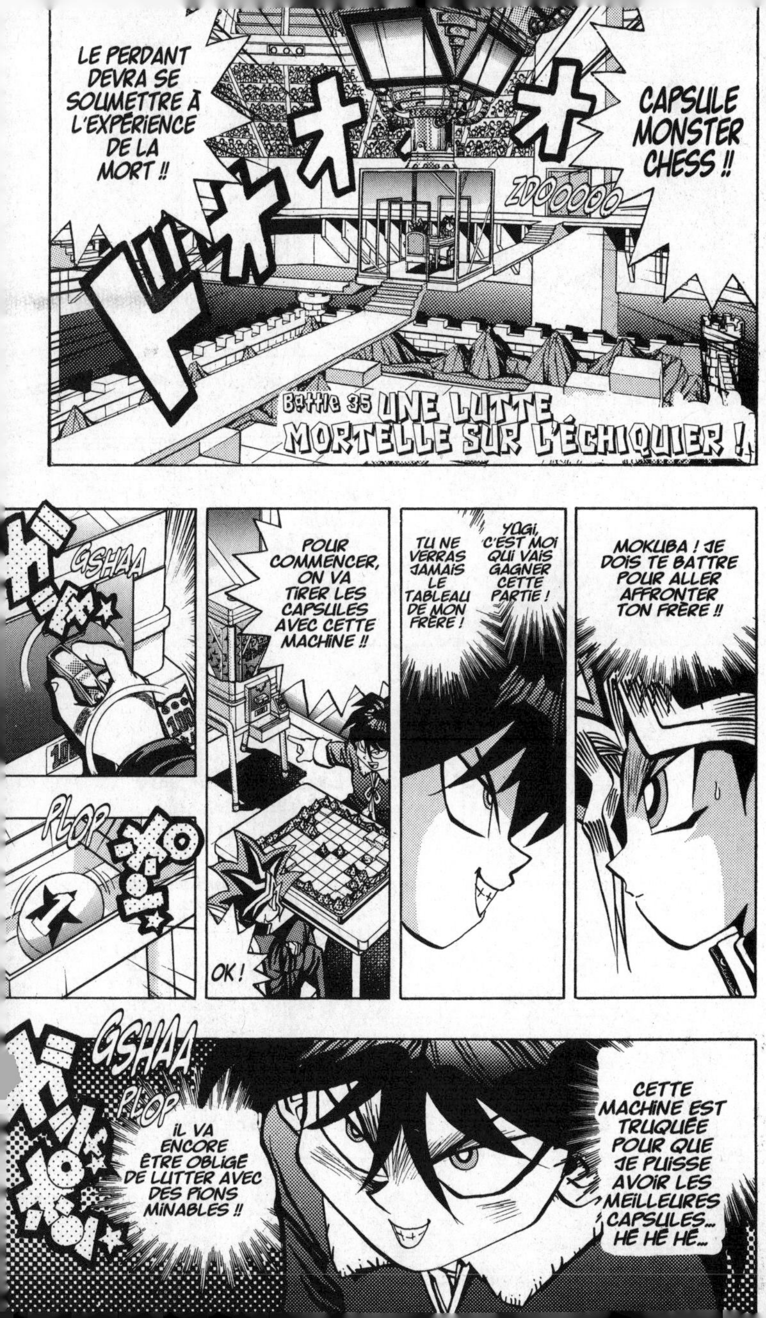
CAPSULE MONSTER CHESS !!
ZDOOOOO
LE PERDANT DEVRA SE SOUMETTRE À L'EXPÉRIENCE DE LA MORT !!
Battle 35 UNE LUTTE MORTELLE SUR L'ÉCHIQUIER !
MOKUBA ! JE DOIS TE BATTRE POUR ALLER AFFRONTER TON FRÈRE !!
YUGI, C'EST MOI QUI VAIS GAGNER CETTE PARTIE !
TU NE VERRAS JAMAIS LE TABLEAU DE MON FRÈRE !
POUR COMMENCER, ON VA TIRER LES CAPSULES AVEC CETTE MACHINE !!
OK !
GSHAA
PLOP
CETTE MACHINE EST TRUQUÉE POUR QUE JE PUISSE AVOIR LES MEILLEURES CAPSULES... HE HE HE...
GSHAA
PLOP
IL VA ENCORE ÊTRE OBLIGE DE LUTTER AVEC DES PIONS MINABLES !!

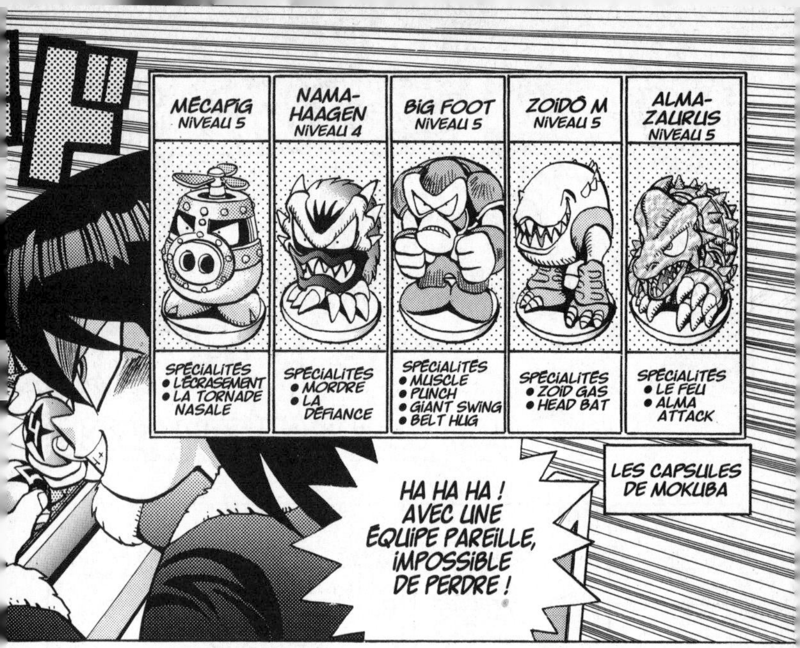
MÉCAPIG
NIVEAU 5
SPÉCIALITÉS
• L'ÉCRASEMENT
• LA TORNADE NASALE
NAMA-HAAGEN
NIVEAU 4
SPÉCIALITÉS
• MORDRE
• LA DÉFIANCE
BIG FOOT
NIVEAU 5
SPÉCIALITÉS
• MUSCLE
• PUNCH
• GIANT SWING
• BELT HUG
ZOÏDÔ M
NIVEAU 5
SPÉCIALITÉS
• ZOÏD GAS
• HEAD BAT
ALMA-ZAURUS
NIVEAU 5
SPÉCIALITÉS
• LE FEU
• ALMA ATTACK
LES CAPSULES DE MOKUBA
HA HA HA ! AVEC UNE ÉQUIPE PAREILLE, IMPOSSIBLE DE PERDRE !

Battle 35 UNE LUTTE MORTELLE SUR L'ÉCHIQUIER !

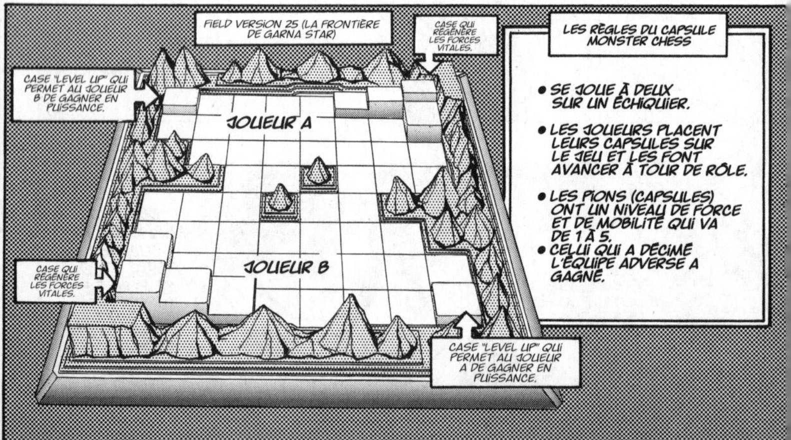
FIELD VERSION 25 (LA FRONTIÈRE DE GARNA STAR)
CASE QUI RÉGÉNÈRE LES FORCES VITALES.
CASE "LEVEL UP" QUI PERMET AU JOUEUR B DE GAGNER EN PUISSANCE.
JOUEUR A
JOUEUR B
CASE QUI RÉGÉNÈRE LES FORCES VITALES.
CASE "LEVEL UP" QUI PERMET AU JOUEUR A DE GAGNER EN PUISSANCE.
LES RÈGLES DU CAPSULE MONSTER CHESS
• SE JOUE À DEUX SUR UN ÉCHIQUIER.
• LES JOUEURS PLACENT LEURS CAPSULES SUR LE JEU ET LES FONT AVANCER À TOUR DE RÔLE.
• LES PIONS (CAPSULES) ONT UN NIVEAU DE FORCE ET DE MOBILITÉ QUI VA DE 1 À 5.
• CELUI QUI A DÉCIMÉ L'ÉQUIPE ADVERSE A GAGNÉ.

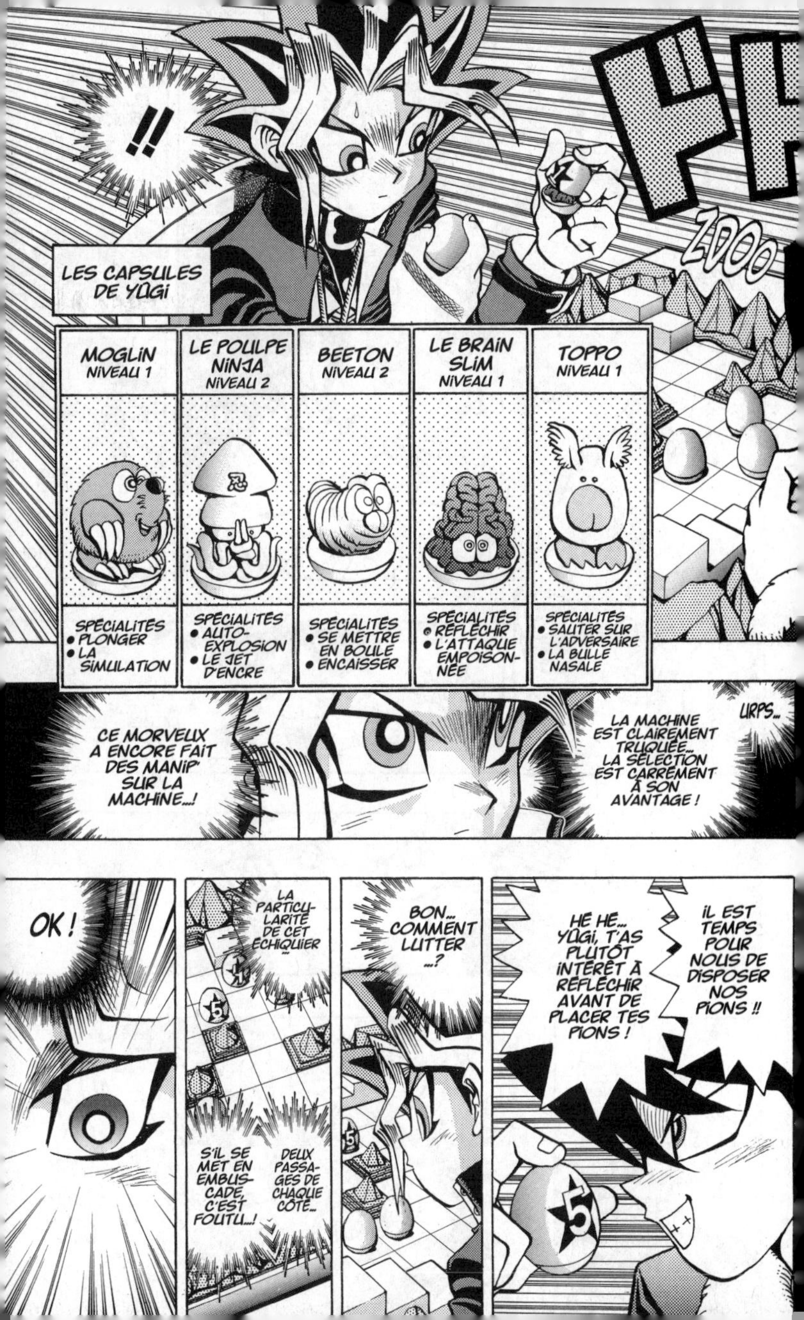
!!
ZDOO
LES CAPSULES DE YÛGI
MOGLIN NIVEAU 1
SPÉCIALITÉS ● PLONGER ● LA SIMULATION
LE POULPE NINJA NIVEAU 2
SPÉCIALITÉS ● AUTO-EXPLOSION ● LE JET D'ENCRE
BEETON NIVEAU 2
SPÉCIALITÉS ● SE METTRE EN BOULE ● ENCAISSER
LE BRAIN SLIM NIVEAU 1
SPÉCIALITÉS ● RÉFLÉCHIR ● L'ATTAQUE EMPOISON-NÉE
TOPPO NIVEAU 1
SPÉCIALITÉS ● SAUTER SUR L'ADVERSAIRE ● LA BULLE NASALE
URPS...
LA MACHINE EST CLAIREMENT TRUQUÉE... LA SÉLECTION EST CARRÉMENT À SON AVANTAGE !
CE MORVEUX A ENCORE FAIT DES MANIP' SUR LA MACHINE...!
IL EST TEMPS POUR NOUS DE DISPOSER NOS PIONS !!
HE HE... YÛGI, T'AS PLUTÔT INTÉRÊT À RÉFLÉCHIR AVANT DE PLACER TES PIONS !
BON... COMMENT LUTTER ...?
LA PARTICU-LARITÉ DE CET ÉCHIQUIER ...
DEUX PASSA-GES DE CHAQUE CÔTÉ...
S'IL SE MET EN EMBUS-CADE, C'EST FOUTU...!
OK !

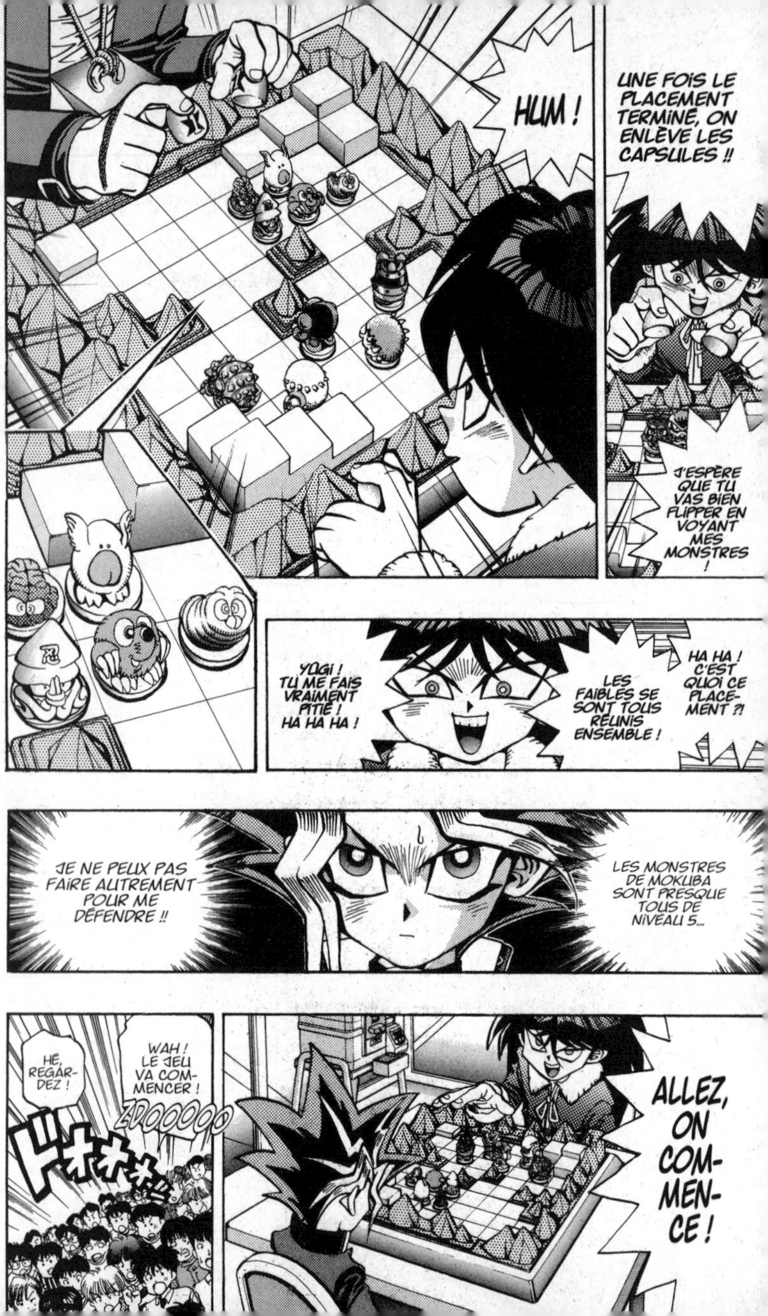
UNE FOIS LE PLACEMENT TERMINÉ, ON ENLÈVE LES CAPSULES !!
HUM !
J'ESPÈRE QUE TU VAS BIEN FLIPPER EN VOYANT MES MONSTRES !
HA HA ! C'EST QUOI CE PLACEMENT ?!
LES FAIBLES SE SONT TOUS RÉUNIS ENSEMBLE !
YÛGI ! TU ME FAIS VRAIMENT PITIÉ ! HA HA HA !
LES MONSTRES DE MOKUBA SONT PRESQUE TOUS DE NIVEAU 5...
JE NE PEUX PAS FAIRE AUTREMENT POUR ME DÉFENDRE !!
ALLEZ, ON COMMENCE !
WAH ! LE JEU VA COMMENCER !
HÉ, REGARDEZ !
ZDOOOOOO

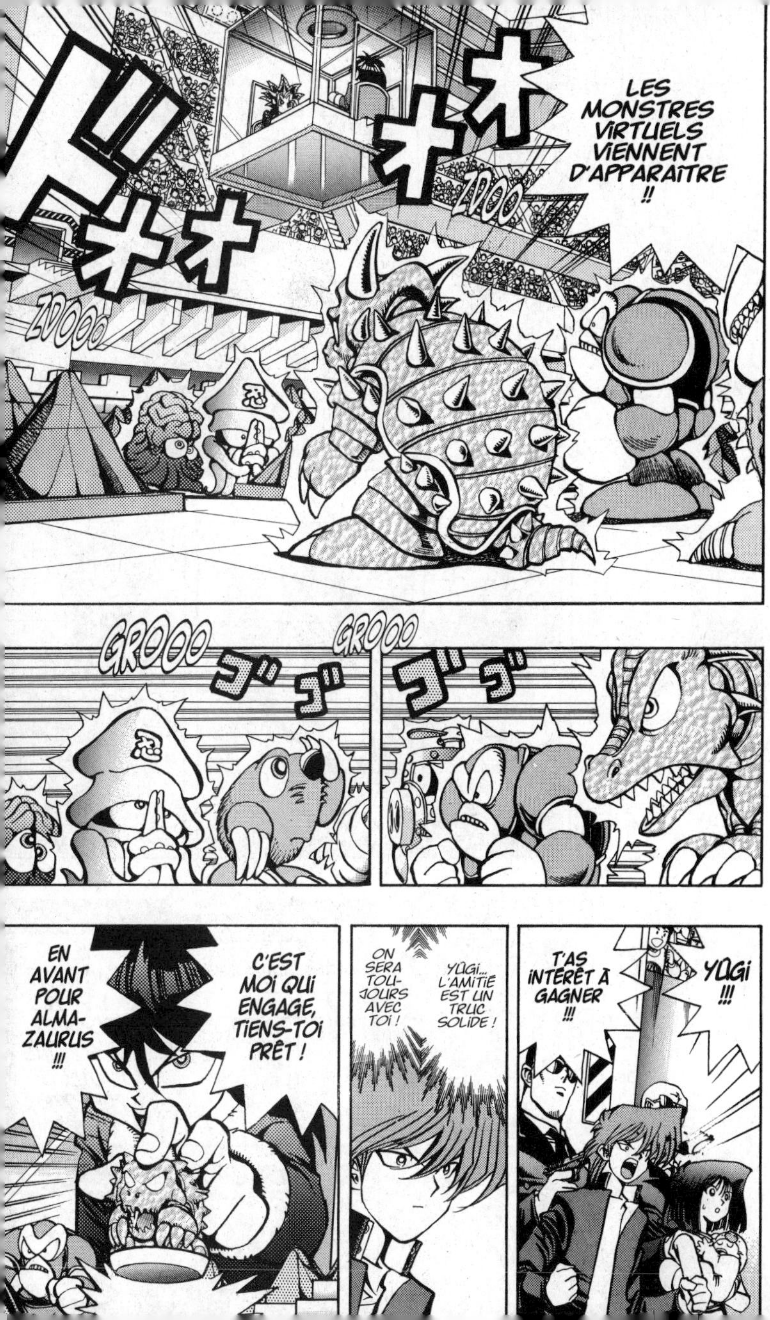

LES MONSTRES VIRTUELS VIENNENT D'APPARAÎTRE !!
ZDOO
ZDOOOO
GROOO
GROOO
YÛGI !!!
T'AS INTÉRÊT À GAGNER !!!
YÛGI... L'AMITIÉ EST UN TRUC SOLIDE !
ON SERA TOUJOURS AVEC TOI !
C'EST MOI QUI ENGAGE, TIENS-TOI PRÊT !
EN AVANT POUR ALMAZAURUS !!!

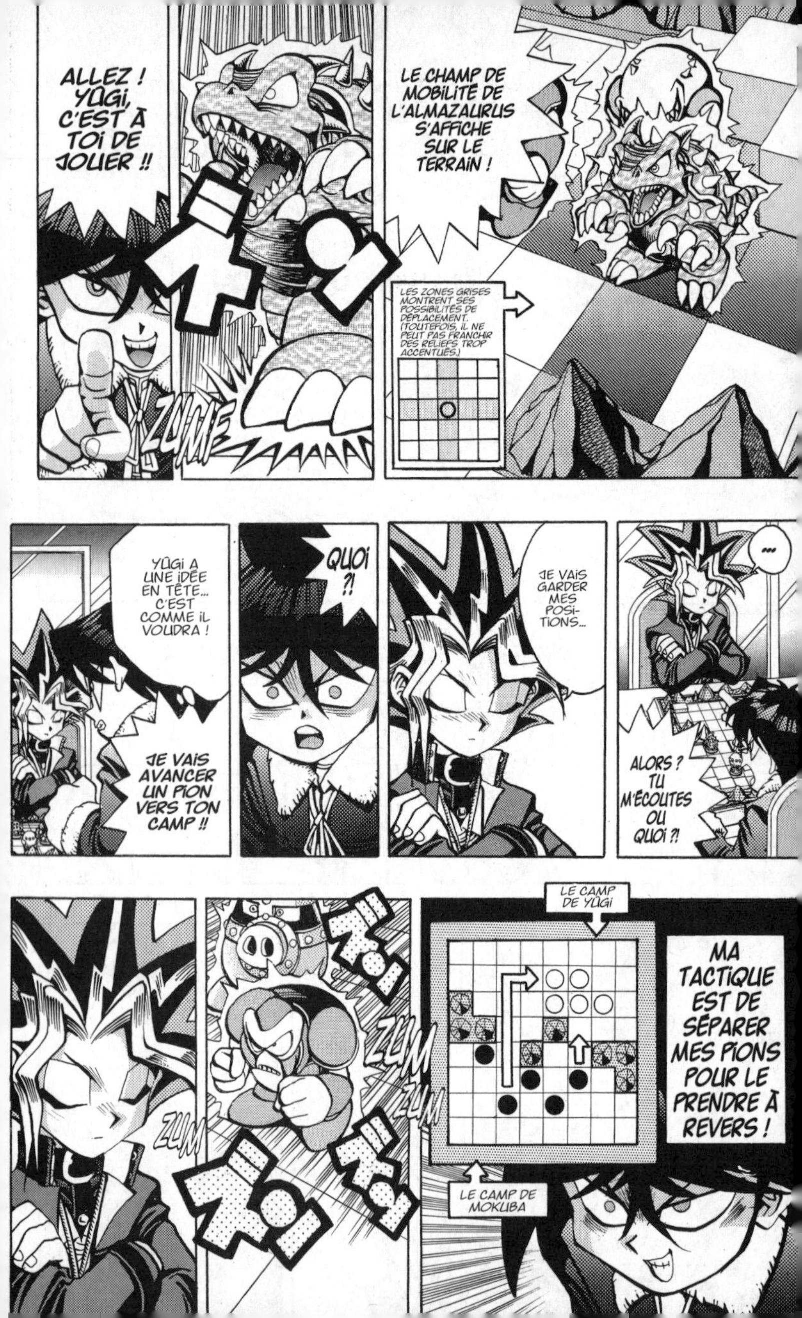
LE CHAMP DE MOBILITÉ DE L'ALMAZAURUS S'AFFICHE SUR LE TERRAIN !
LES ZONES GRISES MONTRENT SES POSSIBILITÉS DE DÉPLACEMENT. (TOUTEFOIS, IL NE PEUT PAS FRANCHIR DES RELIEFS TROP ACCENTUÉS.)
ALLEZ ! YÛGI, C'EST À TOI DE JOUER !!
ZUMMMAAAAAA
...
ALORS ? TU M'ÉCOUTES OU QUOI ?!
JE VAIS GARDER MES POSI-TIONS...
QUOI ?!
YÛGI A UNE IDÉE EN TÊTE... C'EST COMME IL VOUDRA !
JE VAIS AVANCER UN PION VERS TON CAMP !!
MA TACTIQUE EST DE SÉPARER MES PIONS POUR LE PRENDRE À REVERS !
LE CAMP DE YÛGI
LE CAMP DE MOKUBA
ZUM
ZUM
ZUM

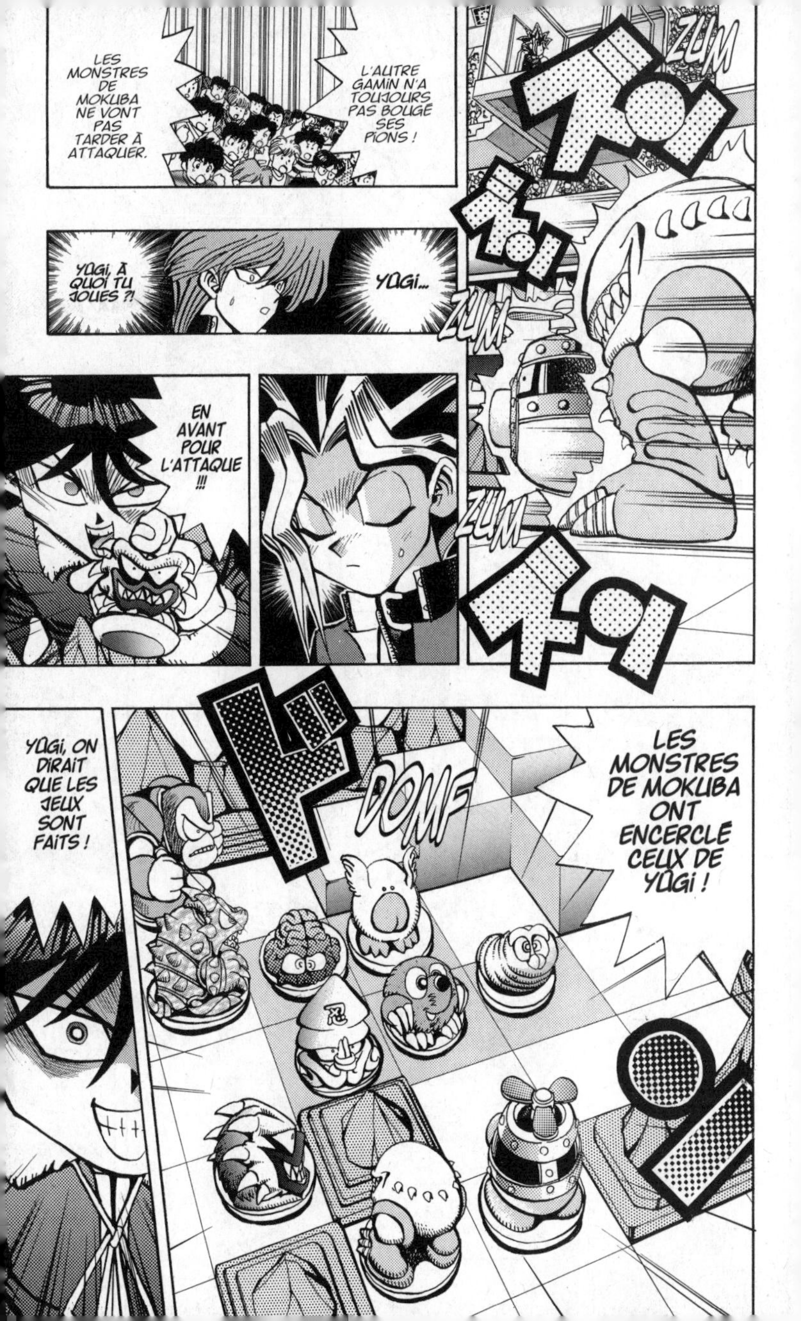
ZUM
ZUM
ZUM
L'AUTRE GAMIN N'A TOUJOURS PAS BOUGÉ SES PIONS !
LES MONSTRES DE MOKUBA NE VONT PAS TARDER À ATTAQUER.
YŪGI...
YŪGI, À QUOI TU JOUES ?!
EN AVANT POUR L'ATTAQUE !!!
DOMF
LES MONSTRES DE MOKUBA ONT ENCERCLE CEUX DE YŪGI !
YŪGI, ON DIRAIT QUE LES JEUX SONT FAITS !

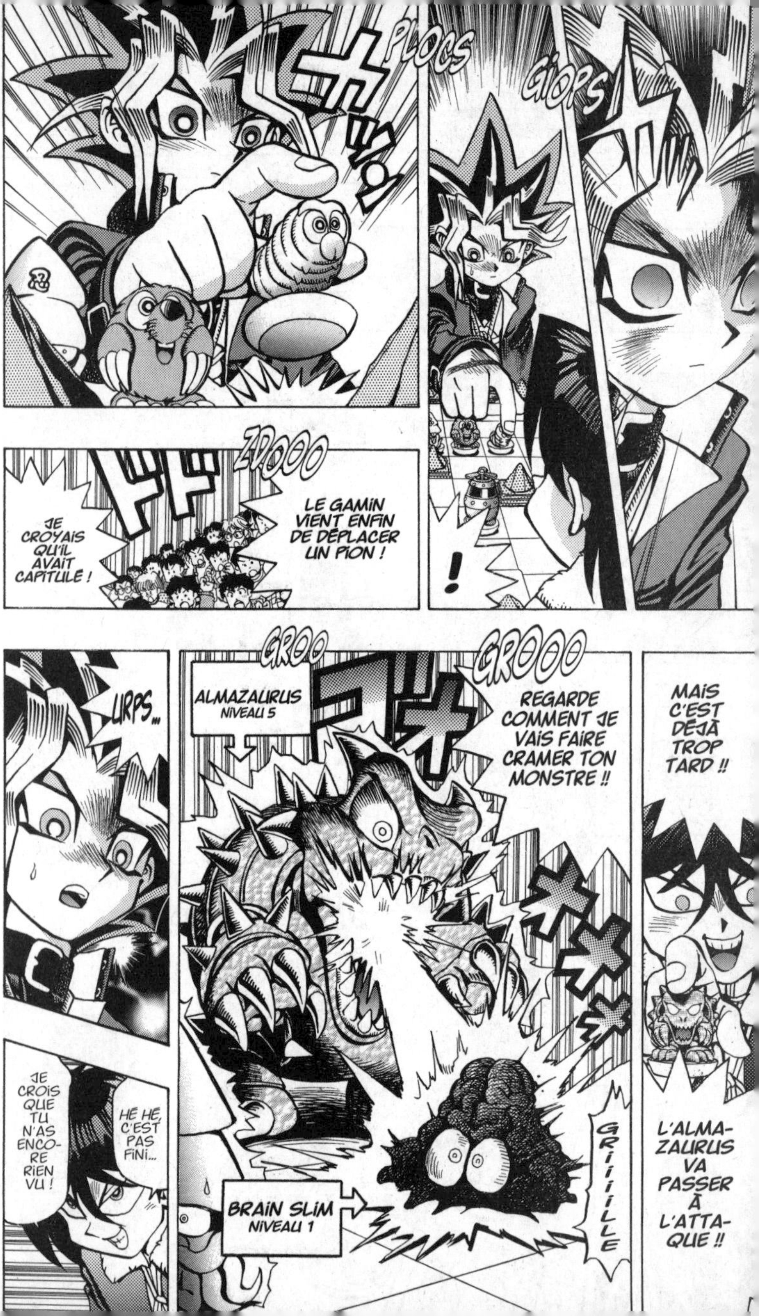
GIOPS
PLOCS
!
ZDOOO
LE GAMIN VIENT ENFIN DE DÉPLACER UN PION !
JE CROYAIS QU'IL AVAIT CAPITULÉ !
MAIS C'EST DÉJÀ TROP TARD !!
L'ALMAZAURUS VA PASSER À L'ATTAQUE !!
GROOO
GROO
REGARDE COMMENT JE VAIS FAIRE CRAMER TON MONSTRE !!
ALMAZAURUS
NIVEAU 5
BRAIN SLIM
NIVEAU 1
GRIIIILLE
URPS...
HÉ HÉ, C'EST PAS FINI...
JE CROIS QUE TU N'AS ENCORE RIEN VU !

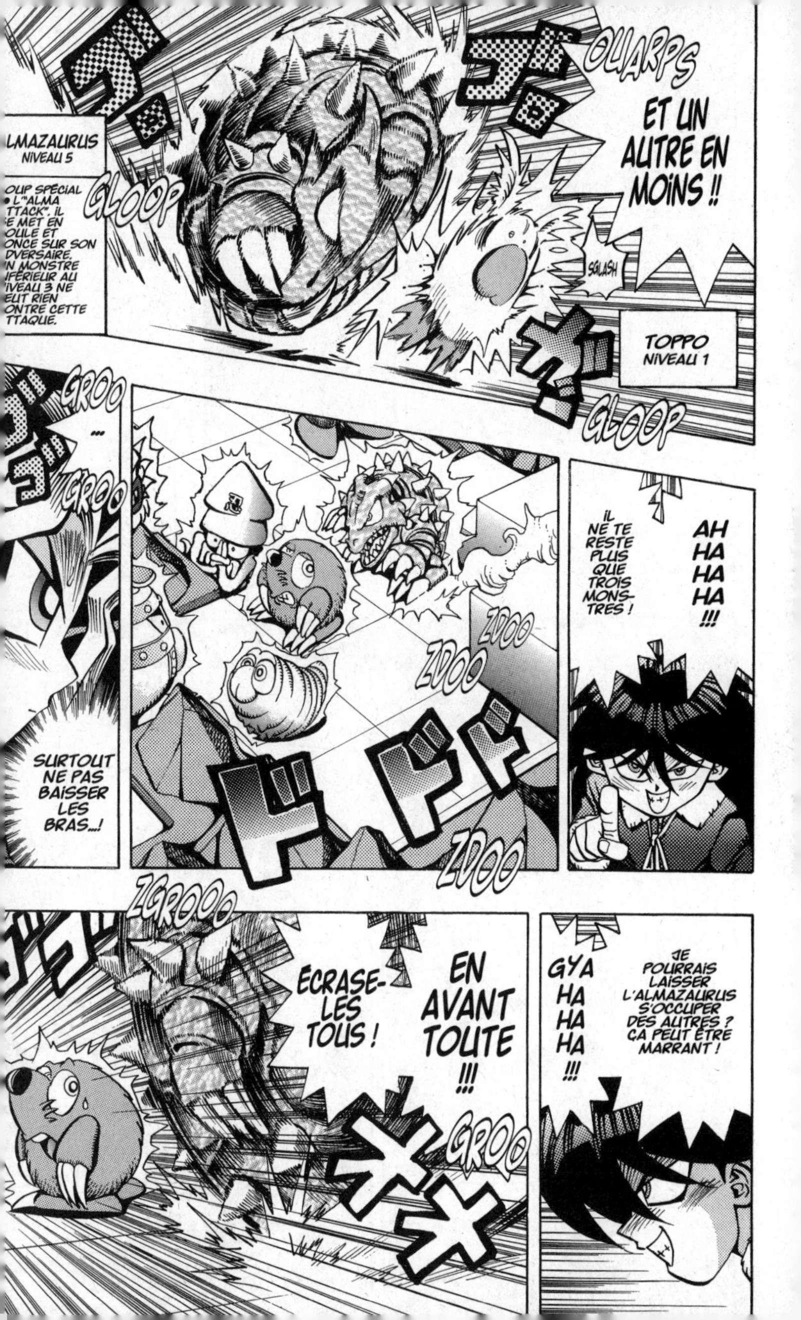
OUARPS
ET UN AUTRE EN MOINS !!
LMAZAURUS NIVEAU 5
OUP SPÉCIAL
 L'"ALMA
TTACK". IL
E MET EN
OULE ET
ONCE SUR SON
DVERSAIRE.
N MONSTRE
IFÉRIEUR AU
IVEAU 3 NE
EUT RIEN
ONTRE CETTE
TTAQUE.
GLOOP
SGLASH
TOPPO NIVEAU 1
GLOOP
AH HA HA HA !!!
IL NE TE RESTE PLUS QUE TROIS MONS-TRES !
ZDOO
ZDOO
ZDOO
GROO
...
GROO
SURTOUT NE PAS BAISSER LES BRAS...!
GYA HA HA HA !!!
JE POURRAIS LAISSER L'ALMAZAURUS S'OCCUPER DES AUTRES ? ÇA PEUT ÊTRE MARRANT !
EN AVANT TOUTE !!!
ÉCRASE-LES TOUS !
ZGROOO
GROO

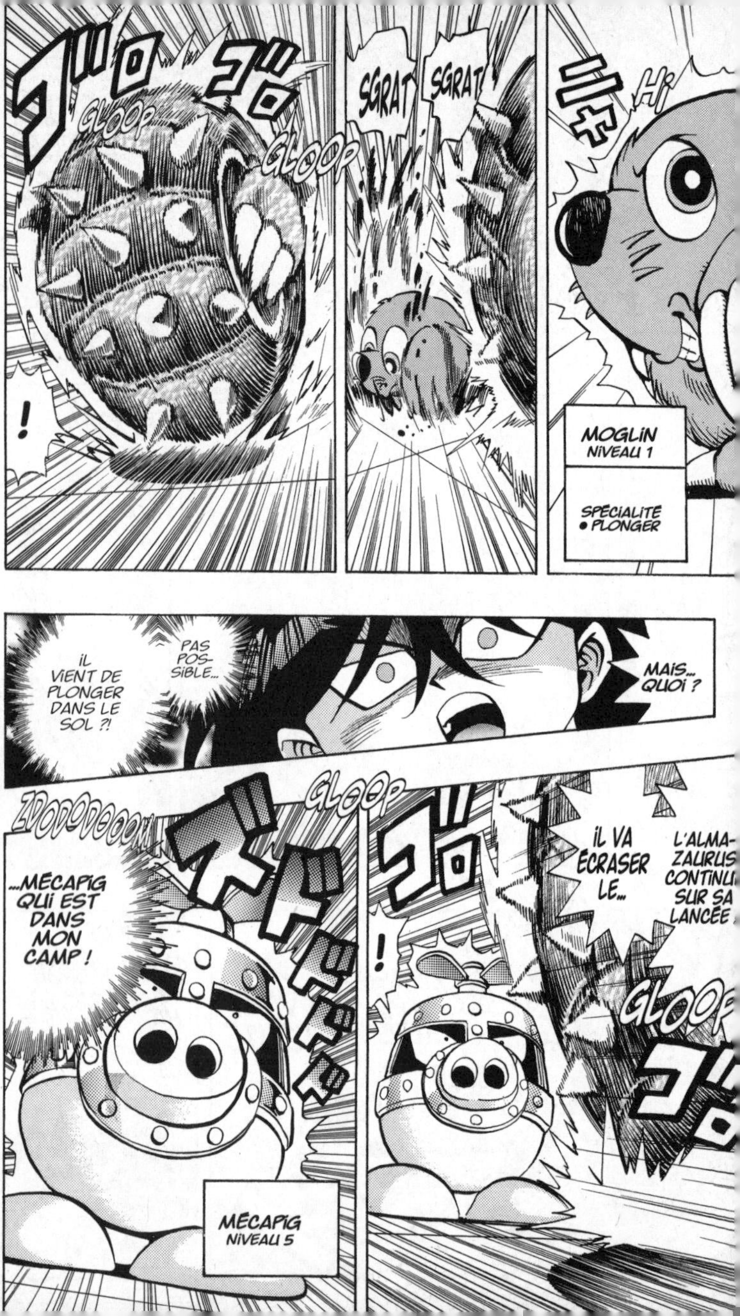
Hi
MOGLIN
NIVEAU 1
SPÉCIALITÉ
• PLONGER
SGRAT
SGRAT
GLOOP
GLOOP
!
MAIS... QUOI ?
PAS POS-SIBLE...
IL VIENT DE PLONGER DANS LE SOL ?!
L'ALMA-ZAURUS CONTINU SUR SA LANCÉE
IL VA ÉCRASER LE...
GLOOP
!
GLOOP
ZDODODOOOM
...MÉCAPIG QUI EST DANS MON CAMP !
MÉCAPIG
NIVEAU 5

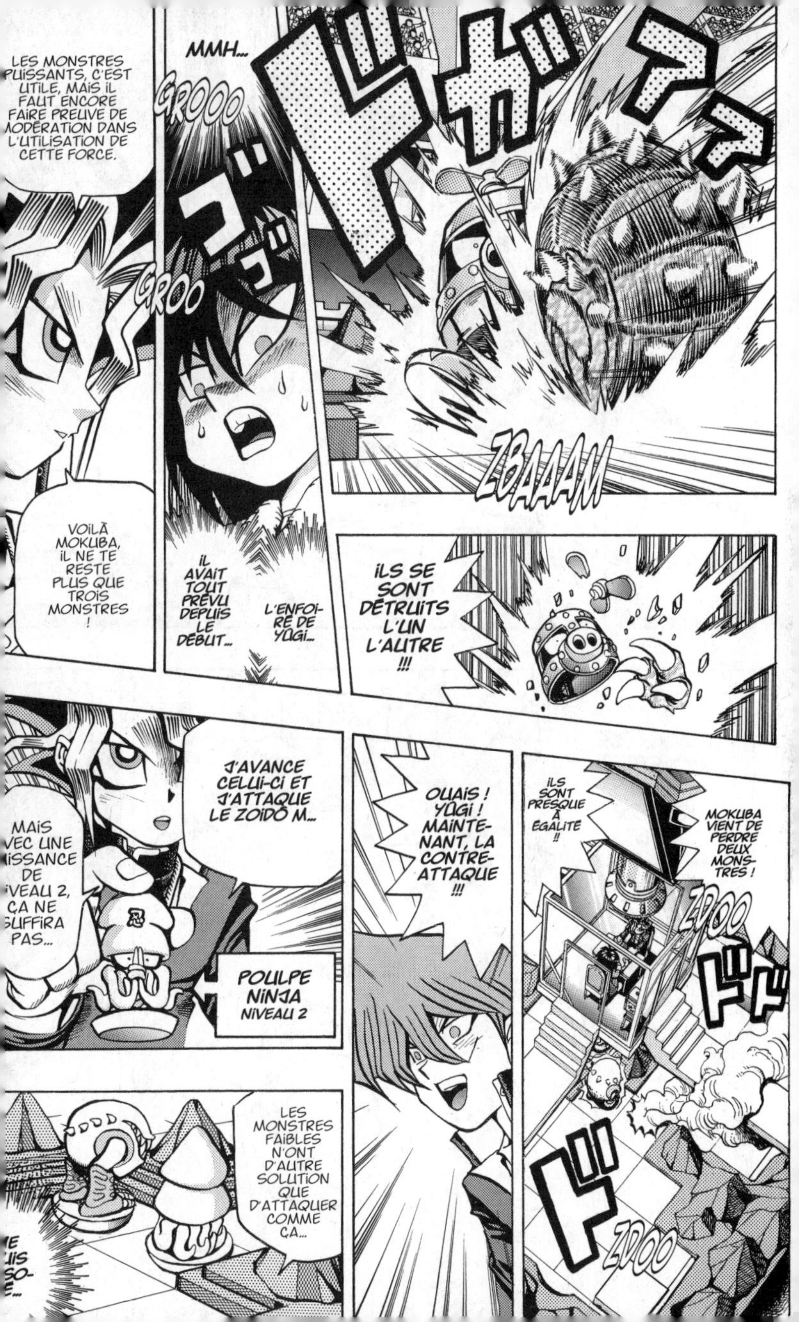
ZBAAAM
MMH...
GROOO
GROO
LES MONSTRES PUISSANTS, C'EST UTILE, MAIS IL FAUT ENCORE FAIRE PREUVE DE MODÉRATION DANS L'UTILISATION DE CETTE FORCE.
VOILÀ MOKUBA, IL NE TE RESTE PLUS QUE TROIS MONSTRES !
ILS SE SONT DÉTRUITS L'UN L'AUTRE !!!
IL AVAIT TOUT PRÉVU DEPUIS LE DÉBUT...
L'ENFOIRÉ DE YŪGI...
ILS SONT PRESQUE À ÉGALITÉ !!
MOKUBA VIENT DE PERDRE DEUX MONSTRES !
ZDOO
ZDOO
OUAIS ! YŪGI ! MAINTENANT, LA CONTRE-ATTAQUE !!!
J'AVANCE CELUI-CI ET J'ATTAQUE LE ZOIDÔ M...
POULPE NINJA
NIVEAU 2
LES MONSTRES FAIBLES N'ONT D'AUTRE SOLUTION QUE D'ATTAQUER COMME ÇA...

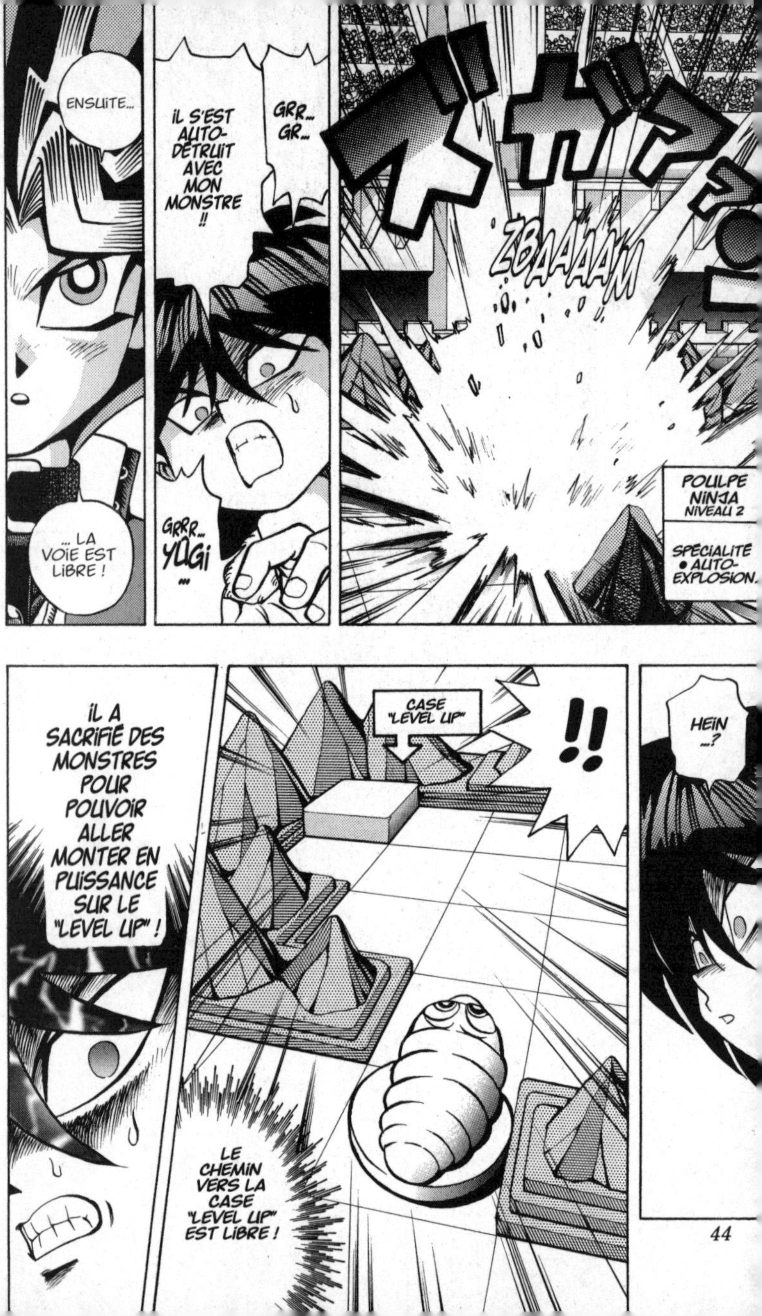
ZBAAAAM
POULPE NINJA NIVEAU 2
SPÉCIALITÉ • AUTO-EXPLOSION.
GRR... GR...
IL S'EST AUTO-DÉTRUIT AVEC MON MONSTRE !!
GRRR... YÛGI ...
ENSUITE...
... LA VOIE EST LIBRE !
HEIN ...?
CASE "LEVEL UP"
!!
LE CHEMIN VERS LA CASE "LEVEL UP" EST LIBRE !
IL A SACRIFIÉ DES MONSTRES POUR POUVOIR ALLER MONTER EN PUISSANCE SUR LE "LEVEL UP" !

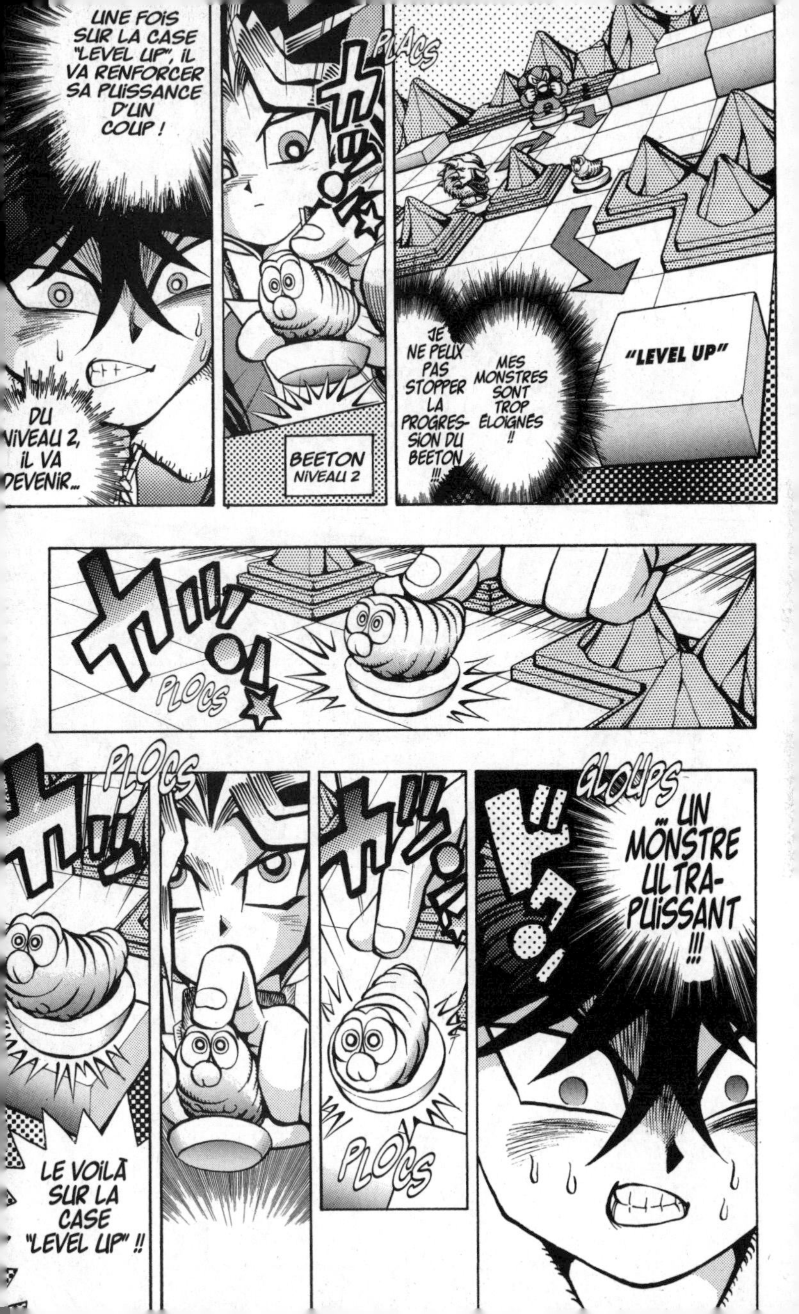
"LEVEL UP"
MES MONSTRES SONT TROP ÉLOIGNÉS !!
JE NE PEUX PAS STOPPER LA PROGRESSION DU BEETON !!!
PLACS
BEETON NIVEAU 2
UNE FOIS SUR LA CASE "LEVEL UP", IL VA RENFORCER SA PUISSANCE D'UN COUP !
DU NIVEAU 2, IL VA DEVENIR...
PLOCS
GLOUPS
... UN MONSTRE ULTRA-PUISSANT !!!
PLOCS
PLOCS
LE VOILÀ SUR LA CASE "LEVEL UP" !!

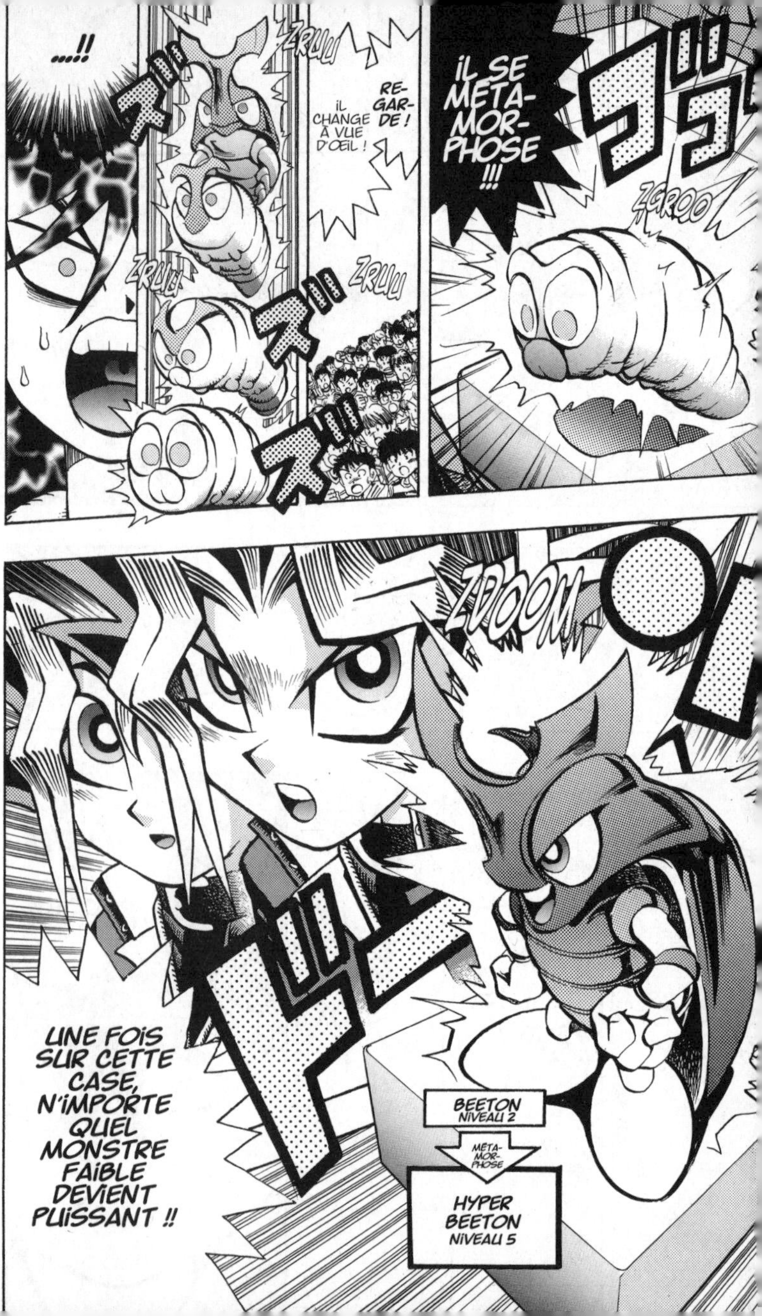

IL SE MÉTAMORPHOSE !!!
ZGROO
REGARDE !
IL CHANGE À VUE D'OEIL !
ZRUU
ZRUU
ZRUU
...!!
ZDOOM
UNE FOIS SUR CETTE CASE, N'IMPORTE QUEL MONSTRE FAIBLE DEVIENT PUISSANT !!
BEETON NIVEAU 2
MÉTAMORPHOSE
HYPER BEETON NIVEAU 5

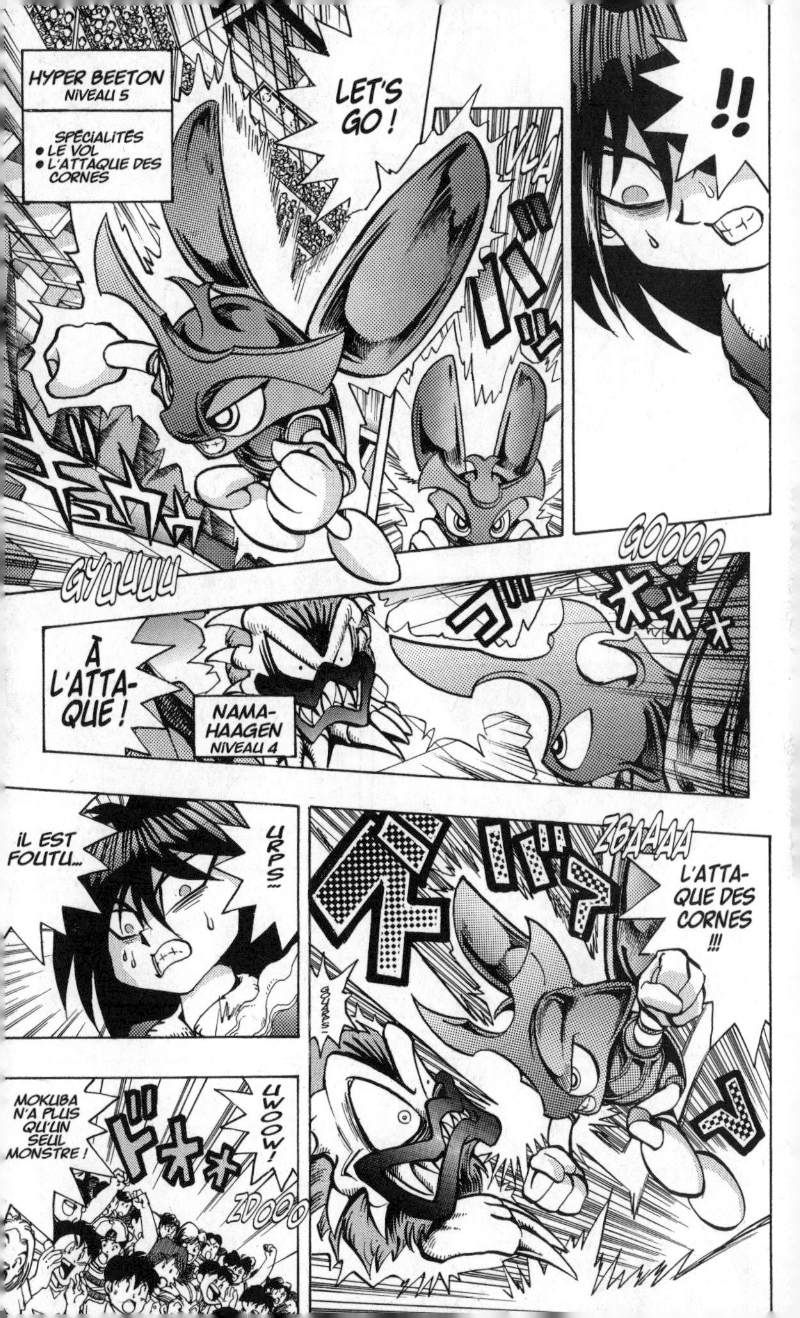

!!
HYPER BEETON
NIVEAU 5
SPÉCIALITÉS
● LE VOL
● L'ATTAQUE DES CORNES
LET'S GO !
GYUUUU
GOOOO
À L'ATTAQUE !
NAMA-HAAGEN
NIVEAU 4
ZBAAAA
L'ATTAQUE DES CORNES !!!
GOUARRS !!
URPS...
IL EST FOUTU...
UWOOW !
MOKUBA N'A PLUS QU'UN SEUL MONSTRE !
ZDOOO

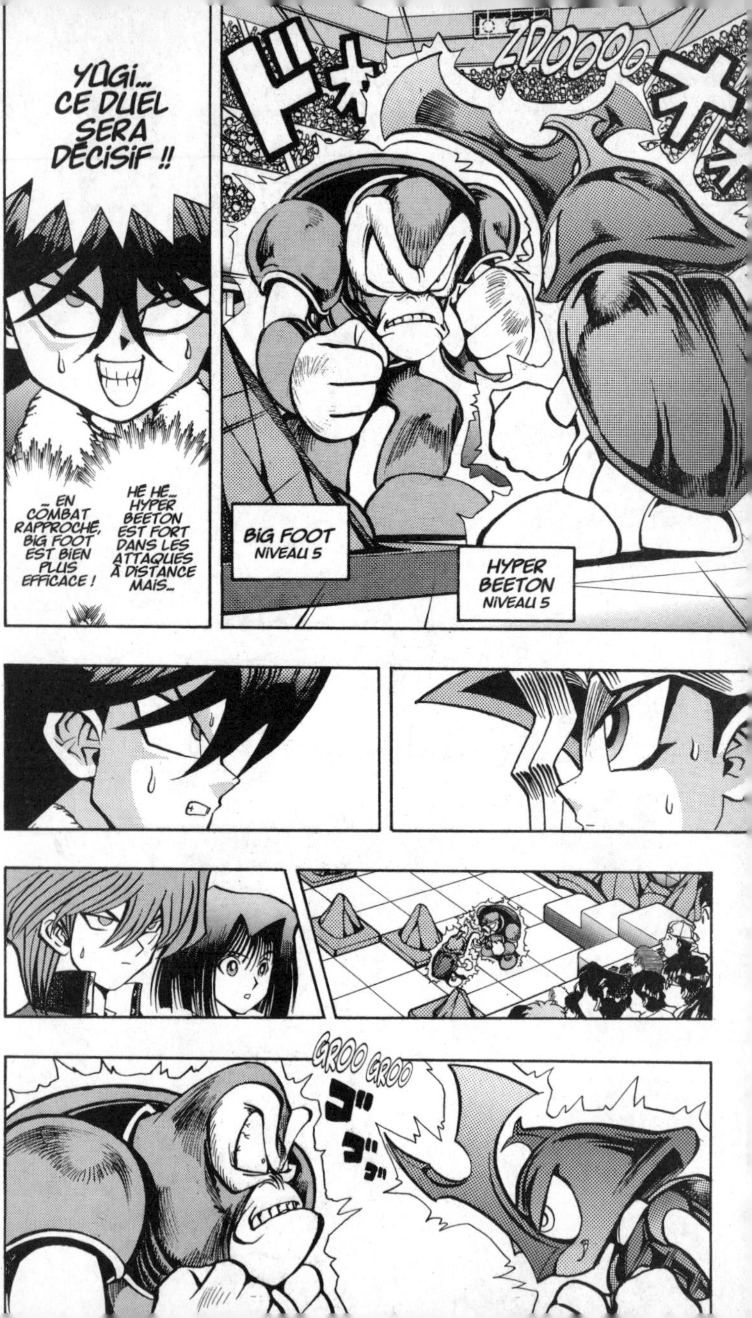

ZDOOOOO
ドオオ
YÛGI... CE DUEL SERA DÉCISIF !!
HE HE... HYPER BEETON EST FORT DANS LES ATTAQUES À DISTANCE MAIS...
... EN COMBAT RAPPROCHE, BIG FOOT EST BIEN PLUS EFFICACE !
BIG FOOT NIVEAU 5
HYPER BEETON NIVEAU 5
GROO GROO
ゴゴゴ

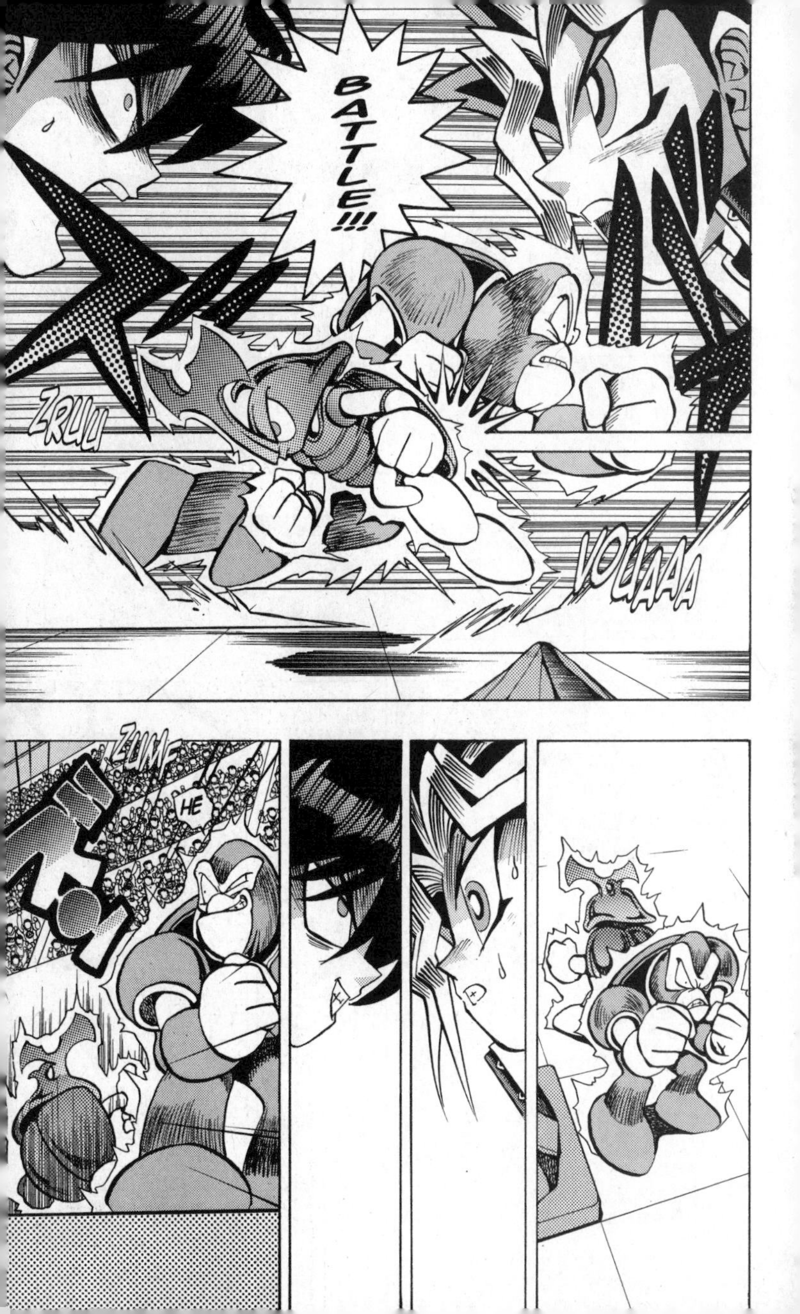
BATTLE!!!
ZRUU
VOUAAA
ZUNF
HE

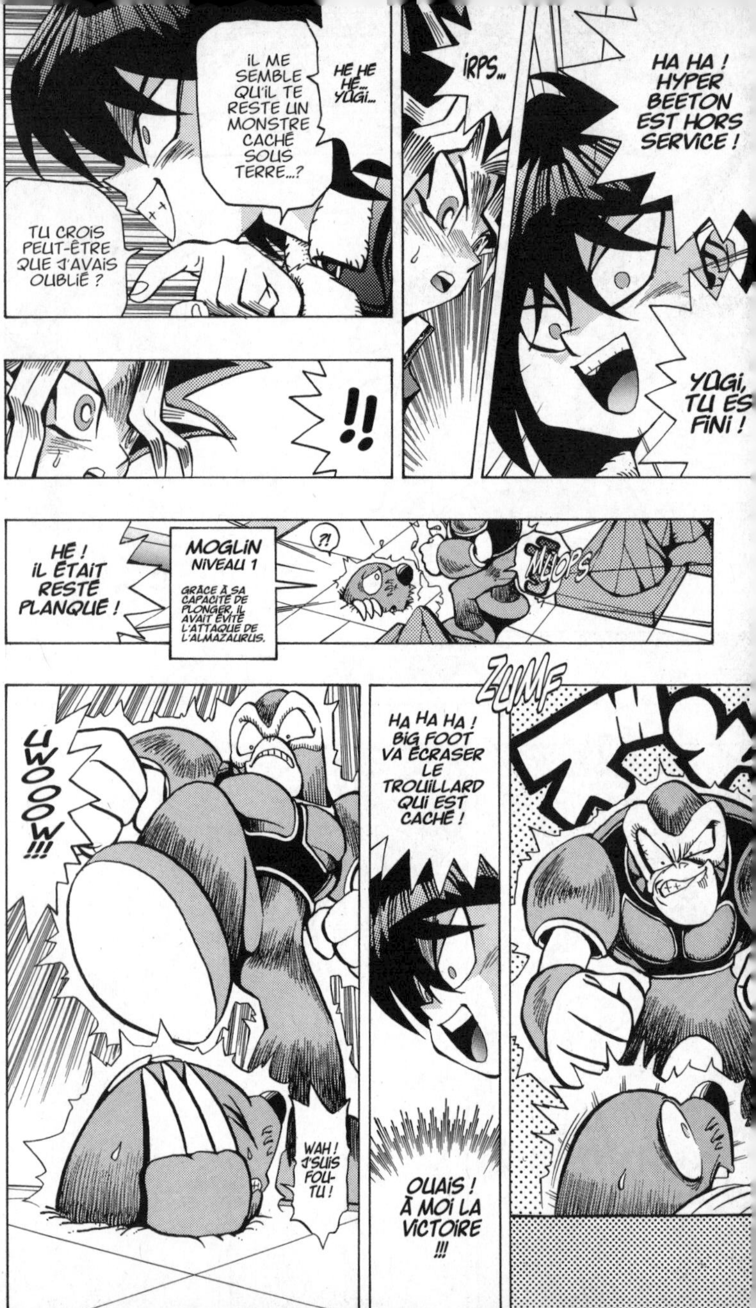

TU CROIS PEUT-ÊTRE QUE J'AVAIS OUBLIÉ ?
IL ME SEMBLE QU'IL TE RESTE UN MONSTRE CACHÉ SOUS TERRE...?
HE HE HE... YÛGI...
IRPS...
HA HA ! HYPER BEETON EST HORS SERVICE !
YÛGI, TU ES FINI !
!!
HE ! IL ÉTAIT RESTÉ PLANQUÉ !
MOGLIN NIVEAU 1
GRÂCE À SA CAPACITÉ DE PLONGER, IL AVAIT ÉVITÉ L'ATTAQUE DE L'ALMAZAURUS.
?!
NYOPS
UWOOOOW !!!
ZUMF
HA HA HA ! BIG FOOT VA ÉCRASER LE TROUILLARD QUI EST CACHÉ !
WAH ! J'SUIS FOUTU !
OUAIS ! À MOI LA VICTOIRE !!!

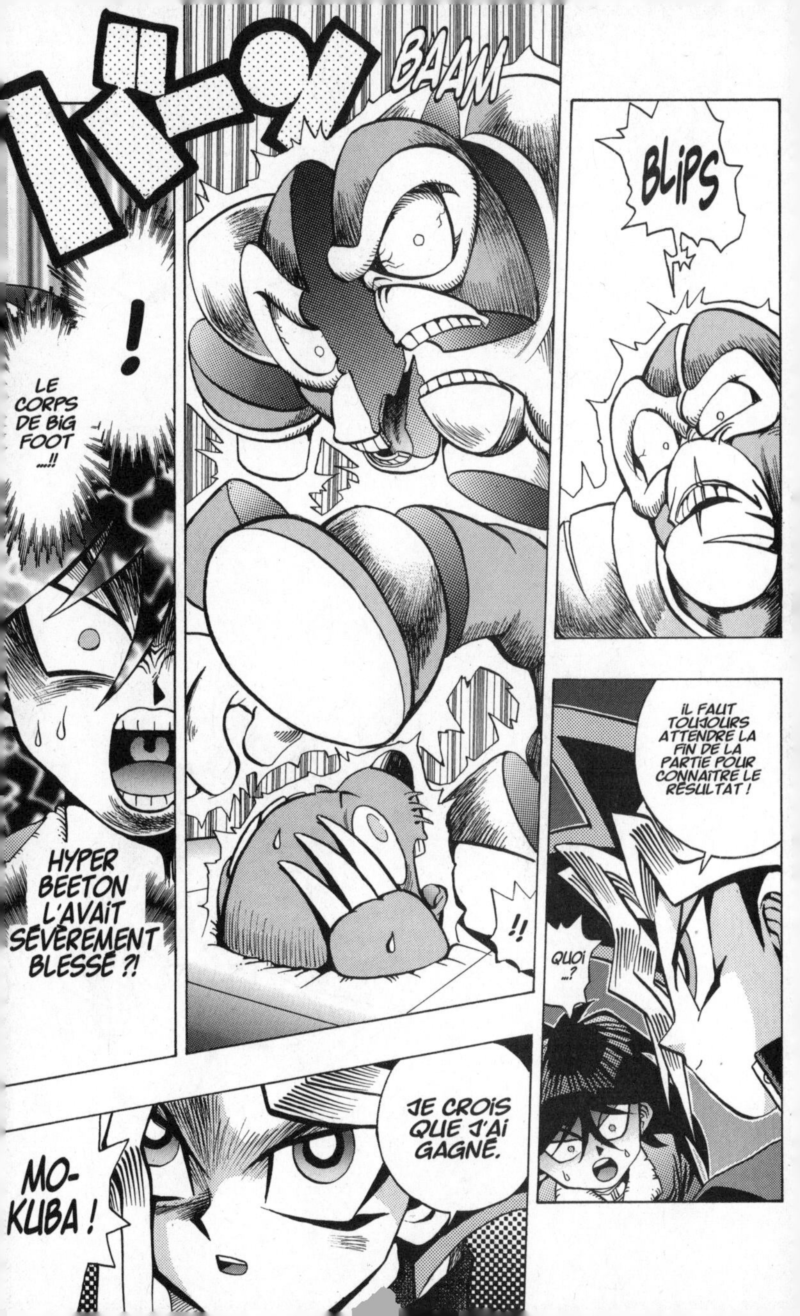
BAAM
BLIPS
!
LE CORPS DE BIG FOOT ...!!
HYPER BEETON L'AVAIT SÉVÈREMENT BLESSÉ ?!
!!
IL FAUT TOUJOURS ATTENDRE LA FIN DE LA PARTIE POUR CONNAITRE LE RÉSULTAT !
QUOI ...?
JE CROIS QUE J'AI GAGNÉ.
MO-KUBA !

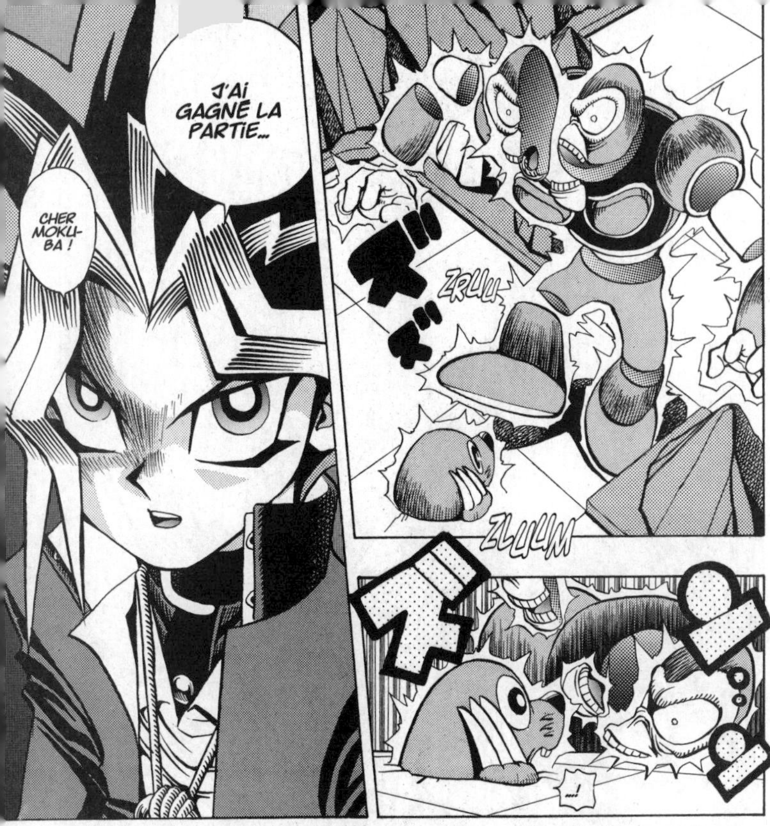
J'AI GAGNÉ LA PARTIE...
CHER MOKUBA !
ZRUU
ZLUUM
...!

Battle 36 UN DERNIER COMBAT IMPITOYABLE

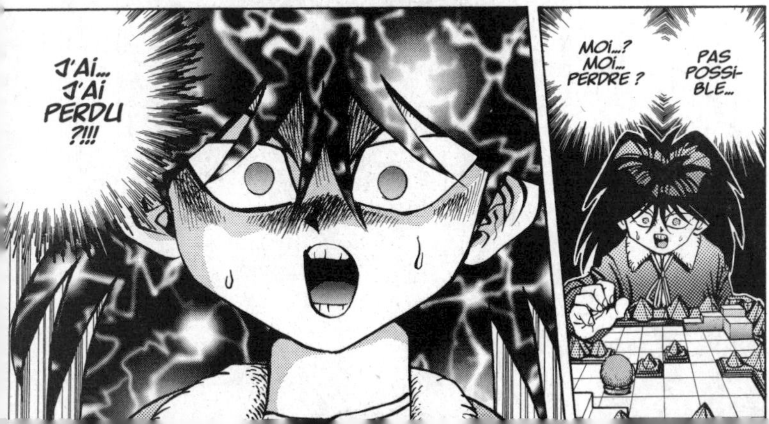
PAS POSSIBLE...
MOI...? MOI... PERDRE ?
J'AI... J'AI PERDU ?!!!

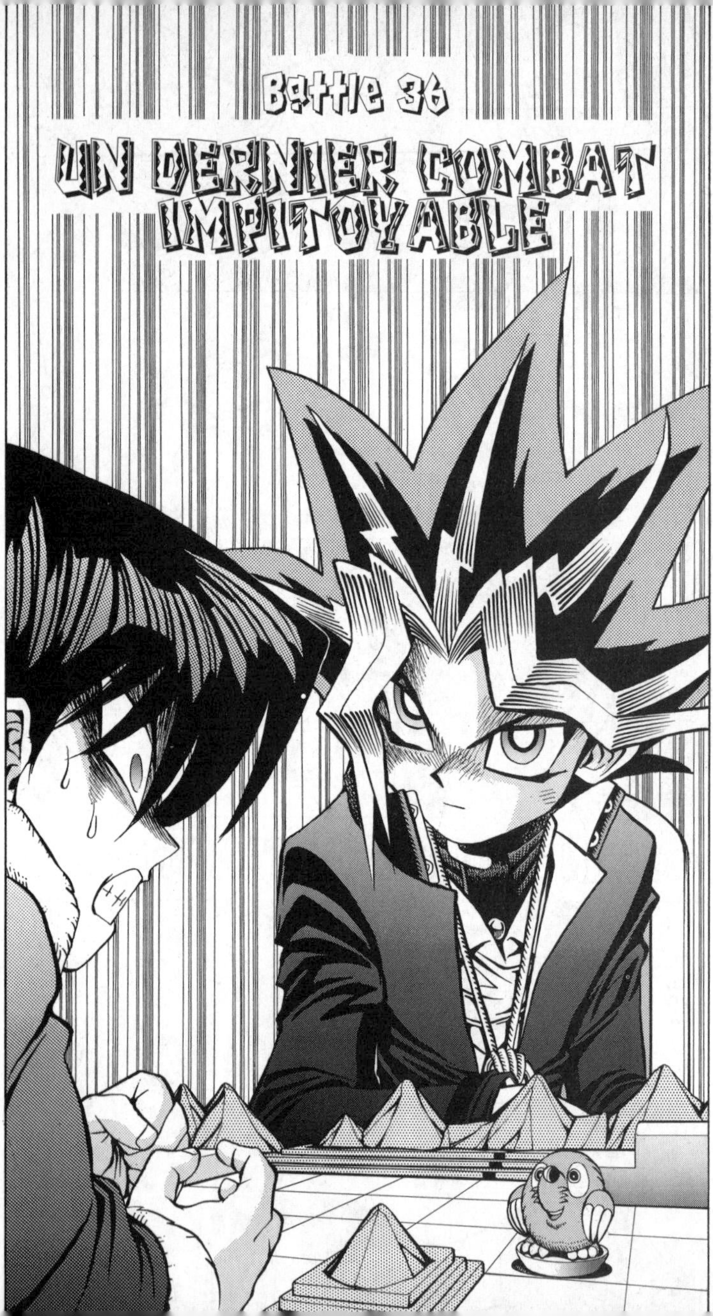
Battle 36
UN DERNIER COMBAT
IMPITOYABLE

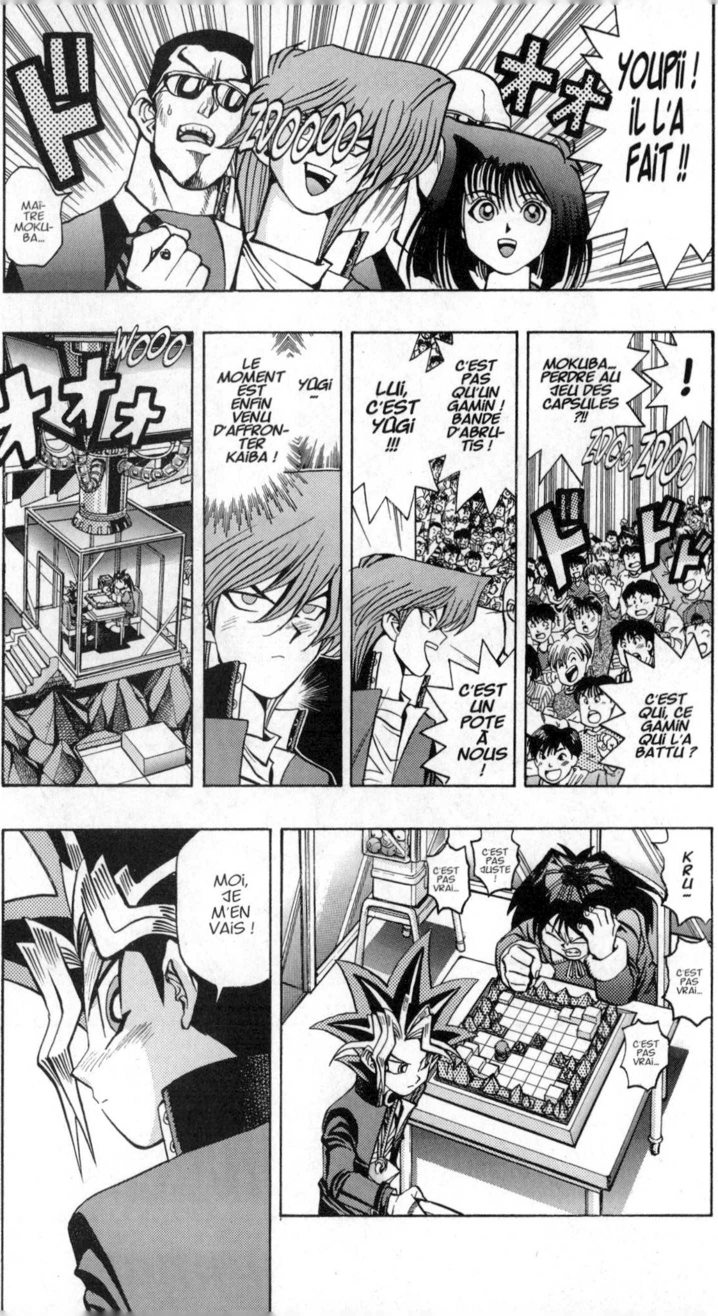
YOUPII ! IL L'A FAIT !!
ZDOOOOO
MAÎTRE MOKUBA...
!
MOKUBA... PERDRE AU JEU DES CAPSULES ?!!
ZDOO ZDOO
C'EST QUI, CE GAMIN QUI L'A BATTU ?
C'EST PAS QU'UN GAMIN ! BANDE D'ABRUTIS !
LUI, C'EST YUGI !!!
C'EST UN POTE À NOUS !
YUGI...
LE MOMENT EST ENFIN VENU D'AFFRONTER KAIBA !
WOOO
KRU...
C'EST PAS JUSTE !
C'EST PAS VRAI...
C'EST PAS VRAI...
C'EST PAS VRAI...
MOI, JE M'EN VAIS !

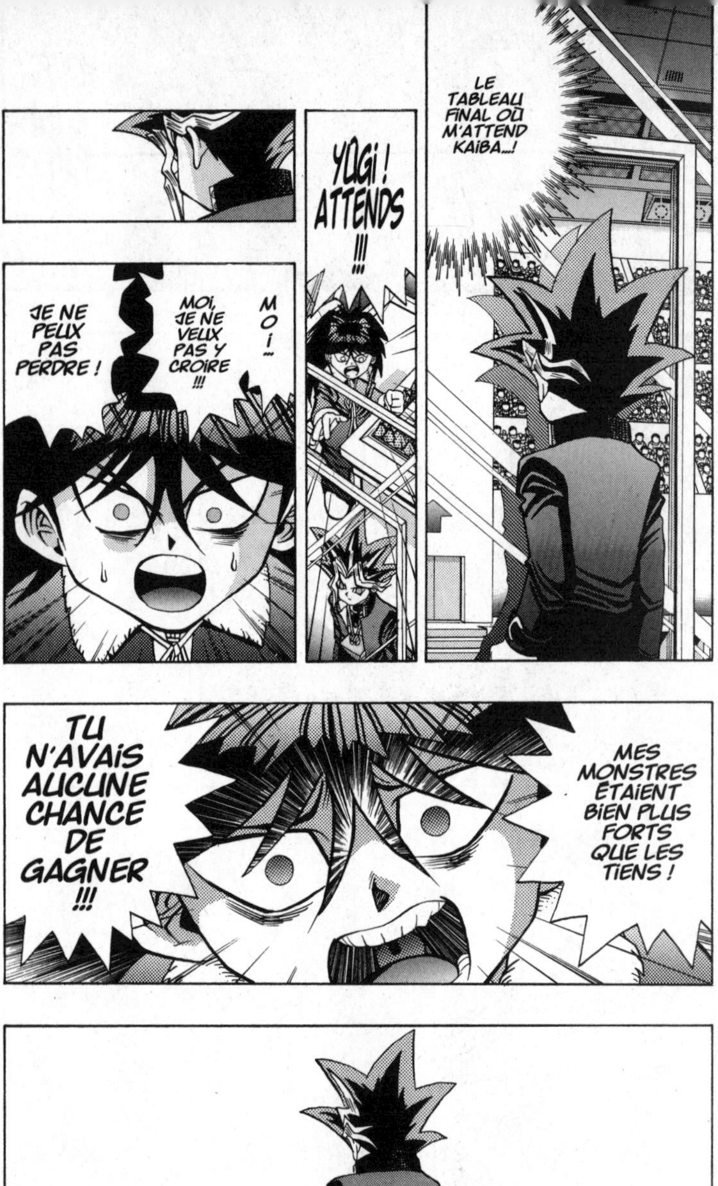
LE TABLEAU FINAL OÙ M'ATTEND KAIBA...!
YÛGI ! ATTENDS !!!
MOI...
MOI, JE NE VEUX PAS Y CROIRE !!!
JE NE PEUX PAS PERDRE !
MES MONSTRES ÉTAIENT BIEN PLUS FORTS QUE LES TIENS !
TU N'AVAIS AUCUNE CHANCE DE GAGNER !!!

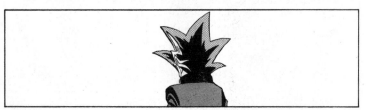

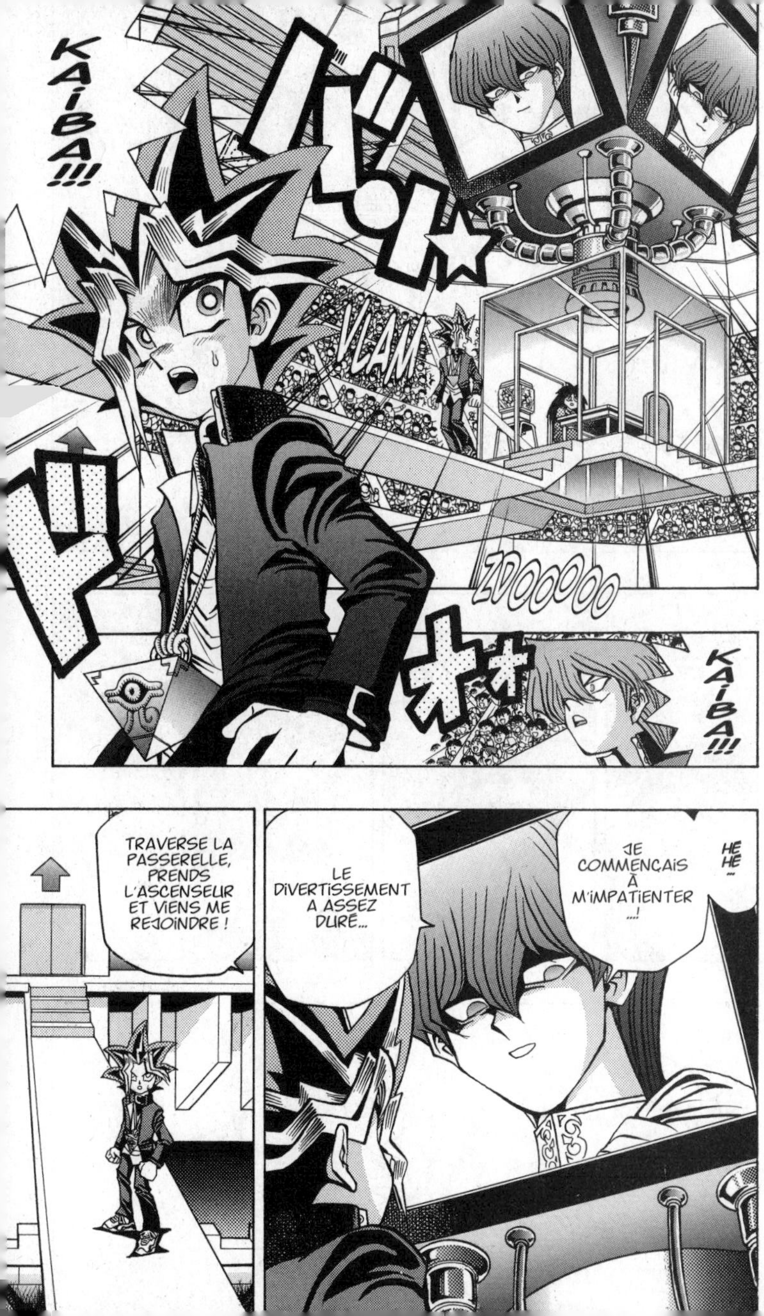
KAÏBA!!!
VLAM
ZDOOOOO
KAÏBA!!!
HE HE...
JE COMMENCAIS À M'IMPATIENTER ....!
LE DIVERTISSEMENT A ASSEZ DURÉ...
TRAVERSE LA PASSERELLE, PRENDS L'ASCENSEUR ET VIENS ME REJOINDRE !

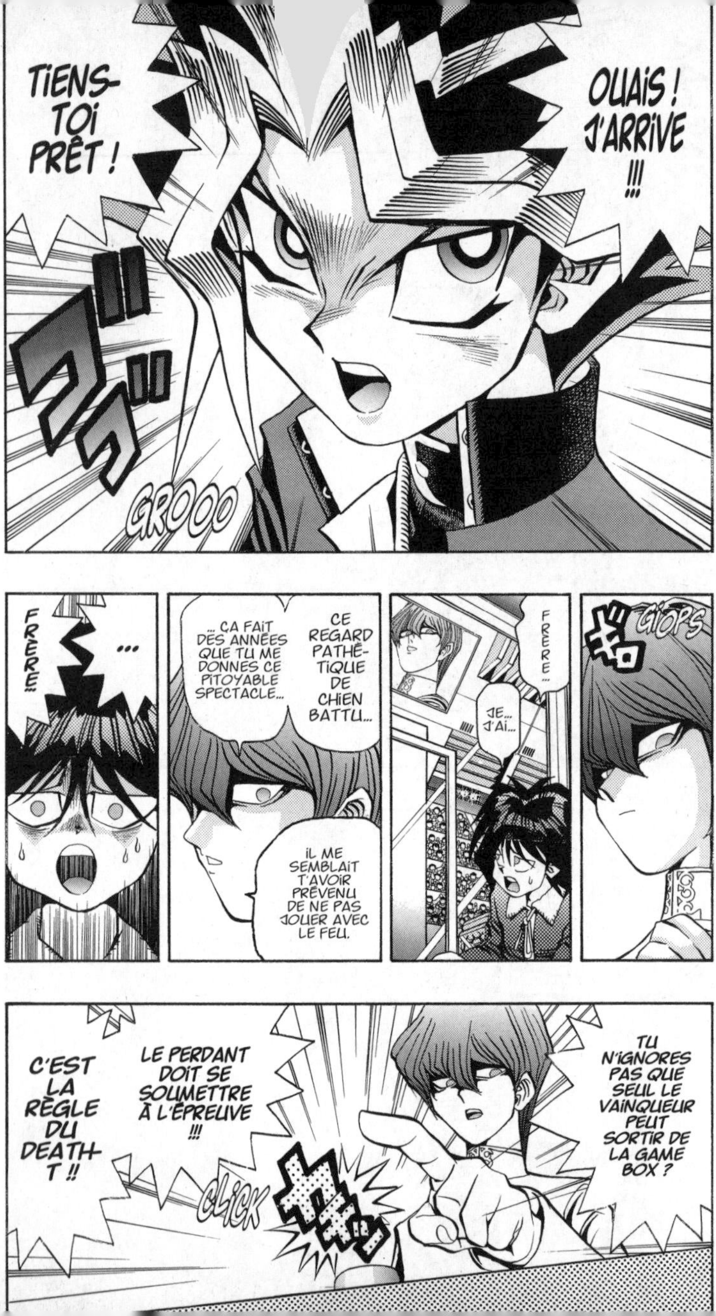
OUAIS ! J'ARRIVE !!!
TIENS-TOI PRÊT !
GROOO
GlOPS
FRÈRE...
JE... J'AI...
CE REGARD PATHÉTIQUE DE CHIEN BATTU...
... ÇA FAIT DES ANNÉES QUE TU ME DONNES CE PITOYABLE SPECTACLE...
IL ME SEMBLAIT T'AVOIR PRÉVENU DE NE PAS JOUER AVEC LE FEU.
FRÈRE...
...
TU N'IGNORES PAS QUE SEUL LE VAINQUEUR PEUT SORTIR DE LA GAME BOX ?
LE PERDANT DOIT SE SOUMETTRE À L'ÉPREUVE !!!
C'EST LA RÈGLE DU DEATH-T !!
CLICK

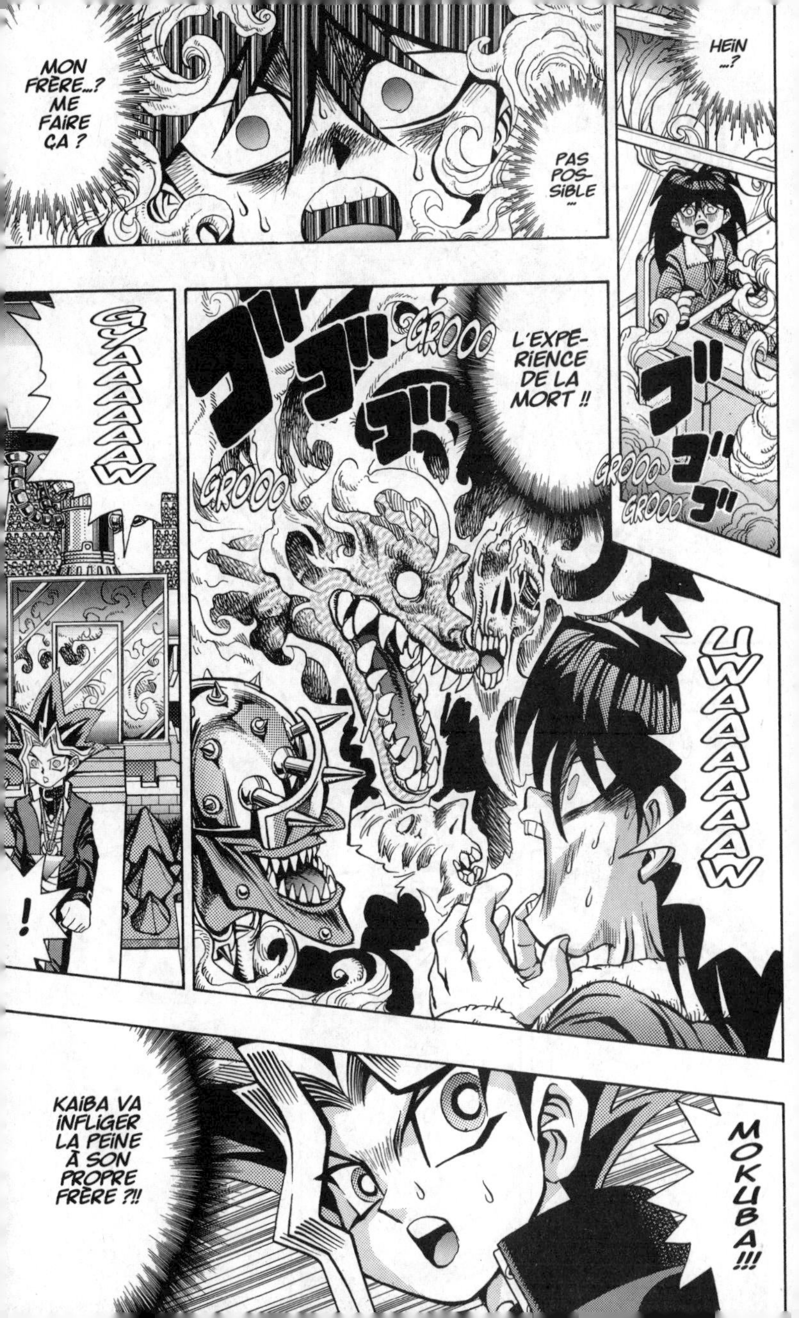
HEIN ...?
PAS POS-SIBLE ...
MON FRÈRE...? ME FAIRE ÇA ?
ゴゴ
GROOO
GROOO
L'EXPE-RIENCE DE LA MORT !!
ゴゴゴ
GROOO
GROOO
UWAAAAAAAW
GYAAAAAAAW
!
MOKUBA!!!
KAIBA VA INFLIGER LA PEINE À SON PROPRE FRÈRE ?!!

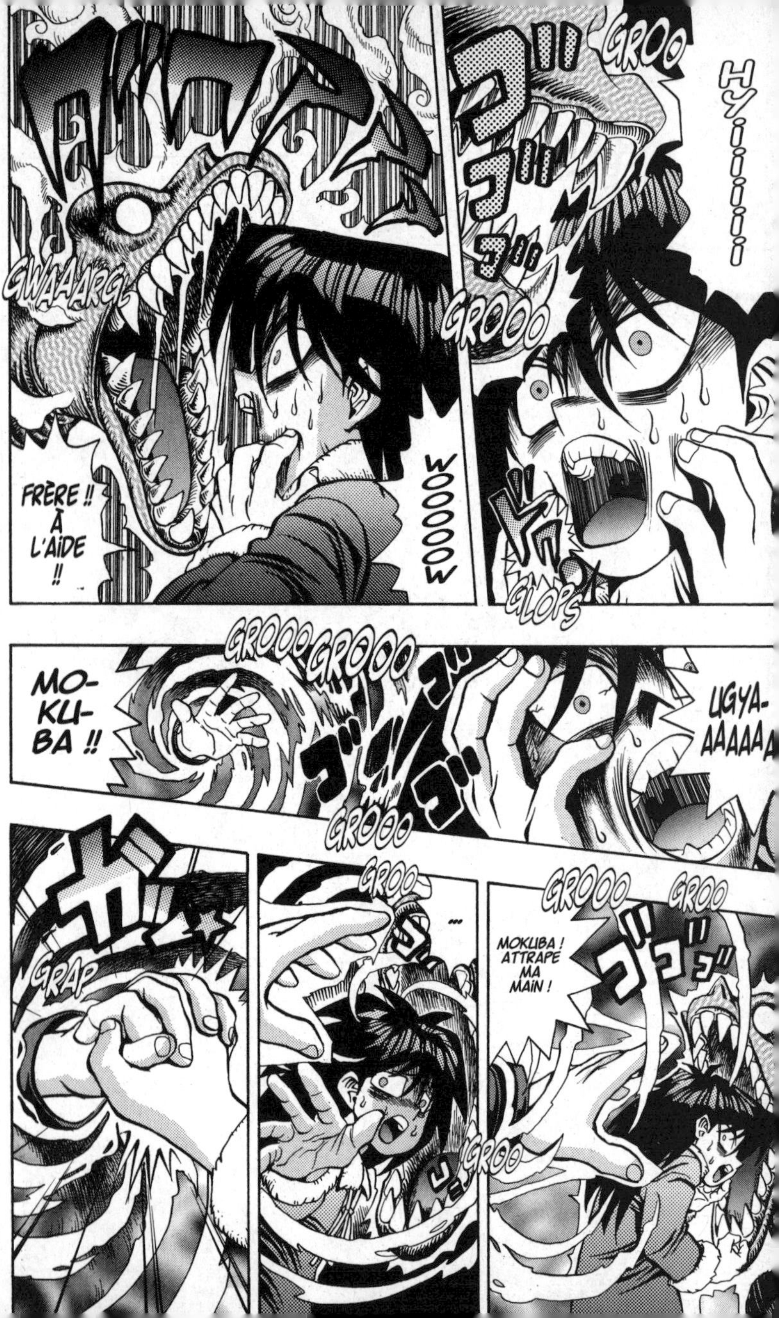
HYIIIIIII
GROO
GROOO
GLOPS
GWAAARGL
FRÈRE !! À L'AIDE !!
WOOOOOW
UGYA-AAAAAA
GROOO GROOO
MO-KU-BA !!
GROOO
GROOO
GROO
MOKUBA ! ATTRAPE MA MAIN !
GROO
...
GROO
GRAP

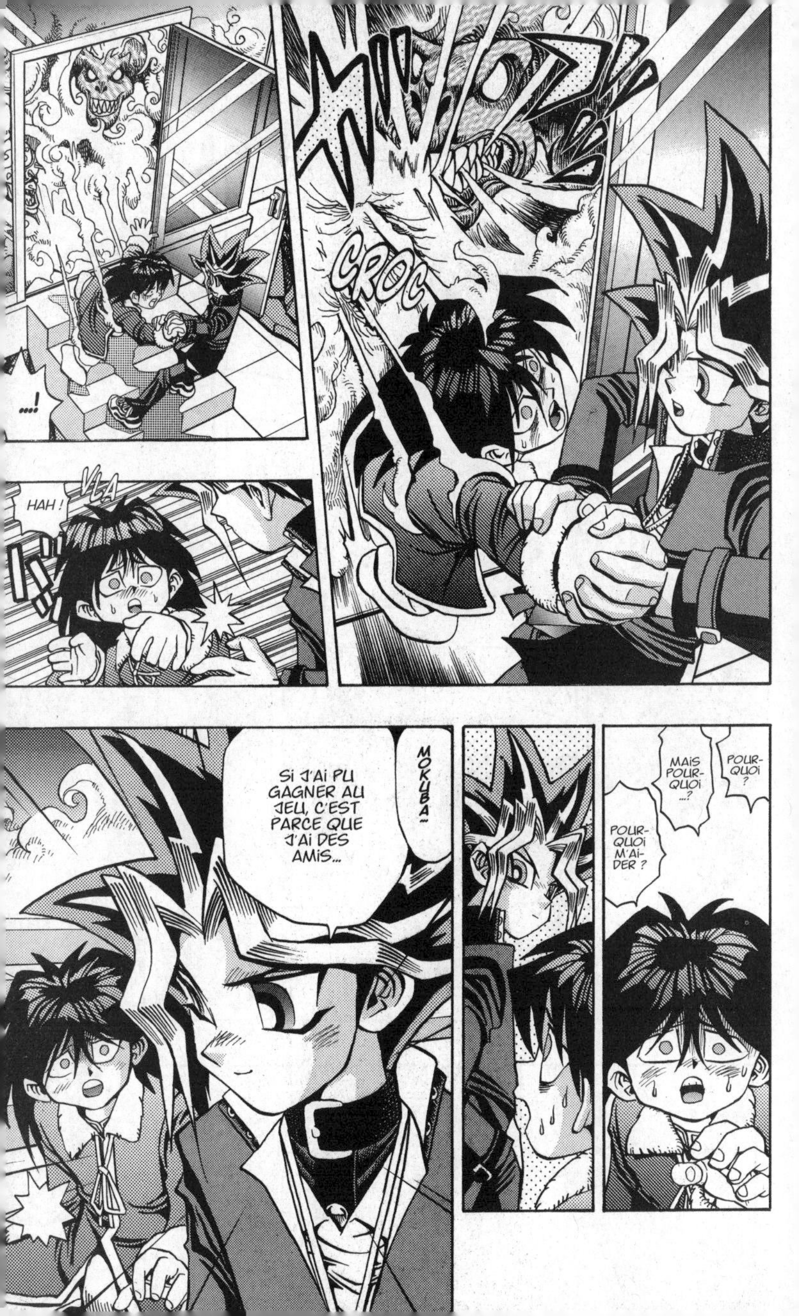
CROC
...!
HAH !
VLA
POURQUOI ?
MAIS POURQUOI ...?
POURQUOI M'AIDER ?
MOKUBA...
SI J'AI PU GAGNER AU JEU, C'EST PARCE QUE J'AI DES AMIS...

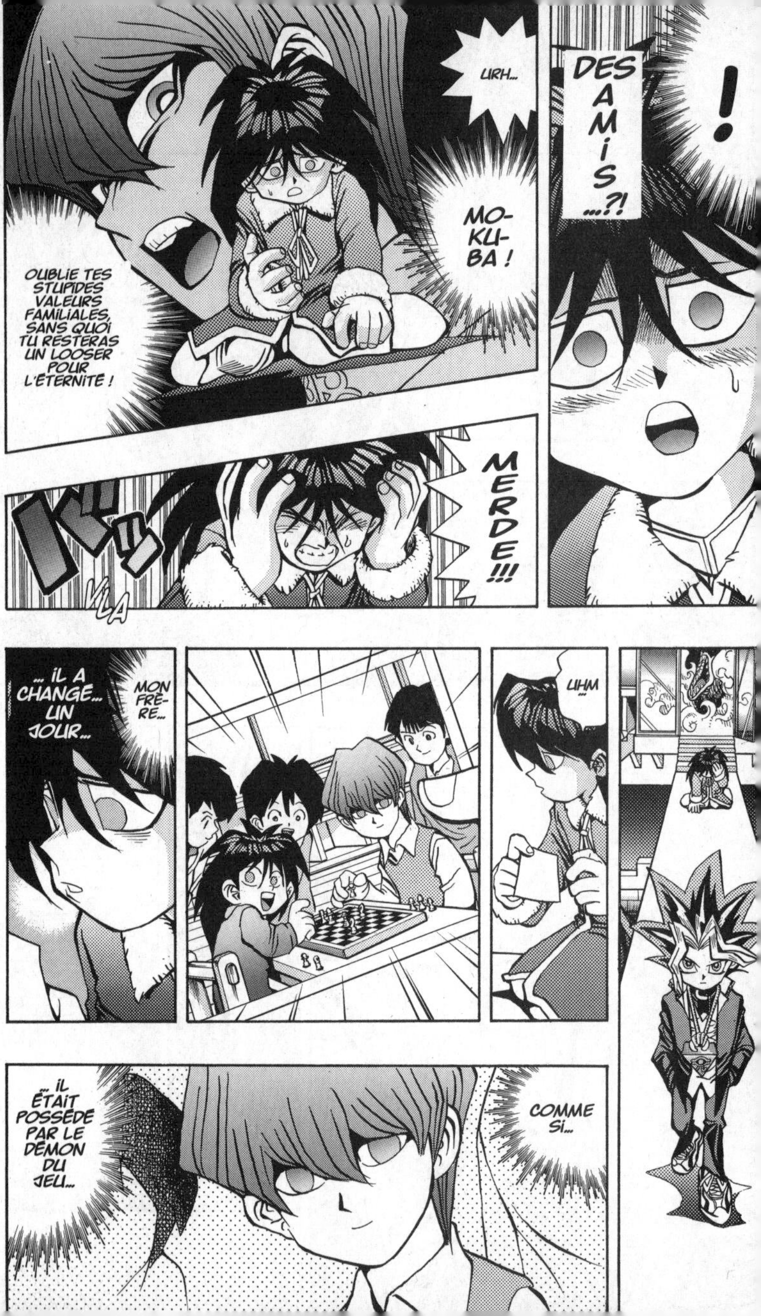
!
DES AMIS...?!
URH...
MO-KU-BA !
OUBLIE TES STUPIDES VALEURS FAMILIALES, SANS QUOI TU RESTERAS UN LOOSER POUR L'ÉTERNITE !
MERDE!!!
VLA
UHM...
MON FRE-RE...
... IL A CHANGE... UN JOUR...
COMME SI...
... IL ÉTAIT POSSEDE PAR LE DÉMON DU JEU...

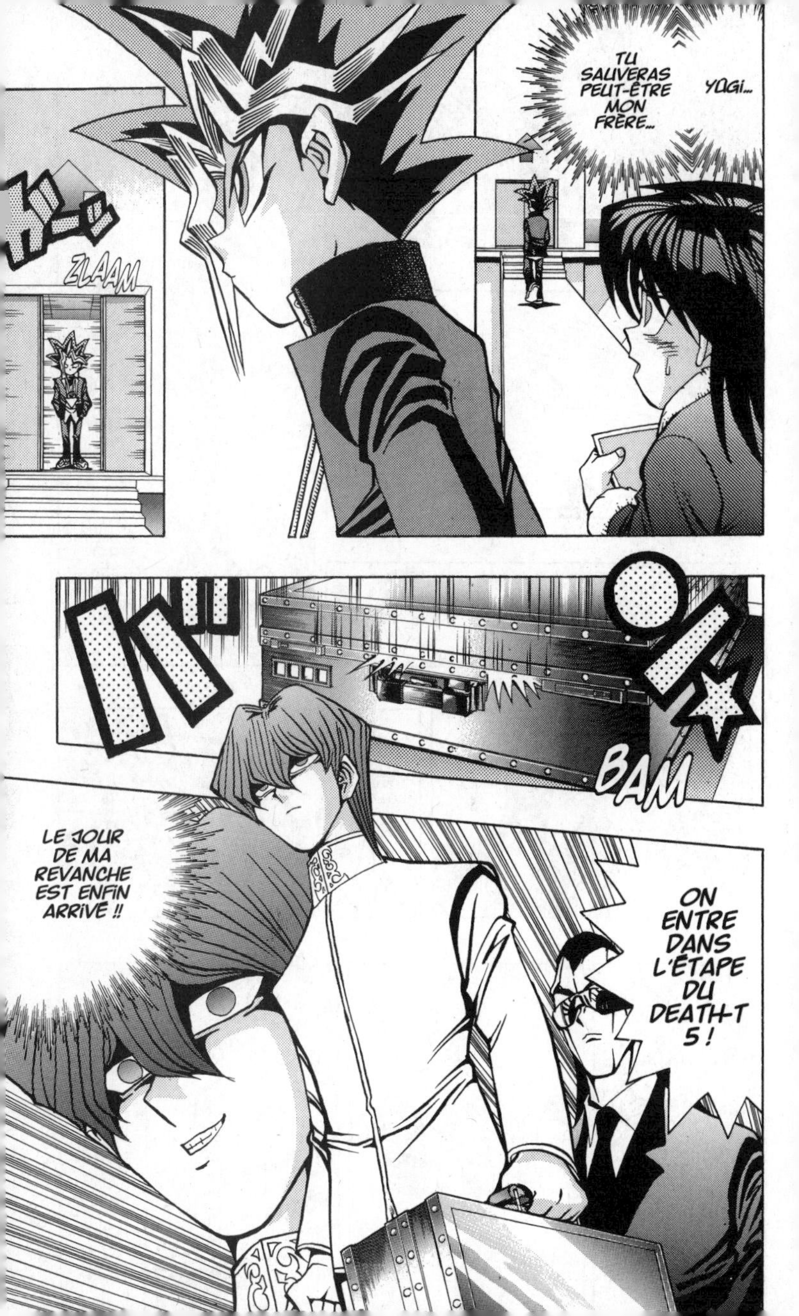
YûGi...
TU SAUVERAS PEUT-ÊTRE MON FRÈRE...
ZLAAM
BAM
ON ENTRE DANS L'ÉTAPE DU DEATH-T 5 !
LE JOUR DE MA REVANCHE EST ENFIN ARRIVÉ !!

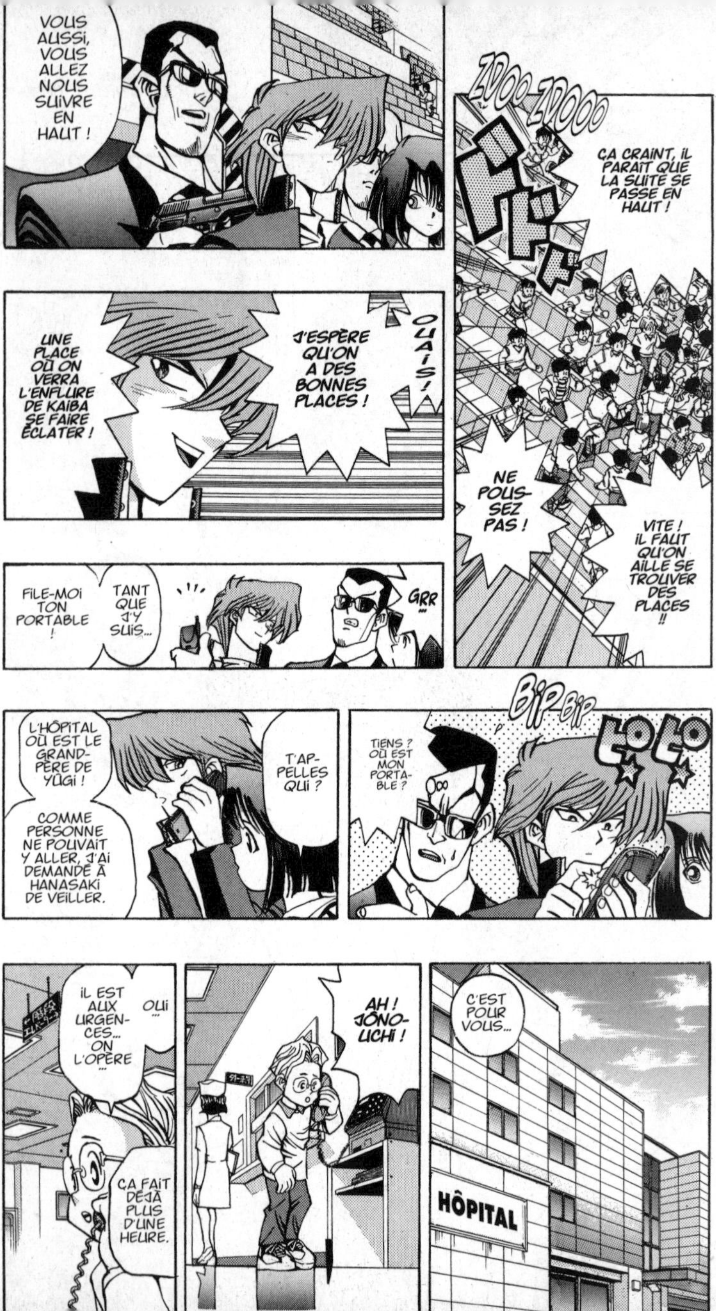
VOUS AUSSI, VOUS ALLEZ NOUS SUIVRE EN HAUT !
ZDOO ZDOOO
ÇA CRAINT, IL PARAÎT QUE LA SUITE SE PASSE EN HAUT !
VITE ! IL FAUT QU'ON AILLE SE TROUVER DES PLACES !!
NE POUSSEZ PAS !
OUAIS !
J'ESPÈRE QU'ON A DES BONNES PLACES !
UNE PLACE OÙ ON VERRA L'ENFLURE DE KAIBA SE FAIRE ÉCLATER !
GRR...
TANT QUE J'Y SUIS...
FILE-MOI TON PORTABLE !
BIP BIP
TIENS ? OÙ EST MON PORTABLE ?
T'APPELLES QUI ?
L'HÔPITAL OÙ EST LE GRAND-PÈRE DE YÛGI !
COMME PERSONNE NE POUVAIT Y ALLER, J'AI DEMANDÉ À HANASAKI DE VEILLER.
C'EST POUR VOUS...
HÔPITAL
AH ! JÔNOUCHI !
OUI...
IL EST AUX URGENCES... ON L'OPÈRE...
ÇA FAIT DÉJÀ PLUS D'UNE HEURE.

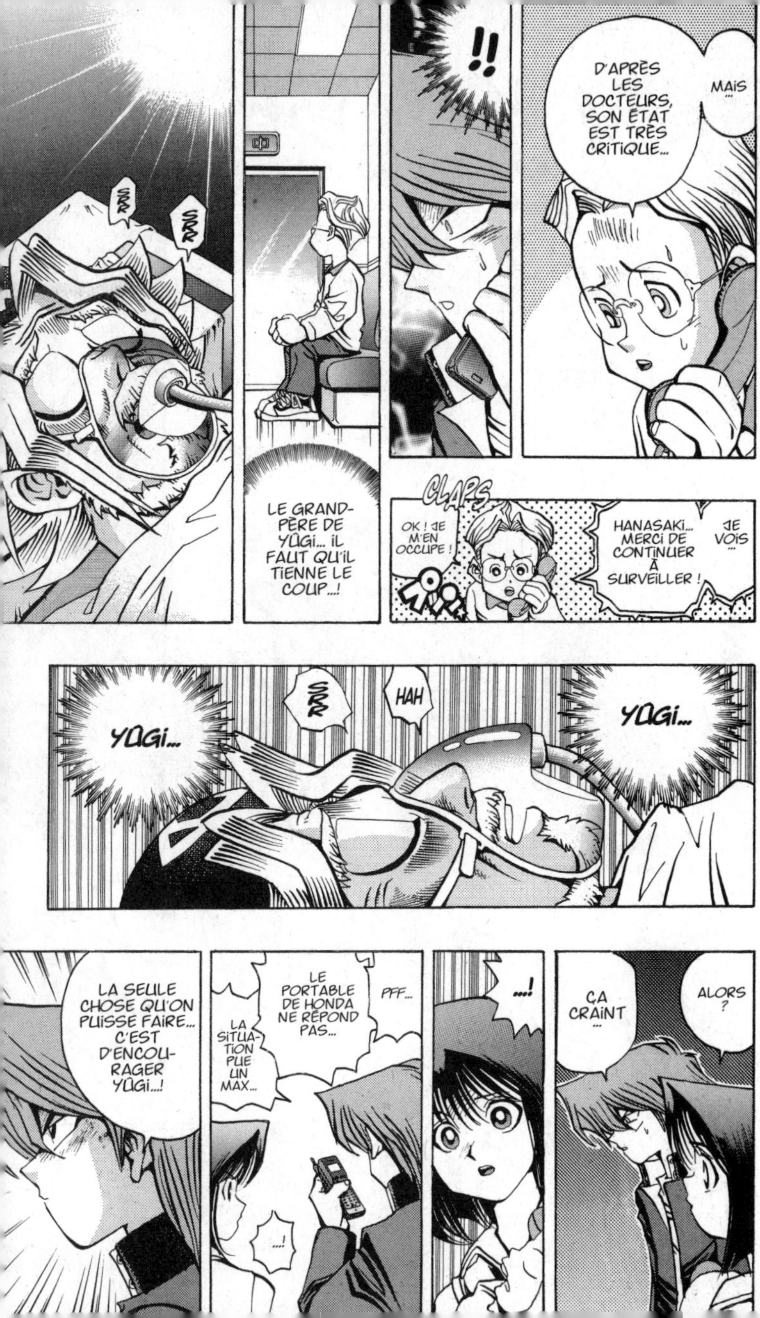
MAIS...
D'APRÈS LES DOCTEURS, SON ÉTAT EST TRÈS CRITIQUE...
!!
LE GRAND-PÈRE DE YÛGI... IL FAUT QU'IL TIENNE LE COUP...!
SRR
SRR
JE VOIS...
HANASAKI... MERCI DE CONTINUER À SURVEILLER !
OK ! JE M'EN OCCUPE !
CLAPS
YÛGI...
HAH
SRR
YÛGI...
ALORS ?
ÇA CRAINT...
...!
PFF...
LE PORTABLE DE HONDA NE RÉPOND PAS...
LA SITUATION PUE UN MAX...
...!
LA SEULE CHOSE QU'ON PUISSE FAIRE... C'EST D'ENCOURAGER YÛGI...!

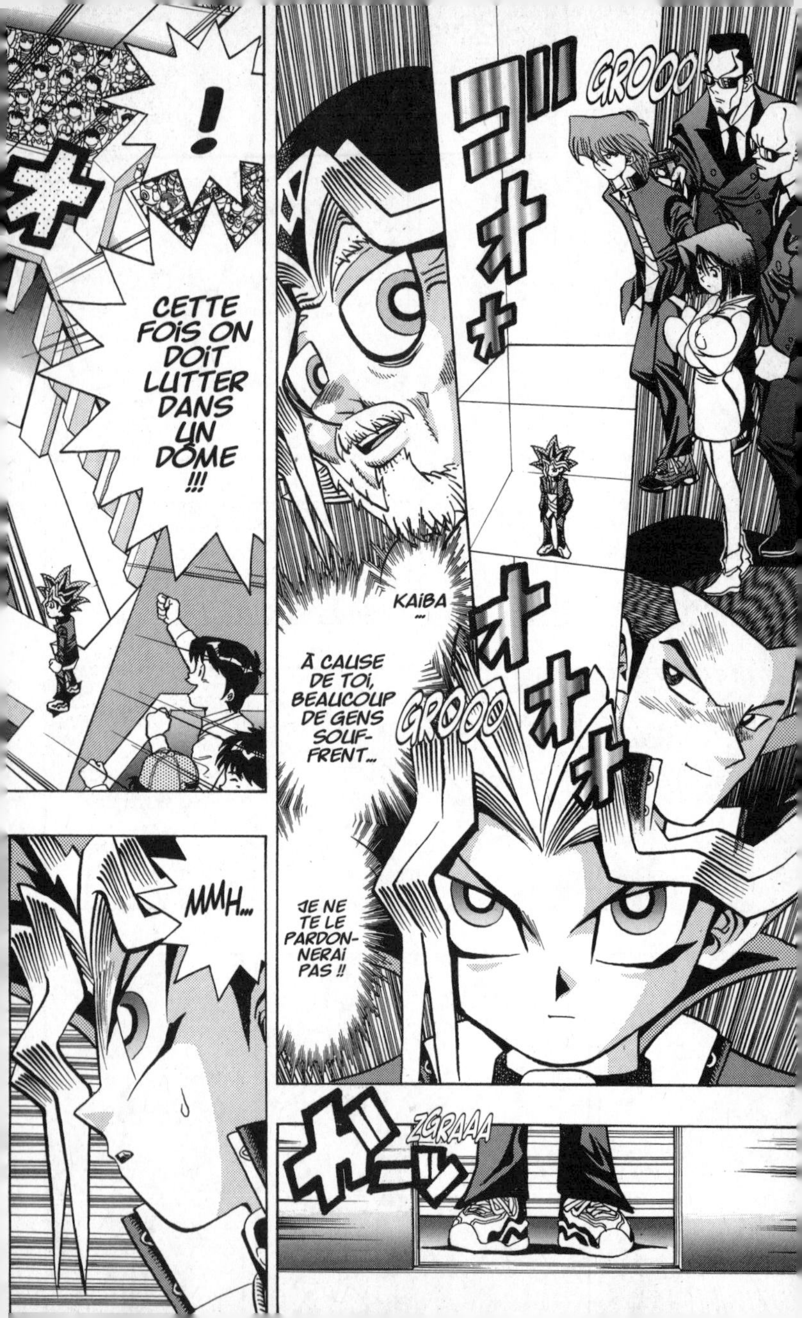

GROOO
KAIBA ...
À CAUSE DE TOI, BEAUCOUP DE GENS SOUF-FRENT...
GROOO
JE NE TE LE PARDON-NERAI PAS !!
!
CETTE FOIS ON DOIT LUTTER DANS UN DÔME !!!
ZGRAAA
MMH...

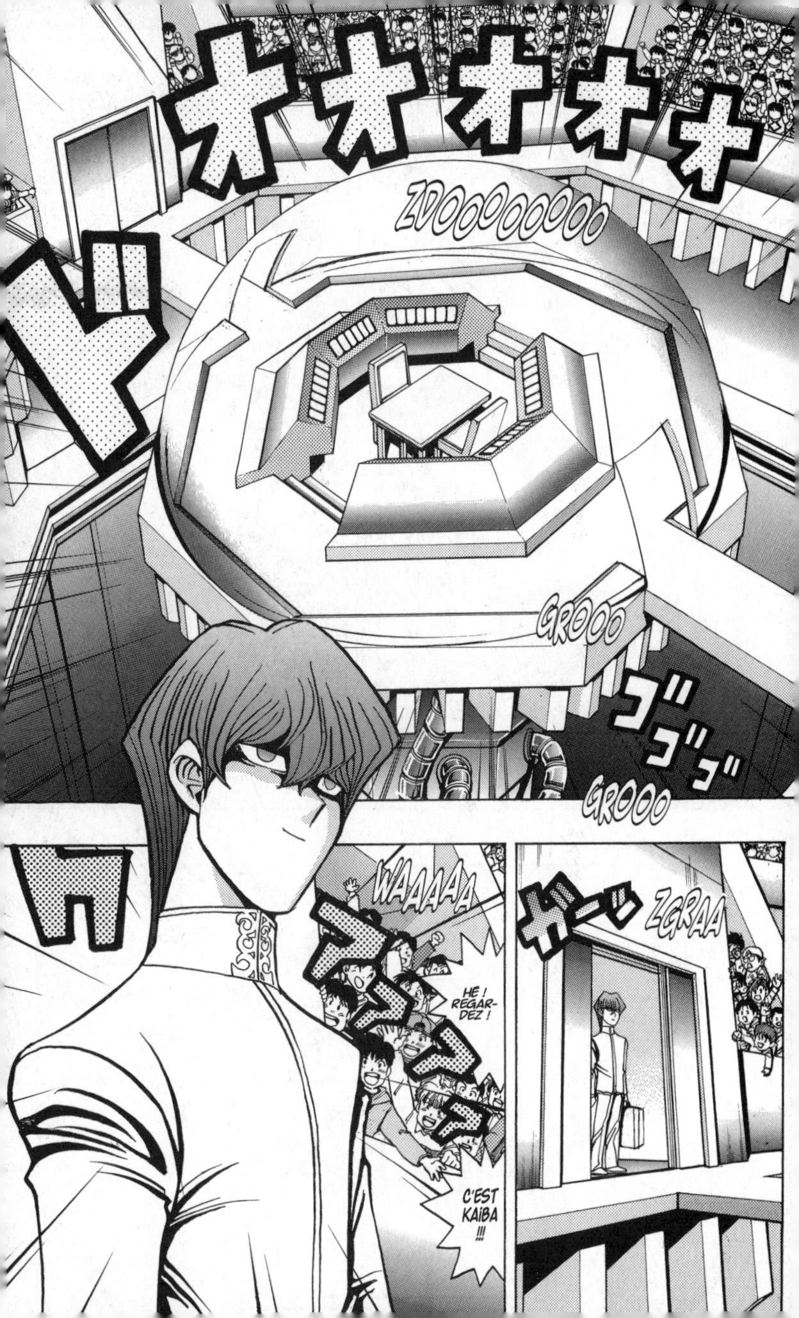
ZDOOOOOOOO
GROOO
GROOO
ZGRAA
WAAAAA
HE ! REGARDEZ !
C'EST KAIBA !!!

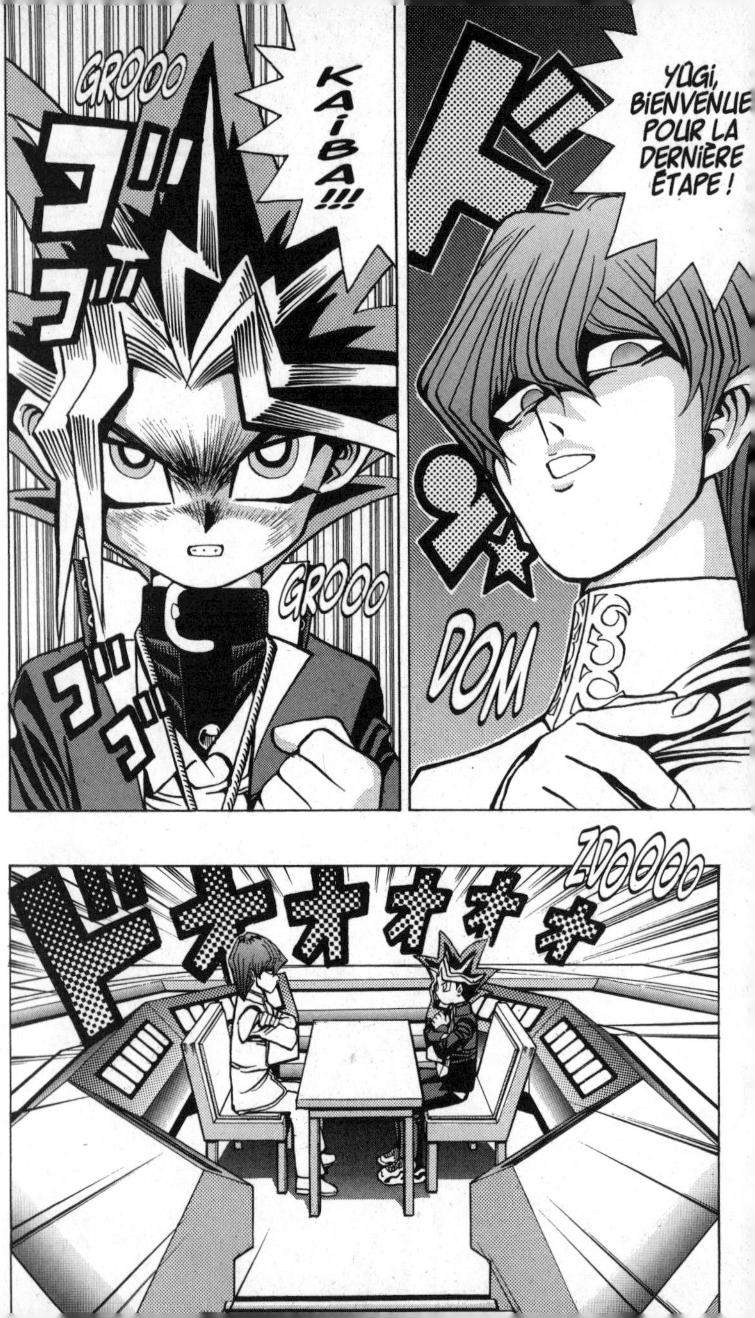
YÛGI, BIENVENUE POUR LA DERNIÈRE ÉTAPE !
DOM
KAÏBA !!!
GROOO
GROOO
ZDOOOOO

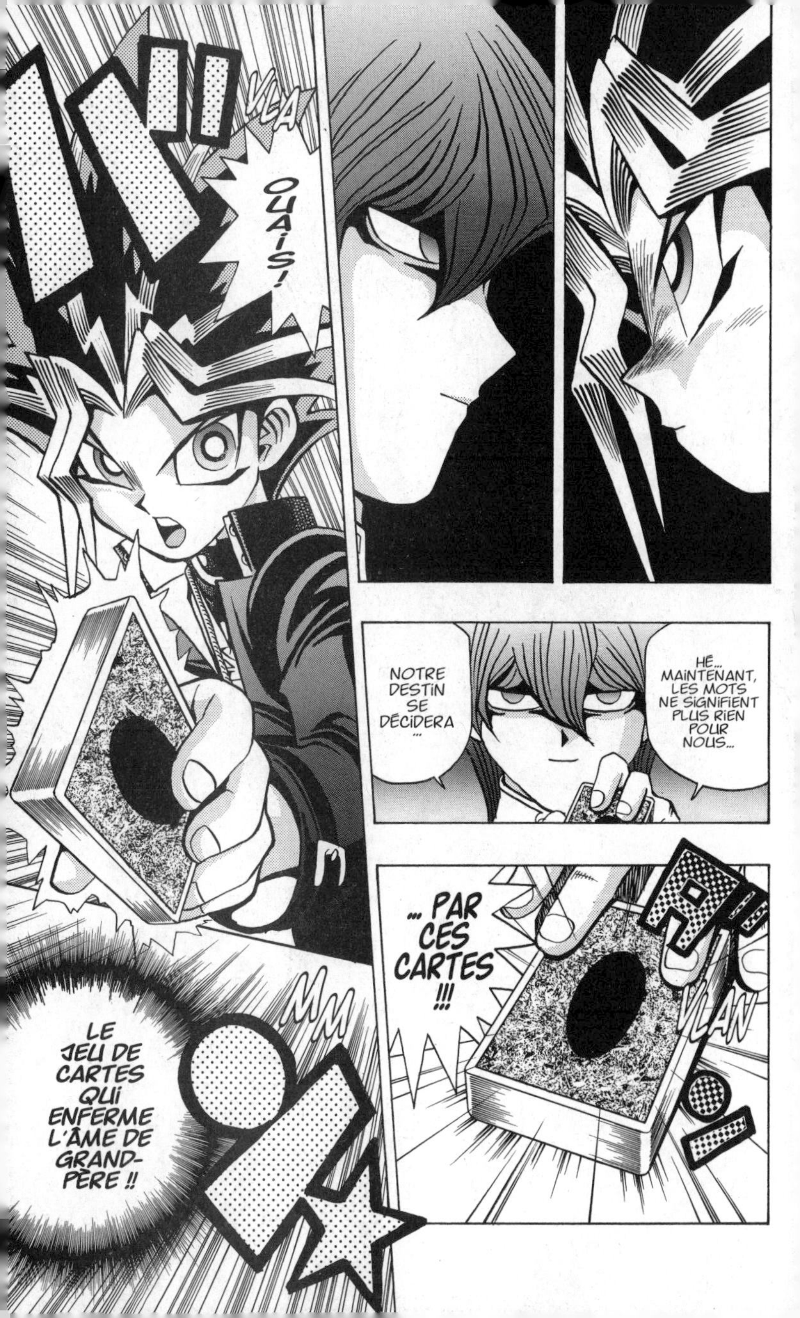
HÉ... MAINTENANT, LES MOTS NE SIGNIFIENT PLUS RIEN POUR NOUS...
NOTRE DESTIN SE DÉCIDERA ...
... PAR CES CARTES !!!
VLAN
VLA
OUAIS !
LE JEU DE CARTES QUI ENFERME L'ÂME DE GRAND-PÈRE !!
MM

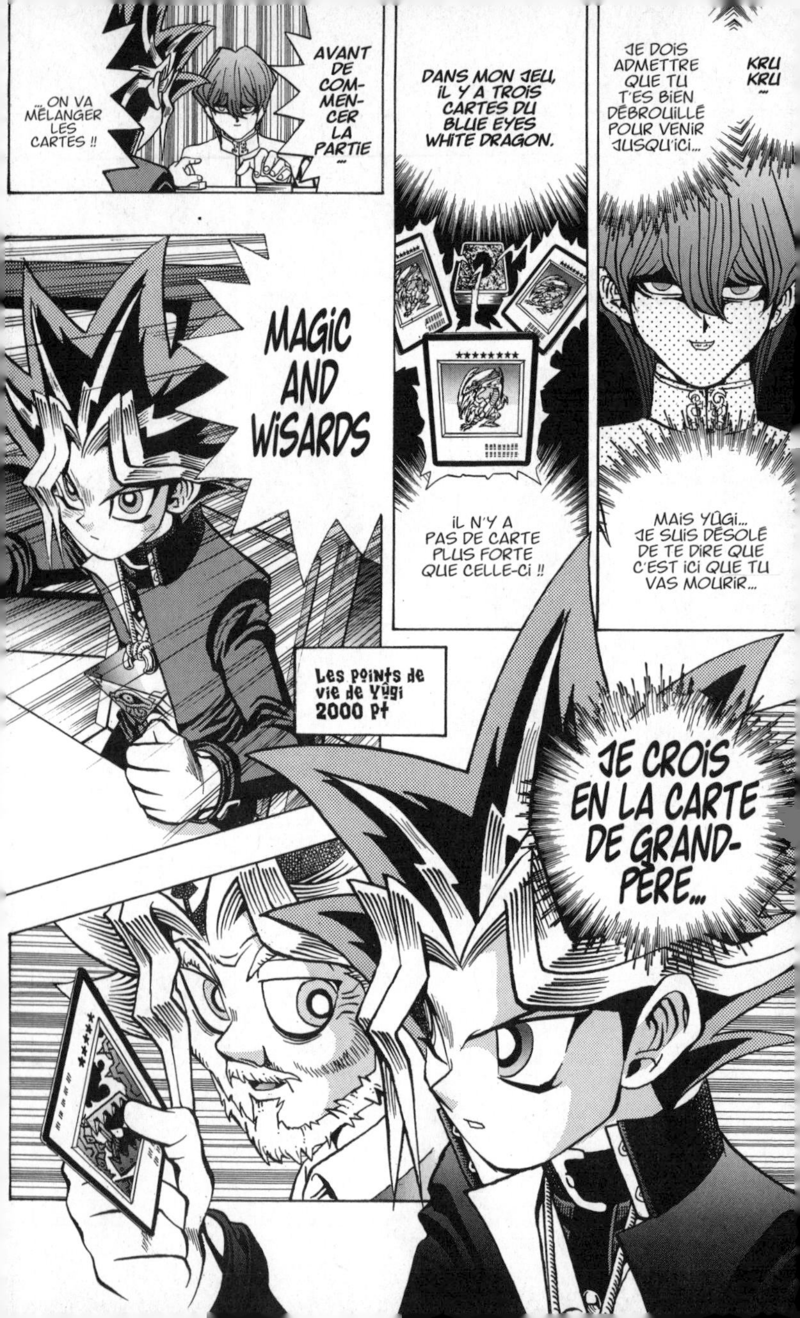
KRU KRU ...
JE DOIS ADMETTRE QUE TU T'ES BIEN DÉBROUILLÉ POUR VENIR JUSQU'ICI...
MAIS YÛGI... JE SUIS DÉSOLÉ DE TE DIRE QUE C'EST ICI QUE TU VAS MOURIR...
DANS MON JEU, IL Y A TROIS CARTES DU BLUE EYES WHITE DRAGON.
IL N'Y A PAS DE CARTE PLUS FORTE QUE CELLE-CI !!
AVANT DE COMMENCER LA PARTIE ...
... ON VA MÉLANGER LES CARTES !!
MAGIC AND WISARDS
Les points de vie de Yûgi 2000 pt
JE CROIS EN LA CARTE DE GRAND-PÈRE...

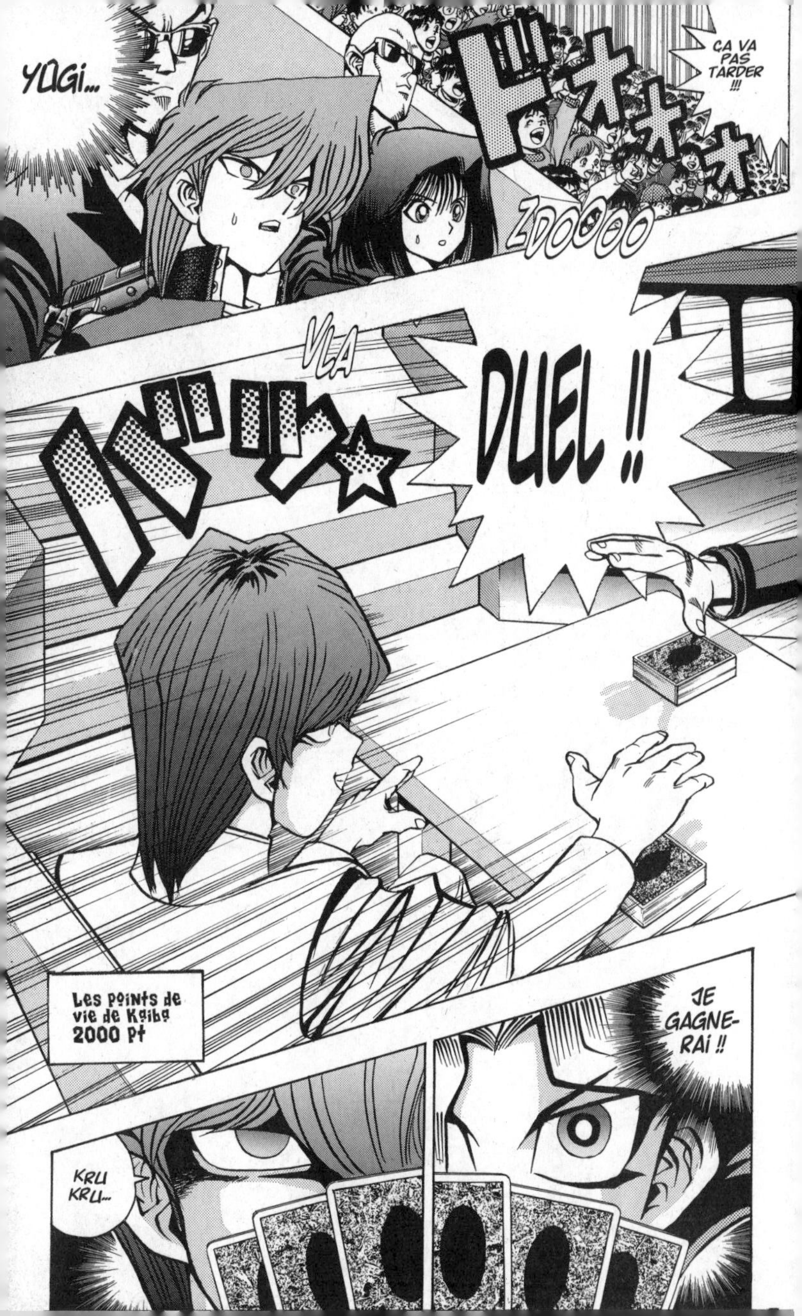
ÇA VA PAS TARDER !!!
ZDOOOO
YÛGI...
DUEL !!
VLA
JE GAGNE-RAI !!
Les points de vie de Kaiba 2000 pt
KRU KRU...

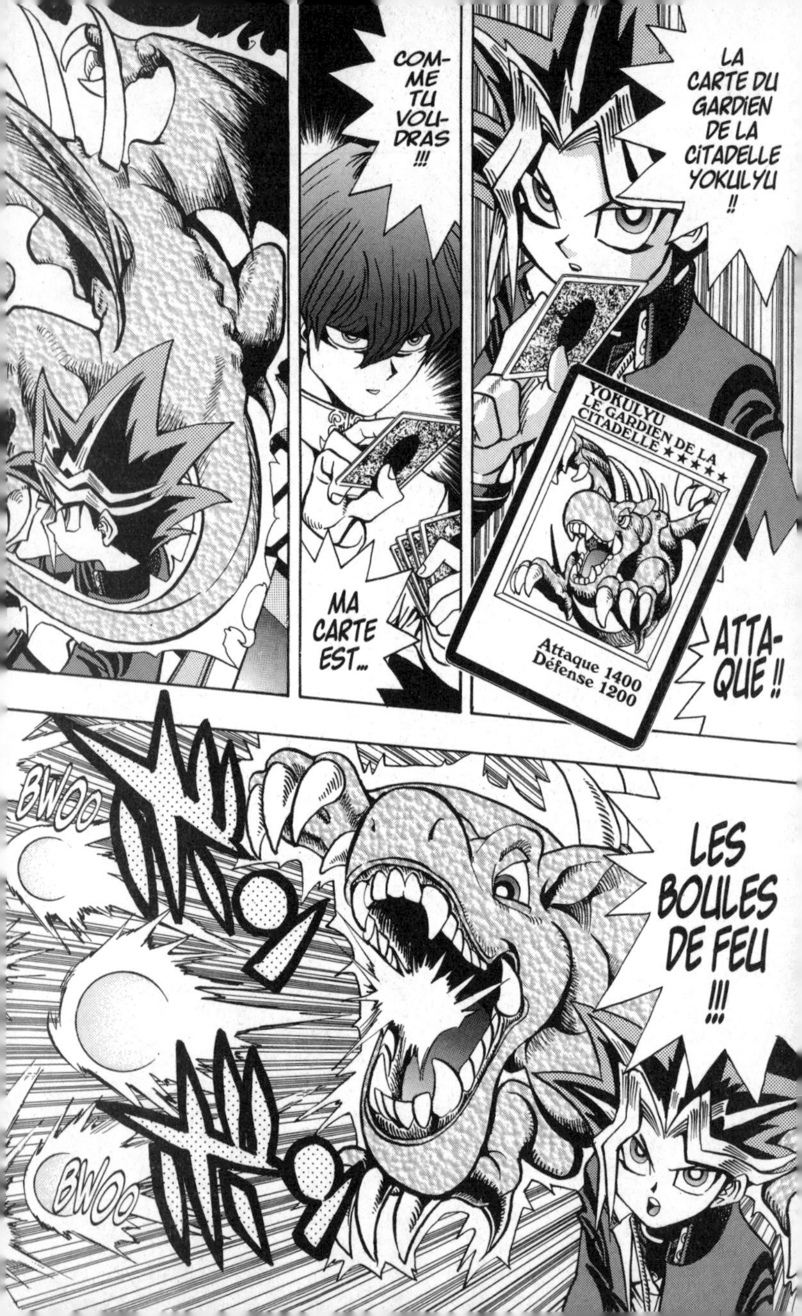

LA CARTE DU GARDIEN DE LA CITADELLE YOKULYU !!
YOKULYU LE GARDIEN DE LA CITADELLE ★★★★★
Attaque 1400
Défense 1200
ATTA-QUE !!
COMME TU VOUDRAS !!!
MA CARTE EST...
LES BOULES DE FEU !!!
BWOO
BWOO

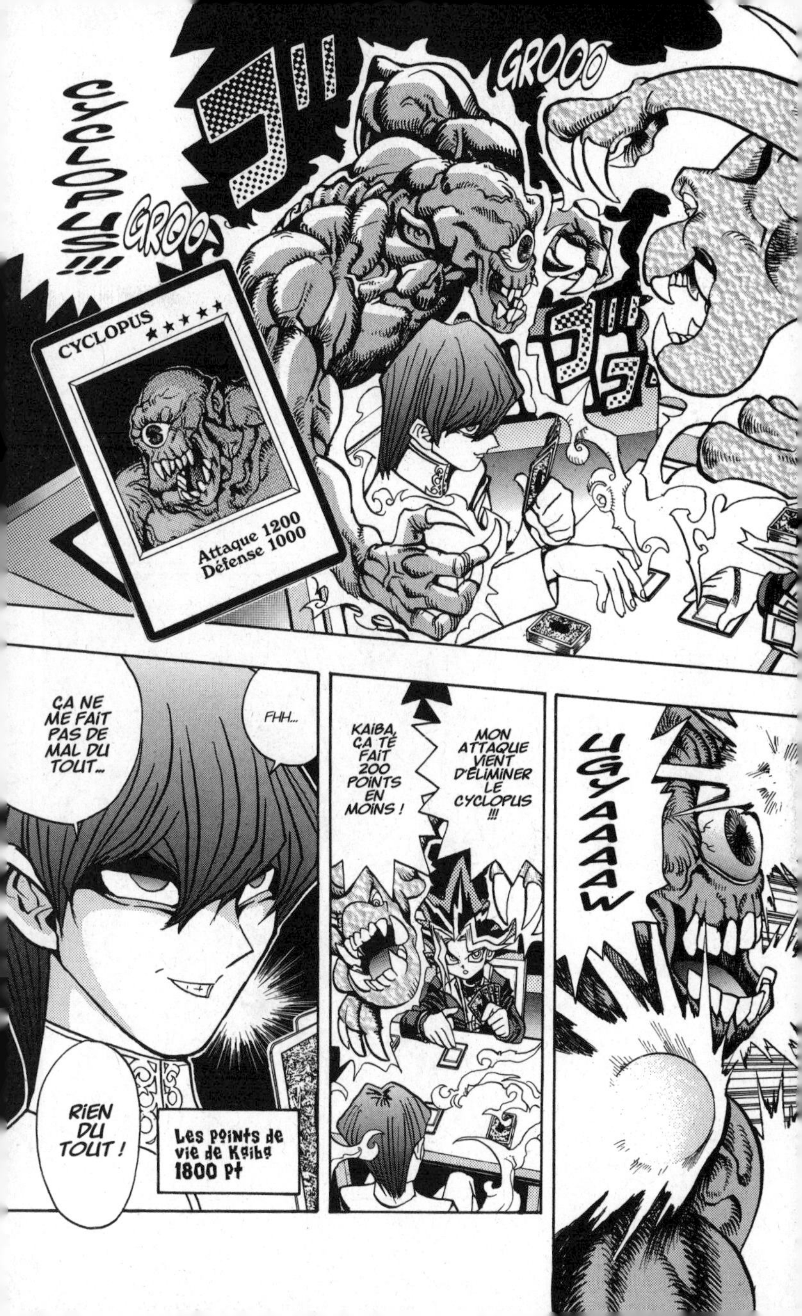
GROOO
GROO
CYCLOPUS!!!
CYCLOPUS
Attaque 1200
Défense 1000
UGYAAAAAW
MON ATTAQUE VIENT D'ÉLIMINER LE CYCLOPUS !!!
KAIBA, ÇA TE FAIT 200 POINTS EN MOINS !
FHH...
ÇA NE ME FAIT PAS DE MAL DU TOUT...
RIEN DU TOUT !
Les points de vie de Kaiba 1800 pt

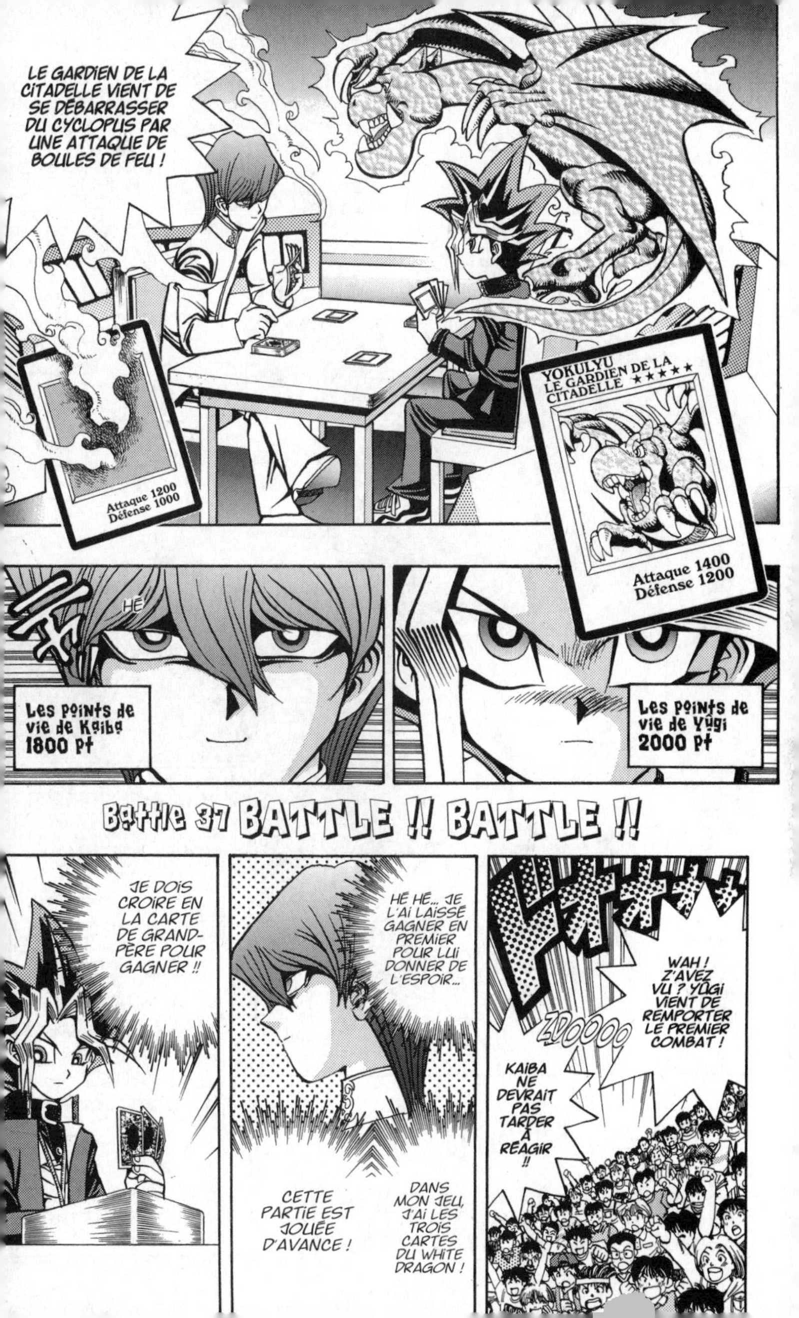

LE GARDIEN DE LA CITADELLE VIENT DE SE DÉBARRASSER DU CYCLOPUS PAR UNE ATTAQUE DE BOULES DE FEU !
Attaque 1200
Défense 1000
YOKULYU LE GARDIEN DE LA CITADELLE ★★★★★
Attaque 1400
Défense 1200
HÉ
Les points de vie de Kaiba 1800 pt
Les points de vie de Yûgi 2000 pt
Battle 37 BATTLE !! BATTLE !!
JE DOIS CROIRE EN LA CARTE DE GRAND-PÈRE POUR GAGNER !!
HÉ HÉ... JE L'AI LAISSÉ GAGNER EN PREMIER POUR LUI DONNER DE L'ESPOIR...
DANS MON JEU, J'AI LES TROIS CARTES DU WHITE DRAGON !
CETTE PARTIE EST JOUÉE D'AVANCE !
WAH ! Z'AVEZ VU ? YÛGI VIENT DE REMPORTER LE PREMIER COMBAT !
ZDOOOOO
KAIBA NE DEVRAIT PAS TARDER À RÉAGIR !!

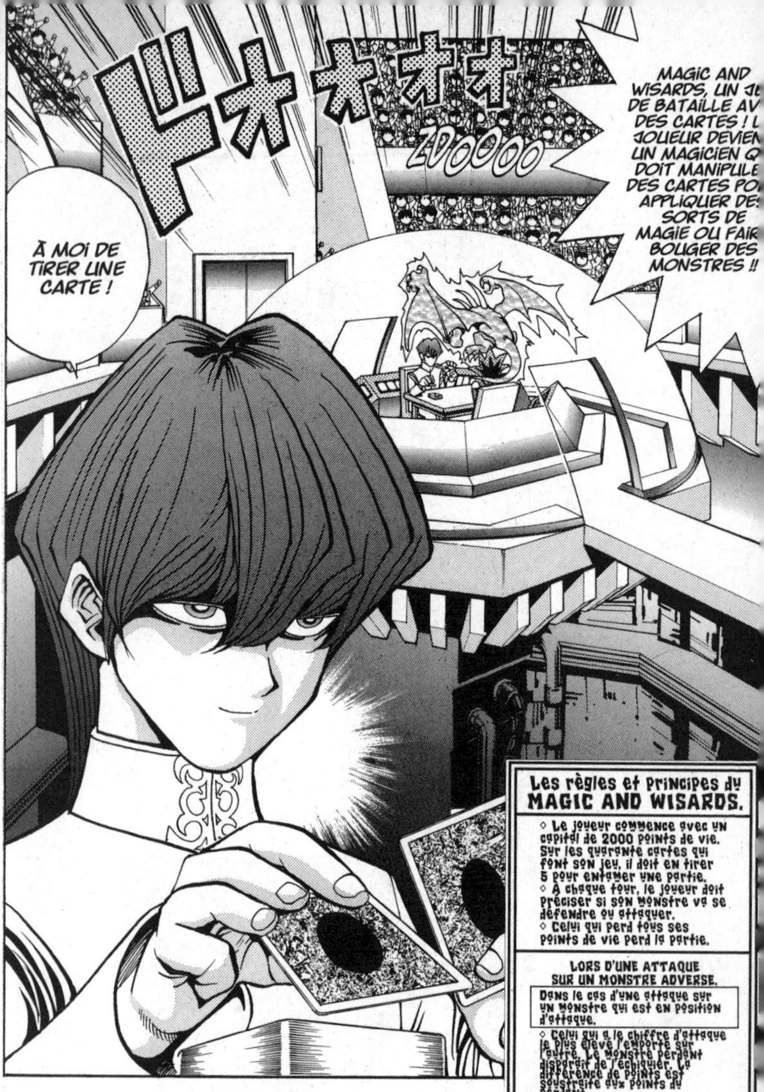
MAGIC AND WISARDS, UN JE DE BATAILLE AV DES CARTES ! L JOUEUR DEVIEN UN MAGICIEN Q DOIT MANIPULE DES CARTES PO APPLIQUER DES SORTS DE MAGIE OU FAIR BOUGER DES MONSTRES !!
ドオオオオ
ZDOOOOO
À MOI DE TIRER UNE CARTE !

Battle 37

BATTLE !! BATTLE !!

Les règles et principes du MAGIC AND WISARDS.

◇ Le joueur commence avec un capital de 2000 points de vie. Sur les quarante cartes qui font son jeu, il doit en tirer 5 pour entamer une partie.
◇ À chaque tour, le joueur doit préciser si son monstre va se défendre ou attaquer.
◇ Celui qui perd tous ses points de vie perd la partie.

LORS D'UNE ATTAQUE SUR UN MONSTRE ADVERSE.

Dans le cas d'une attaque sur un monstre qui est en position d'attaque.

◇ Celui qui a le chiffre d'attaque le plus élevé l'emporte sur l'autre. Le monstre perdant disparaît de l'échiquier. La différence de points est soustraite aux points du perdant.

Dans le cas d'une attaque sur un monstre qui est en position de défense.

◇ Si les points de celui qui est en position de défense sont plus élevés que ceux de l'attaquant, celui qui attaque perd la différence de points, mais son monstre ne disparaît pas. Par contre, si l'attaquant possède plus de points que celui qui est en défense, ce dernier perd son monstre, mais ne perd pas de points.

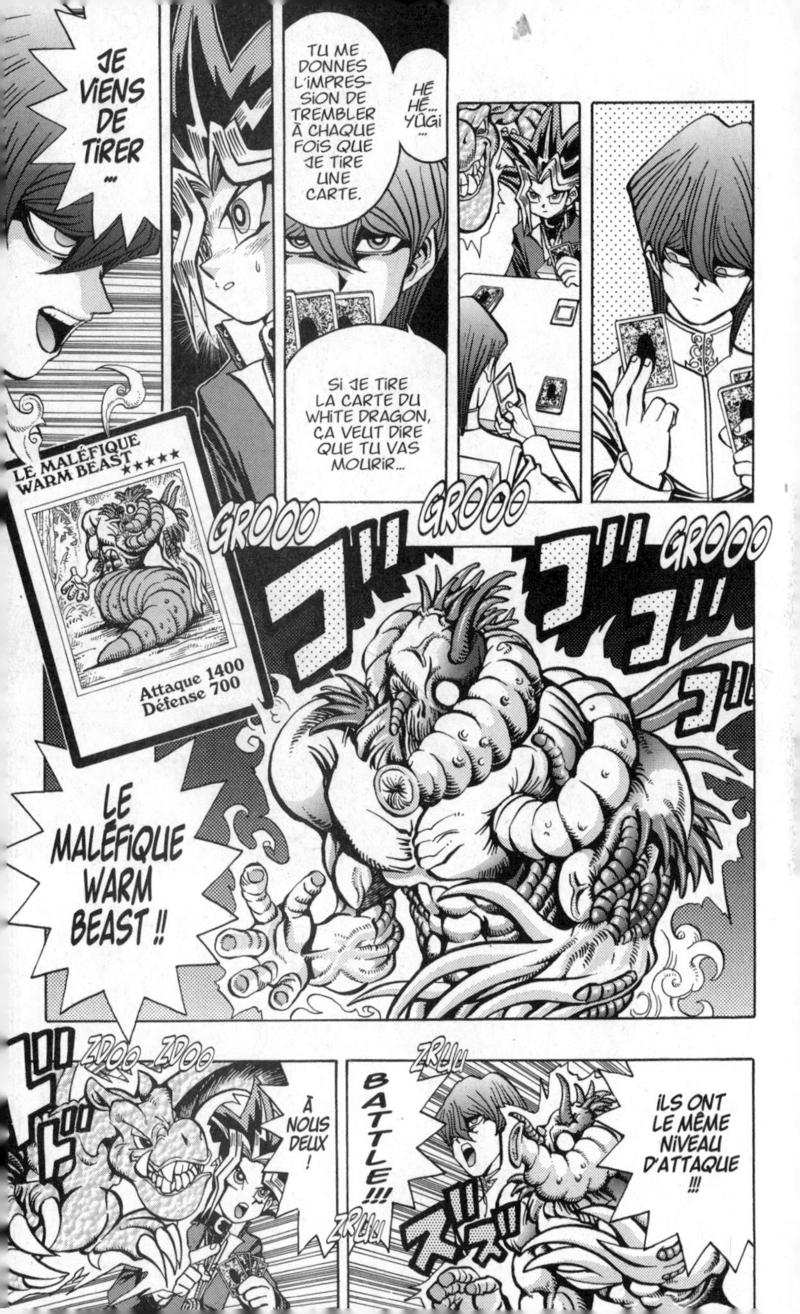
HE HE... YÛGI ...
TU ME DONNES L'IMPRESSION DE TREMBLER À CHAQUE FOIS QUE JE TIRE UNE CARTE.
SI JE TIRE LA CARTE DU WHITE DRAGON, ÇA VEUT DIRE QUE TU VAS MOURIR...
JE VIENS DE TIRER ...
LE MALÉFIQUE WARM BEAST ★★★★★
Attaque 1400
Défense 700
GROOO
GROOO
GROOO
LE MALÉFIQUE WARM BEAST !!
ZRUU
ILS ONT LE MÊME NIVEAU D'ATTAQUE !!!
BATTLE !!!
ZRUU
ZDOO ZDOO
À NOUS DEUX !

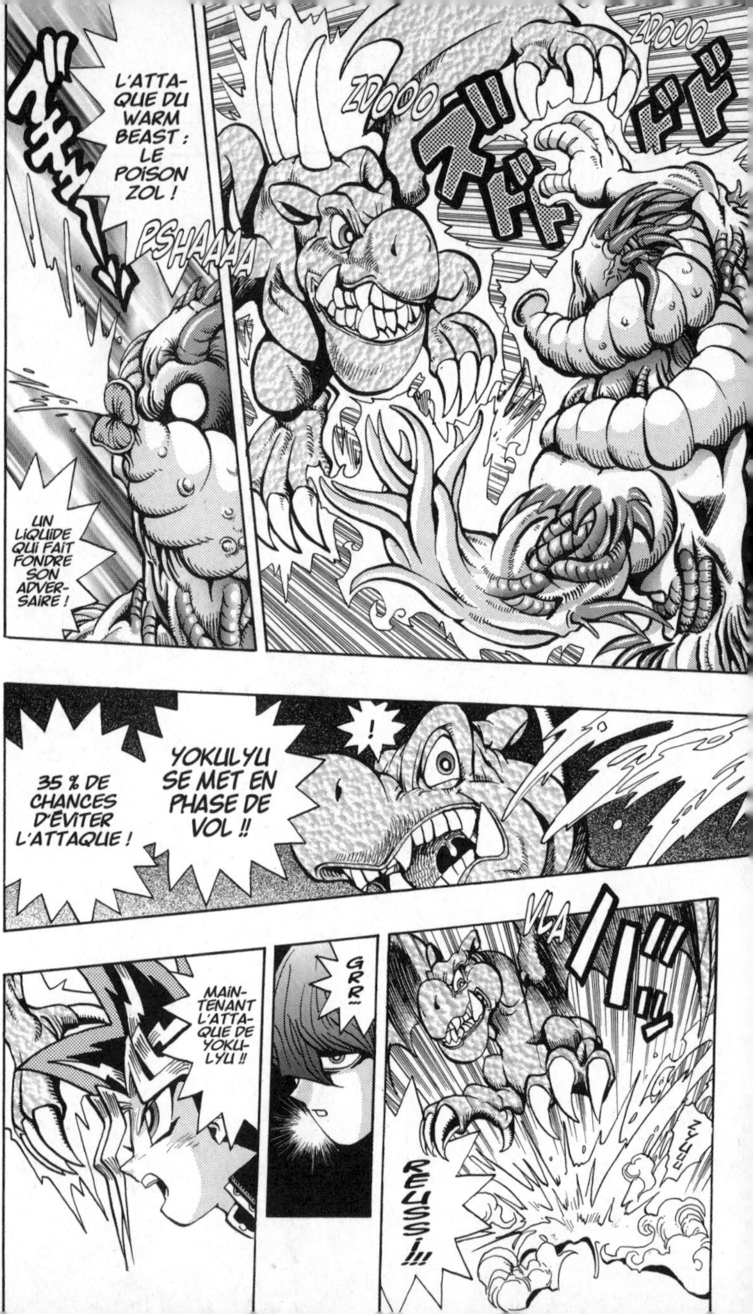
ZDOOO
ZDOOO
PSHAAAA
L'ATTAQUE DU WARM BEAST : LE POISON ZOL !
UN LIQUIDE QUI FAIT FONDRE SON ADVERSAIRE !
!
YOKULYU SE MET EN PHASE DE VOL !!
35 % DE CHANCES D'ÉVITER L'ATTAQUE !
VLA
RÉUSSI !!!
GRR...
MAINTENANT L'ATTAQUE DE YOKULYU !!

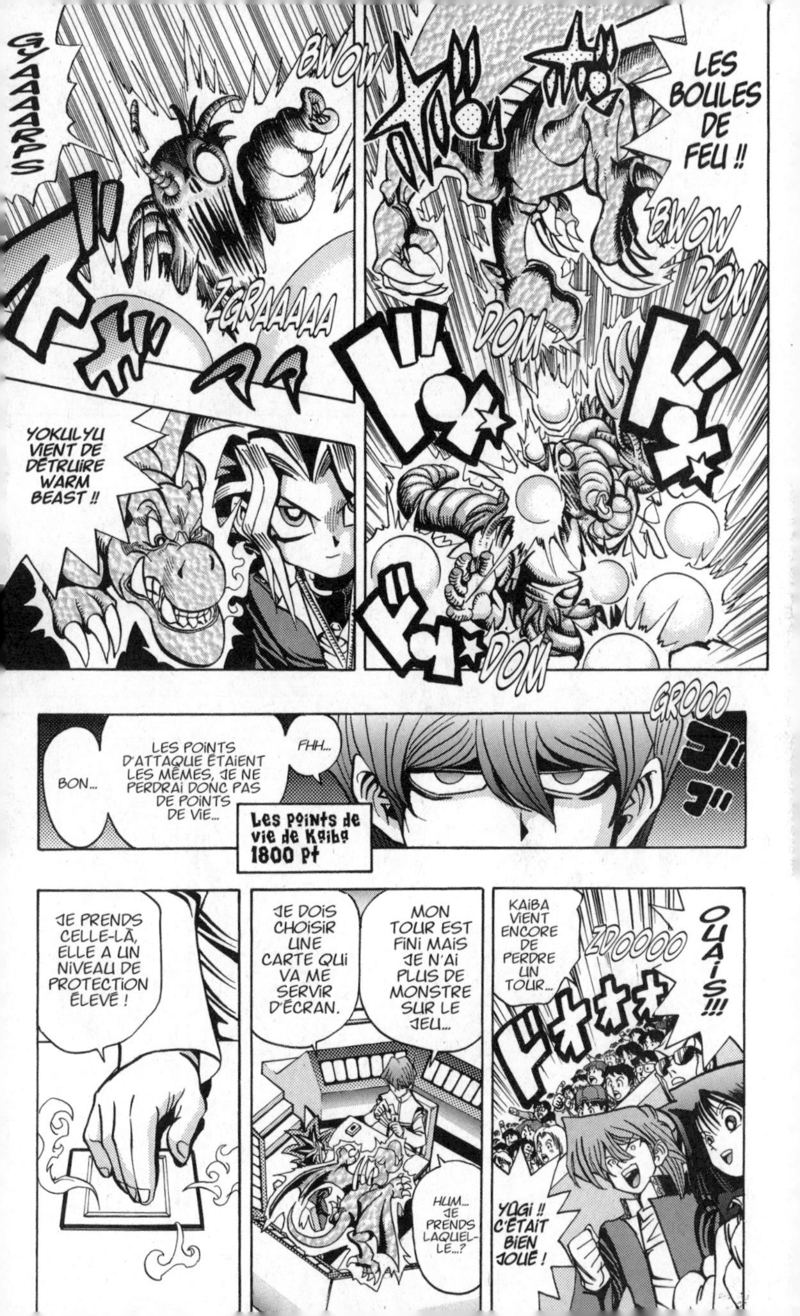

LES BOULES DE FEU !!
BWOW
BWOW
DOM
DOM
DOM
GYAAAAARPS
BWOW
ZGRAAAAAA
YOKULYU VIENT DE DÉTRUIRE WARM BEAST !!
GROOO
FHH...
LES POINTS D'ATTAQUE ÉTAIENT LES MÊMES, JE NE PERDRAI DONC PAS DE POINTS DE VIE...
BON...
Les points de vie de Kaiba 1800 pt
OUAIS!!!
ZDOOOOO
KAIBA VIENT ENCORE DE PERDRE UN TOUR...
YUGI !! C'ÉTAIT BIEN JOUÉ !
MON TOUR EST FINI MAIS JE N'AI PLUS DE MONSTRE SUR LE JEU...
JE DOIS CHOISIR UNE CARTE QUI VA ME SERVIR D'ÉCRAN.
HUM... JE PRENDS LAQUELLE...?
JE PRENDS CELLE-LÀ, ELLE A UN NIVEAU DE PROTECTION ÉLEVÉ !

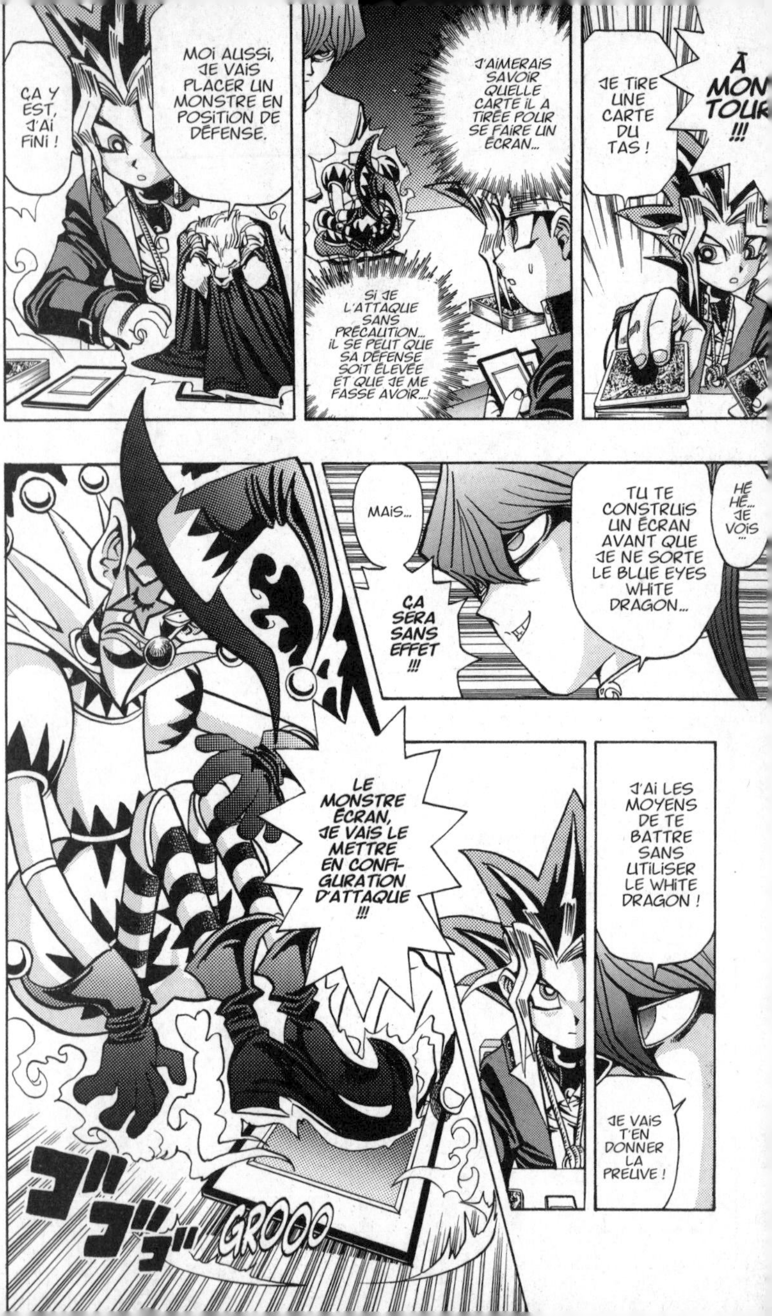
À MON TOUR !!!
JE TIRE UNE CARTE DU TAS !
J'AIMERAIS SAVOIR QUELLE CARTE IL A TIRÉE POUR SE FAIRE UN ÉCRAN...
SI JE L'ATTAQUE SANS PRÉCAUTION... IL SE PEUT QUE SA DÉFENSE SOIT ÉLEVÉE ET QUE JE ME FASSE AVOIR...!
MOI AUSSI, JE VAIS PLACER UN MONSTRE EN POSITION DE DÉFENSE.
ÇA Y EST, J'AI FINI !
HE HE... JE VOIS...
TU TE CONSTRUIS UN ÉCRAN AVANT QUE JE NE SORTE LE BLUE EYES WHITE DRAGON...
MAIS...
ÇA SERA SANS EFFET !!!
J'AI LES MOYENS DE TE BATTRE SANS UTILISER LE WHITE DRAGON !
JE VAIS T'EN DONNER LA PREUVE !
LE MONSTRE ÉCRAN, JE VAIS LE METTRE EN CONFIGURATION D'ATTAQUE !!!
GROOO

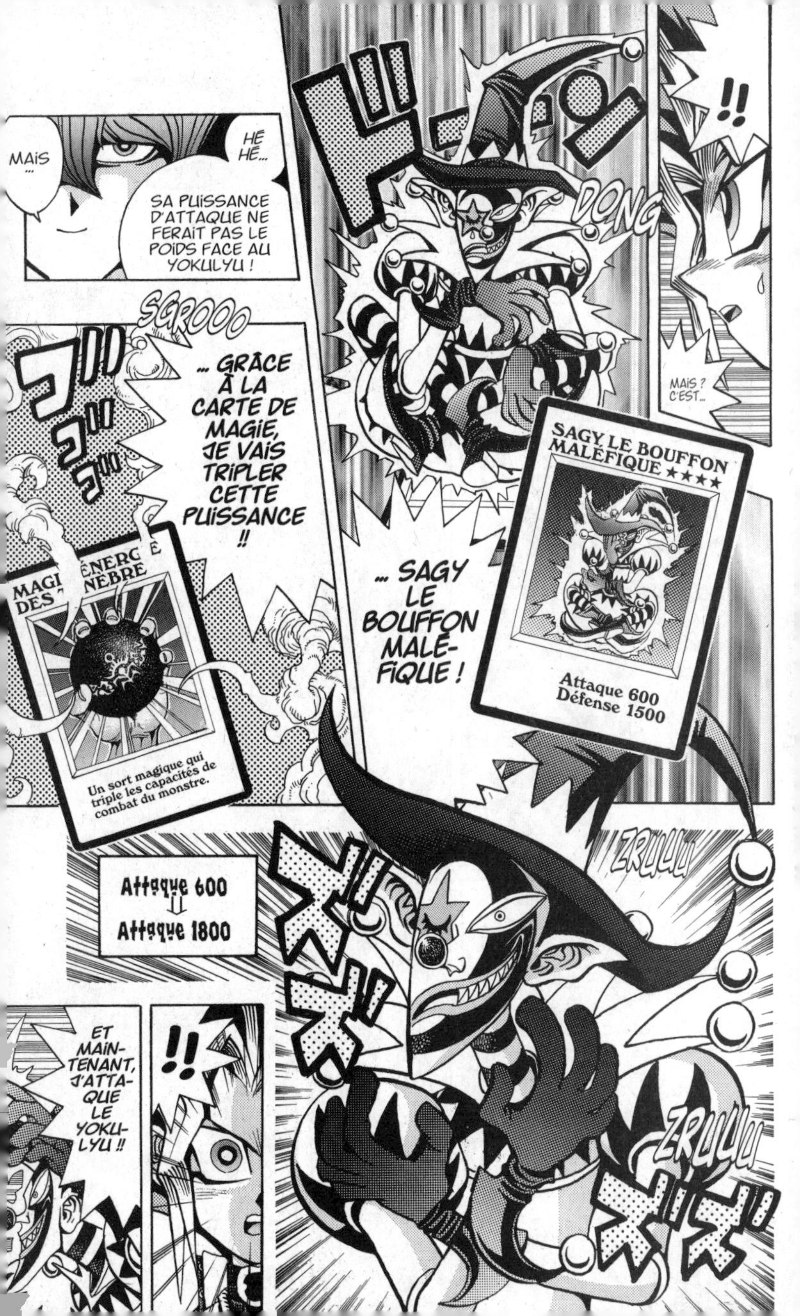
!!
MAIS ? C'EST...
DONG
... SAGY LE BOUFFON MALÉFIQUE !
SAGY LE BOUFFON MALÉFIQUE ★★★★
Attaque 600
Défense 1500
HÉ HÉ...
MAIS ...
SA PUISSANCE D'ATTAQUE NE FERAIT PAS LE POIDS FACE AU YOKULYU !
SGROOO
... GRÂCE À LA CARTE DE MAGIE, JE VAIS TRIPLER CETTE PUISSANCE !!
Un sort magique qui triple les capacités de combat du monstre.
ZRUUU
Attaque 600
Attaque 1800
ZRUUU
!!
ET MAINTENANT, J'ATTAQUE LE YOKULYU !!

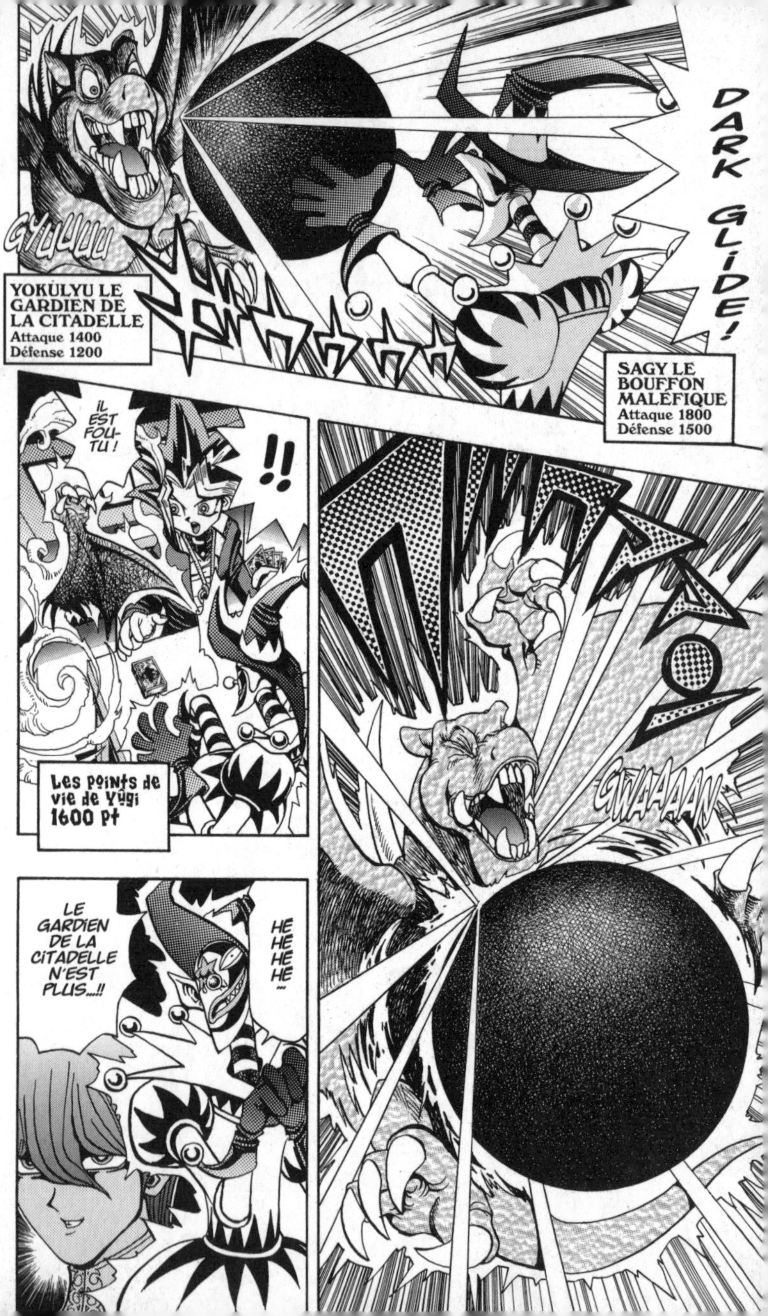
DARK GLIDE !
GYUUUU
SAGY LE BOUFFON MALÉFIQUE
Attaque 1800
Défense 1500
YOKULYU LE GARDIEN DE LA CITADELLE
Attaque 1400
Défense 1200
GWAAAAN
!!
IL EST FOUTU !
Les points de vie de Yûgi
1600 pt
HE HE HE HE ...
LE GARDIEN DE LA CITADELLE N'EST PLUS...!!

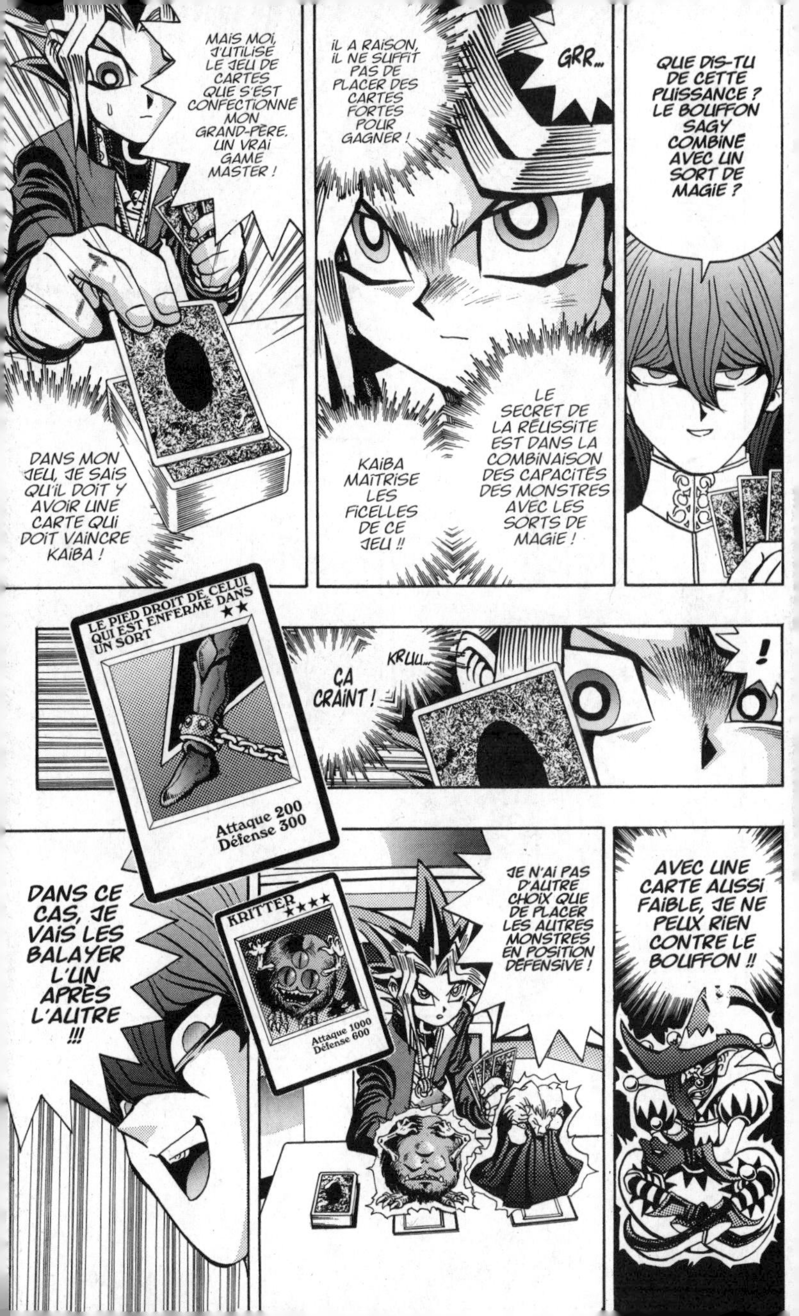
QUE DIS-TU DE CETTE PUISSANCE ? LE BOUFFON SAGY COMBINE AVEC UN SORT DE MAGIE ?
GRR...
IL A RAISON, IL NE SUFFIT PAS DE PLACER DES CARTES FORTES POUR GAGNER !
LE SECRET DE LA RÉUSSITE EST DANS LA COMBINAISON DES CAPACITÉS DES MONSTRES AVEC LES SORTS DE MAGIE !
KAIBA MAÎTRISE LES FICELLES DE CE JEU !!
MAIS MOI, J'UTILISE LE JEU DE CARTES QUE S'EST CONFECTIONNÉ MON GRAND-PÈRE. UN VRAI GAME MASTER !
DANS MON JEU, JE SAIS QU'IL DOIT Y AVOIR UNE CARTE QUI DOIT VAINCRE KAIBA !
!
KRUU...
ÇA CRAINT !
LE PIED DROIT DE CELUI QUI EST ENFERMÉ DANS UN SORT
Attaque 200
Défense 300
AVEC UNE CARTE AUSSI FAIBLE, JE NE PEUX RIEN CONTRE LE BOUFFON !!
JE N'AI PAS D'AUTRE CHOIX QUE DE PLACER LES AUTRES MONSTRES EN POSITION DÉFENSIVE !
KRITTER
Attaque 1000
Défense 600
DANS CE CAS, JE VAIS LES BALAYER L'UN APRÈS L'AUTRE !!!

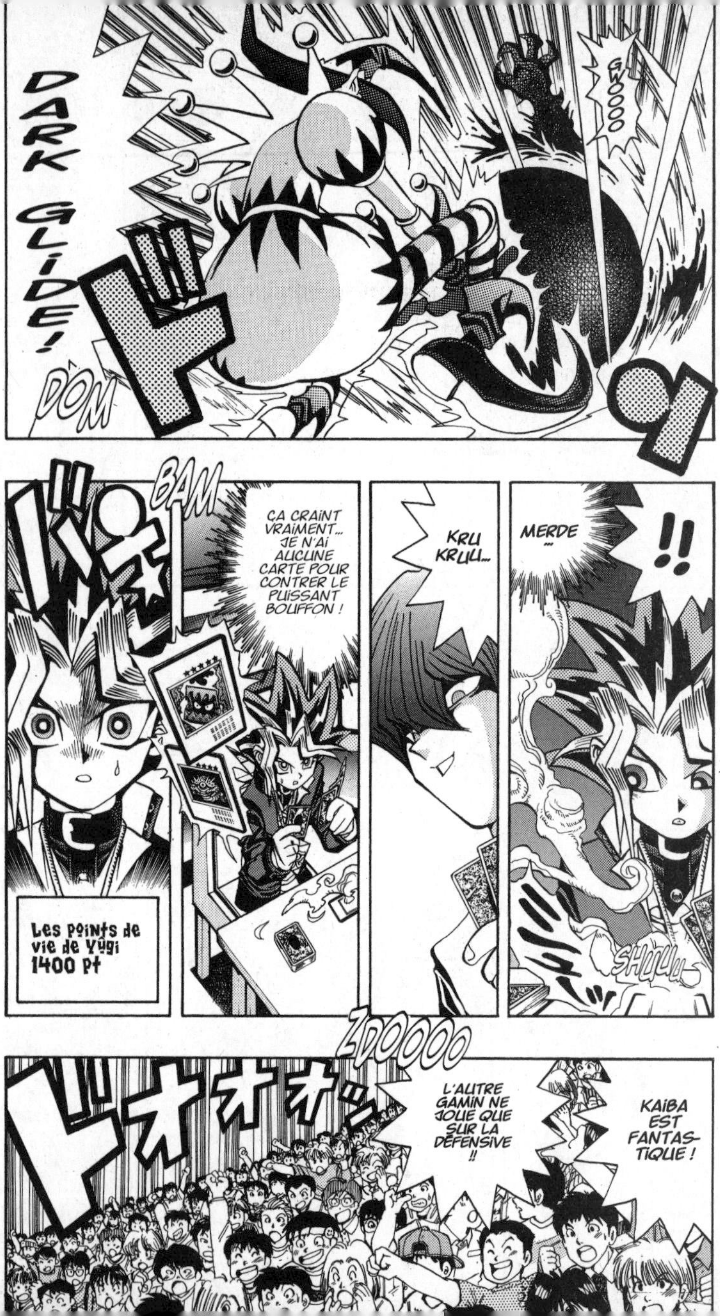
GWOOOO
DARK GLIDE !
DÔM
MERDE ...
!!
SHUUU
KRU KRUU...
ÇA CRAINT VRAIMENT... JE N'AI AUCUNE CARTE POUR CONTRER LE PUISSANT BOUFFON !
BAM
Les points de vie de Yûgi 1400 pt
ZDOOOO
KAIBA EST FANTASTIQUE !
L'AUTRE GAMIN NE JOUE QUE SUR LA DÉFENSIVE !!

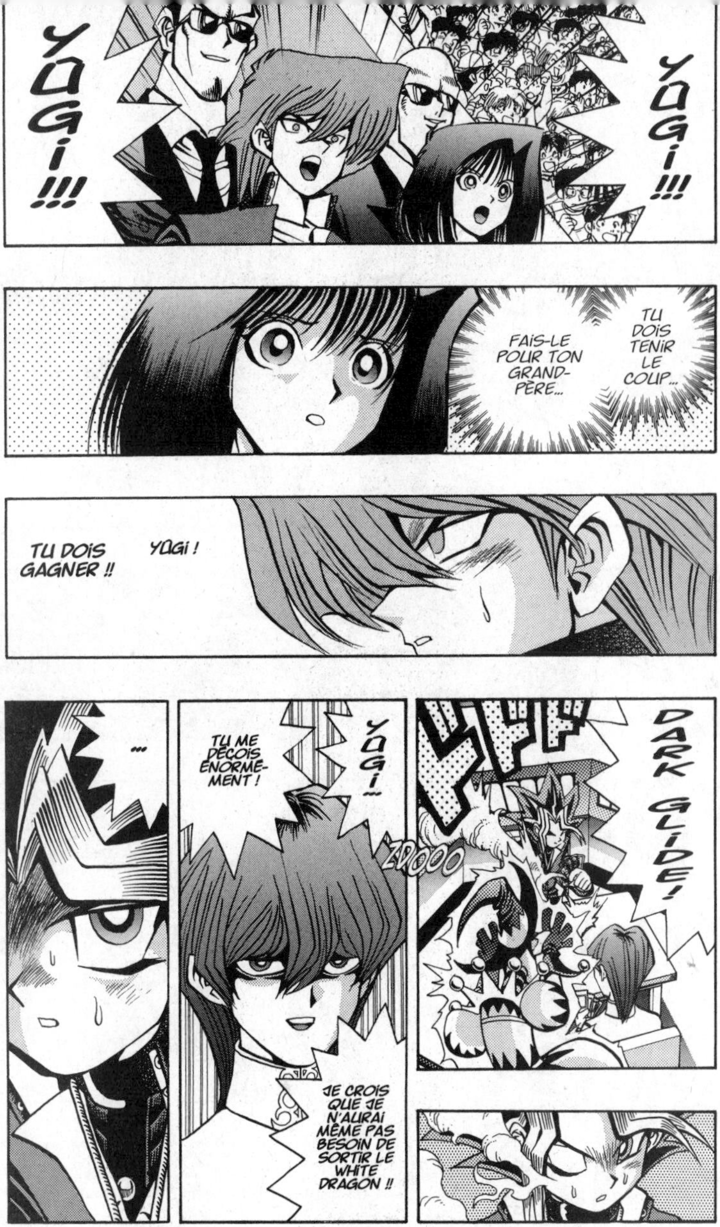
YUGI !!!
YUGI !!!
TU DOIS TENIR LE COUP...
FAIS-LE POUR TON GRAND-PÈRE...
YUGI !
TU DOIS GAGNER !!
DARK GLIDE !
ZDOOO
YUGI...
TU ME DÉÇOIS ÉNORMÉMENT !
JE CROIS QUE JE N'AURAI MÊME PAS BESOIN DE SORTIR LE WHITE DRAGON !!
...

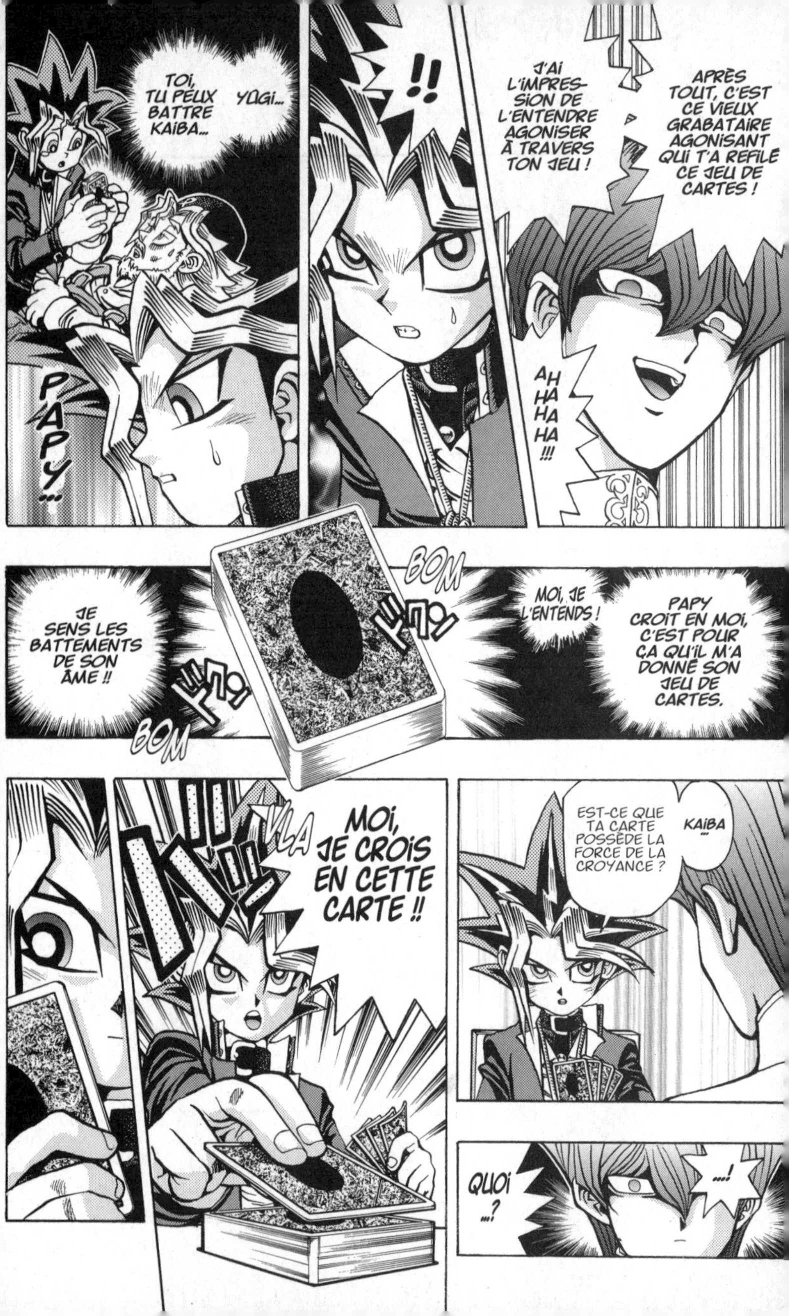

APRÈS TOUT, C'EST CE VIEUX GRABATAIRE AGONISANT QUI T'A REFILE CE JEU DE CARTES !
J'AI L'IMPRESSION DE L'ENTENDRE AGONISER À TRAVERS TON JEU !
AH HA HA HA HA !!!
!!
TOI, TU PEUX BATTRE KAIBA...
YÛGI...
PAPY...
PAPY CROIT EN MOI, C'EST POUR ÇA QU'IL M'A DONNÉ SON JEU DE CARTES.
MOI, JE L'ENTENDS !
BOM
JE SENS LES BATTEMENTS DE SON ÂME !!
BOM
KAIBA...
EST-CE QUE TA CARTE POSSÈDE LA FORCE DE LA CROYANCE ?
...!
QUOI ...?
MOI, JE CROIS EN CETTE CARTE !!
VLA

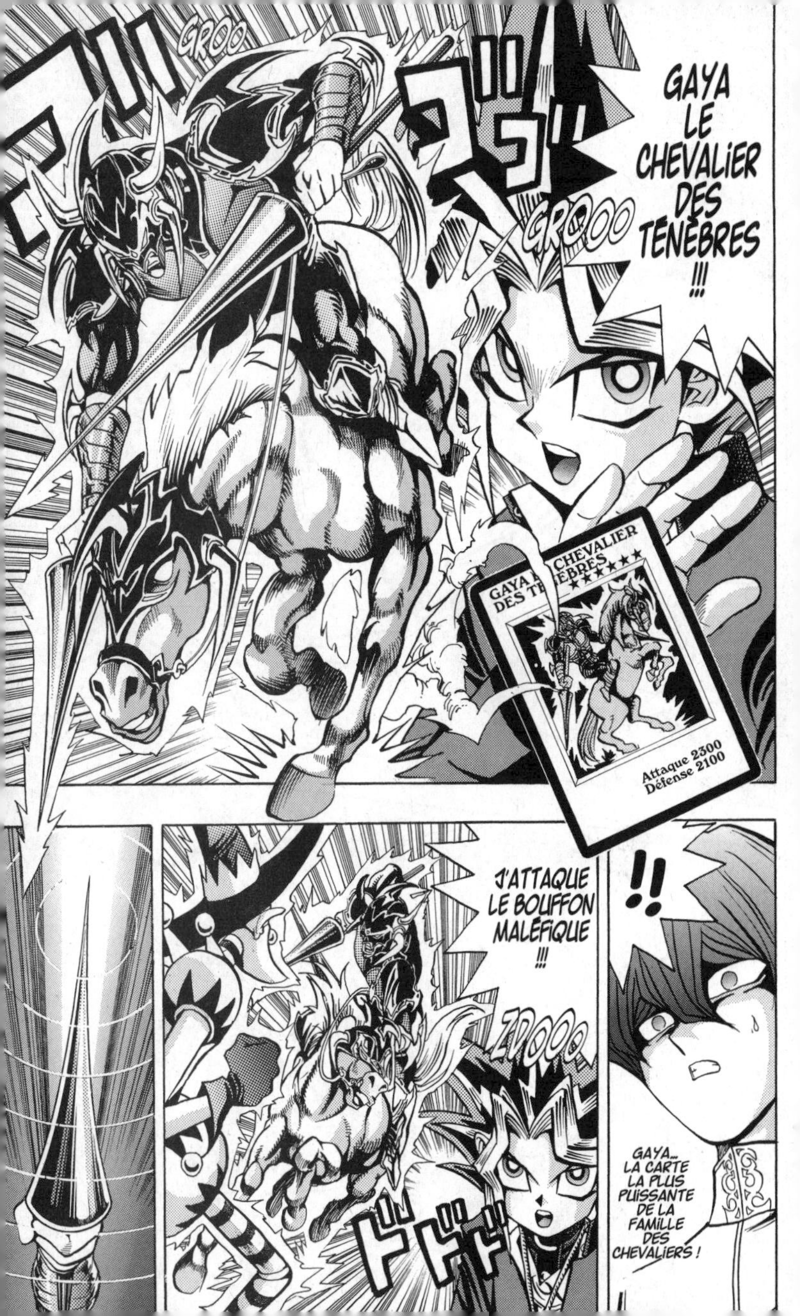
GROO
GAYA LE CHEVALIER DES TÉNÈBRES !!!
GROOO
GAYA CHEVALIER DES TÉNÈBRES
Attaque 2300
Défense 2100
!!
GAYA... LA CARTE LA PLUS PUISSANTE DE LA FAMILLE DES CHEVALIERS !
J'ATTAQUE LE BOUFFON MALÉFIQUE !!!
ZDOOOO

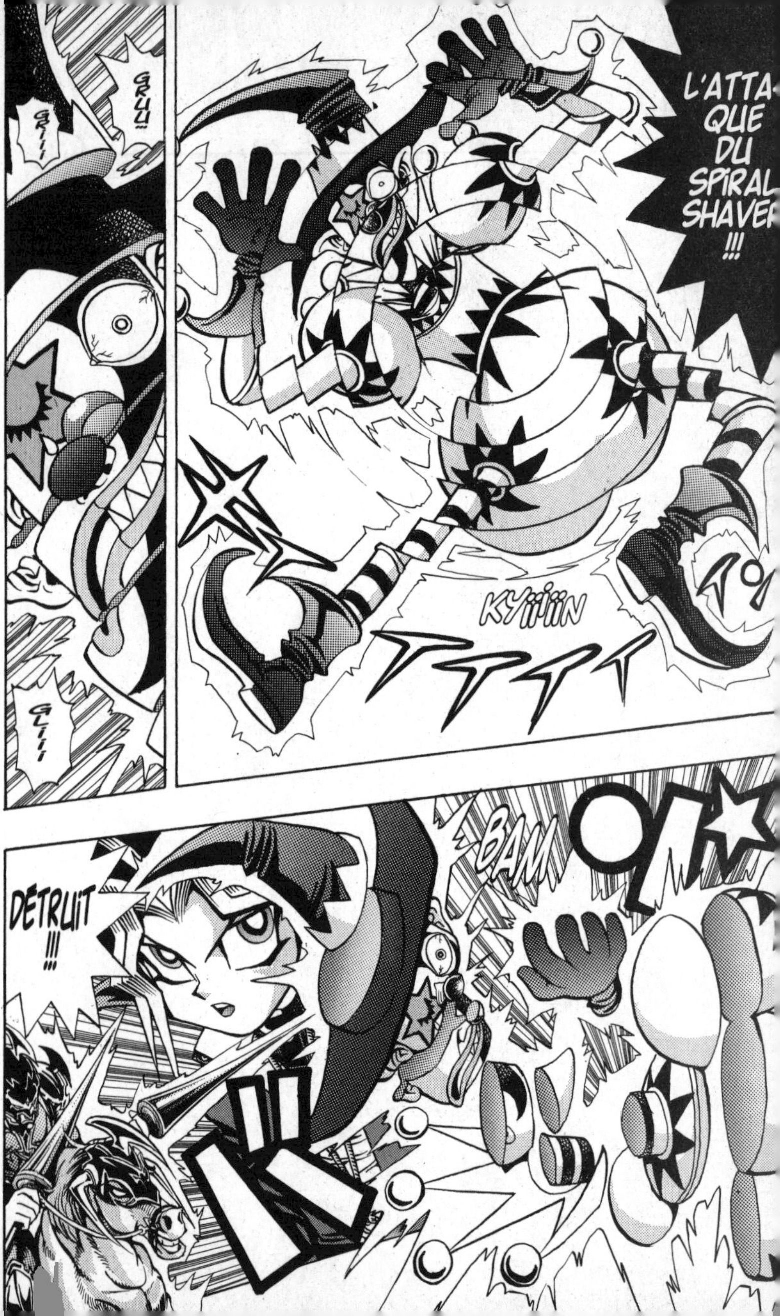
L'ATTAQUE DU SPIRAL SHAVER !!!
GRUU!!
GRiii
KYiiiiiN
GLiii
BAM
DÉTRUIT !!!

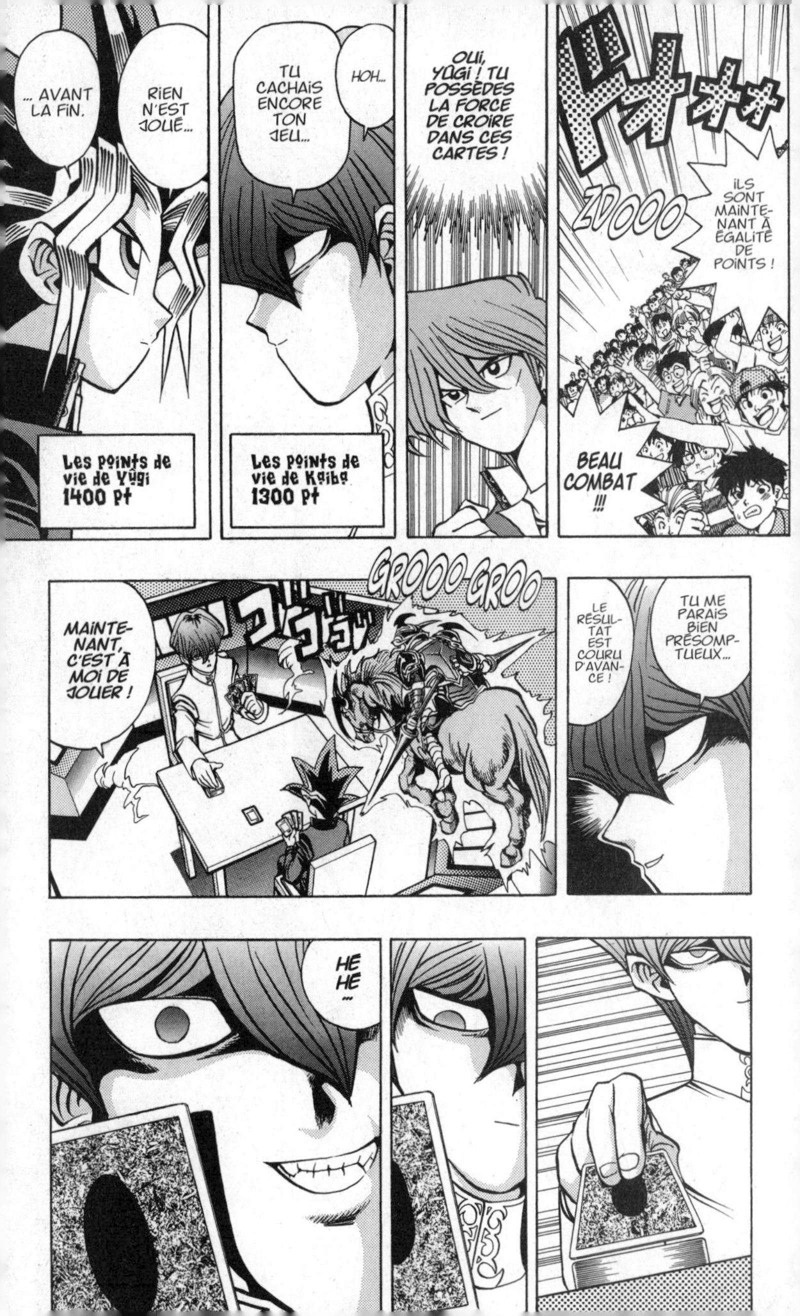
ZDOOO
ILS SONT MAINTENANT À ÉGALITÉ DE POINTS !
BEAU COMBAT !!!
OUI, YûGI ! TU POSSÈDES LA FORCE DE CROIRE DANS CES CARTES !
HOH...
TU CACHAIS ENCORE TON JEU...
Les points de vie de Kaiba 1300 pt
RIEN N'EST JOUÉ...
... AVANT LA FIN.
Les points de vie de Yûgi 1400 pt
TU ME PARAIS BIEN PRÉSOMPTUEUX...
LE RÉSULTAT EST COURU D'AVANCE !
GROOO GROO
MAINTENANT, C'EST À MOI DE JOUER !
HE HE ...

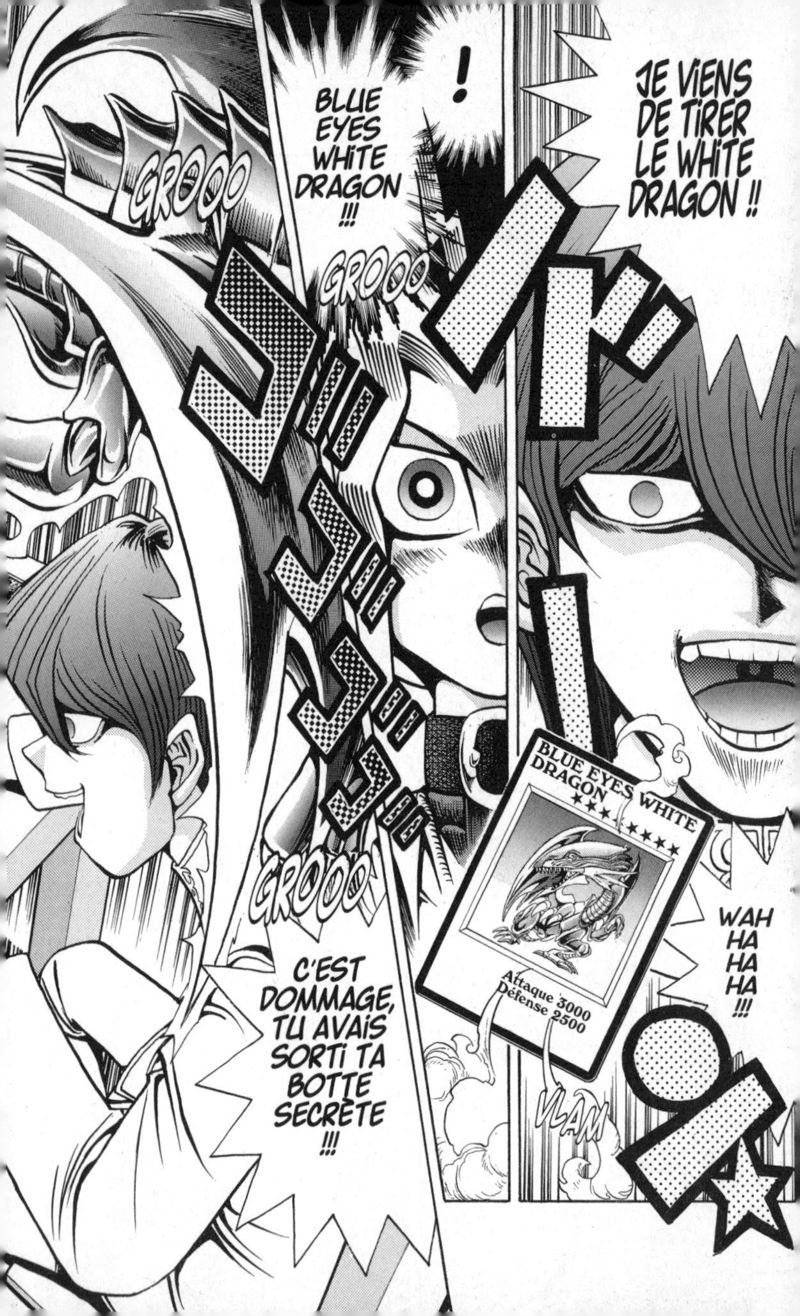
JE VIENS DE TIRER LE WHITE DRAGON !!
!
BLUE EYES WHITE DRAGON !!!
GROOO
GROOO
BLUE EYES WHITE DRAGON
Attaque 3000
Défense 2500
WAH HA HA HA !!!
VLAM
GROOO
C'EST DOMMAGE, TU AVAIS SORTI TA BOTTE SECRÈTE !!!

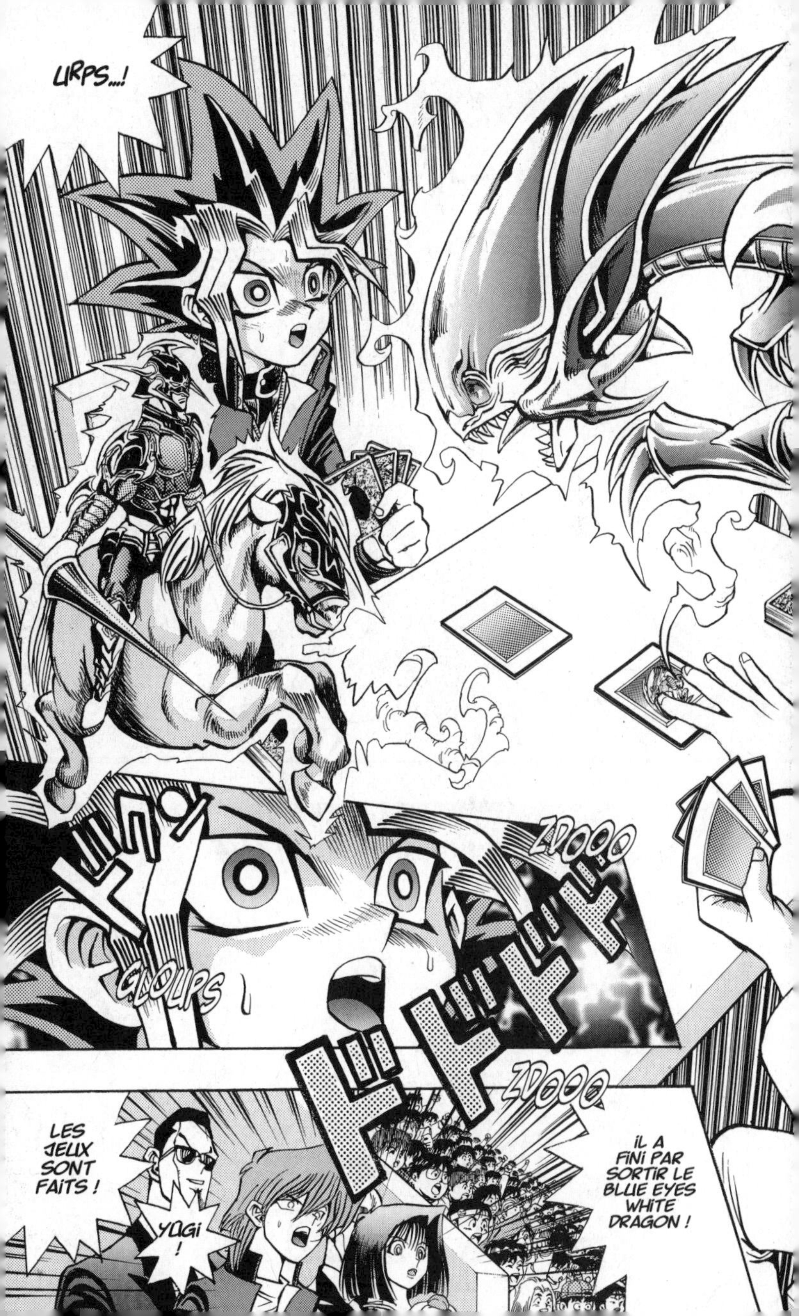
URPS...!
ZDOOO
GLOUPS
ZDOOO
IL A FINI PAR SORTIR LE BLUE EYES WHITE DRAGON !
LES JEUX SONT FAITS !
YUGI !

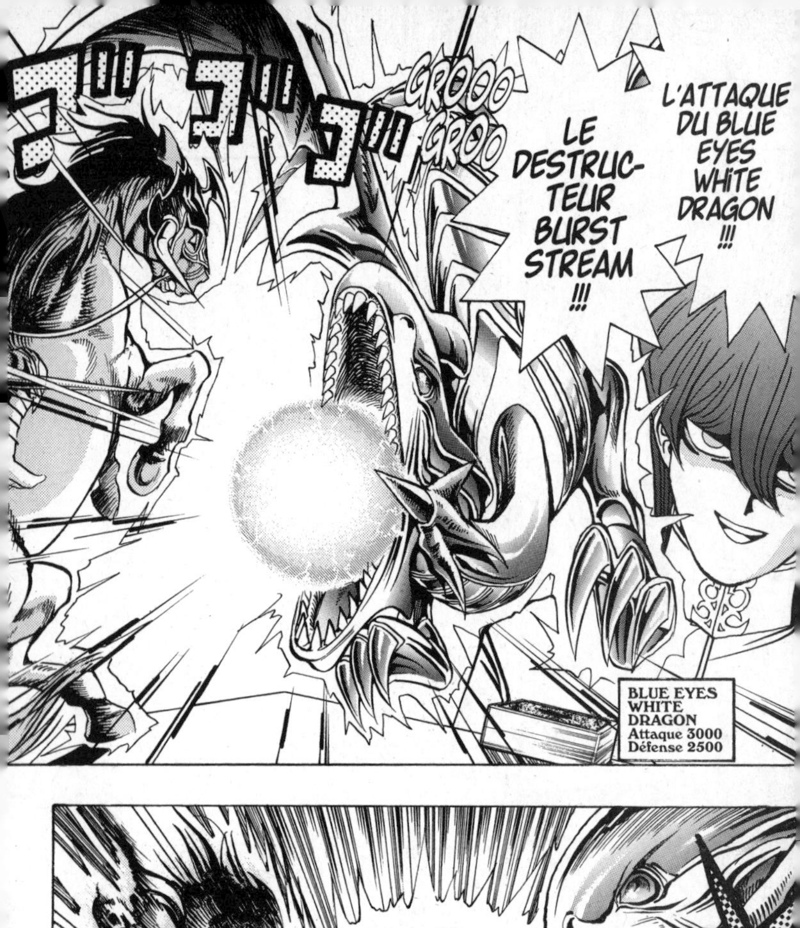
L'ATTAQUE DU BLUE EYES WHITE DRAGON !!!
LE DESTRUCTEUR BURST STREAM !!!
GROOO GROO
BLUE EYES WHITE DRAGON
Attaque 3000
Défense 2500

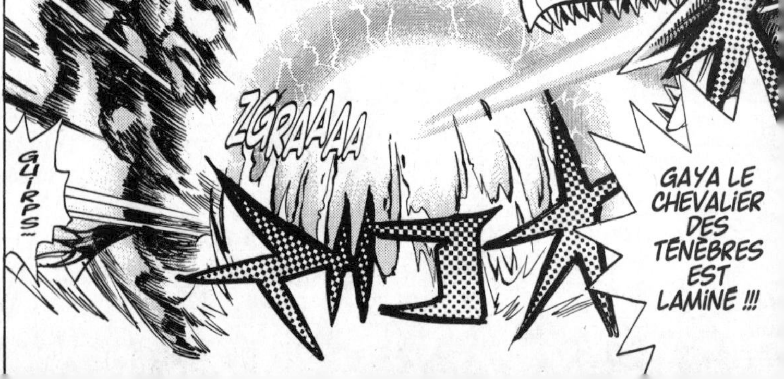
GAYA LE CHEVALIER DES TÉNÈBRES EST LAMINÉ !!!
ZGRAAAA
GUIRPS...

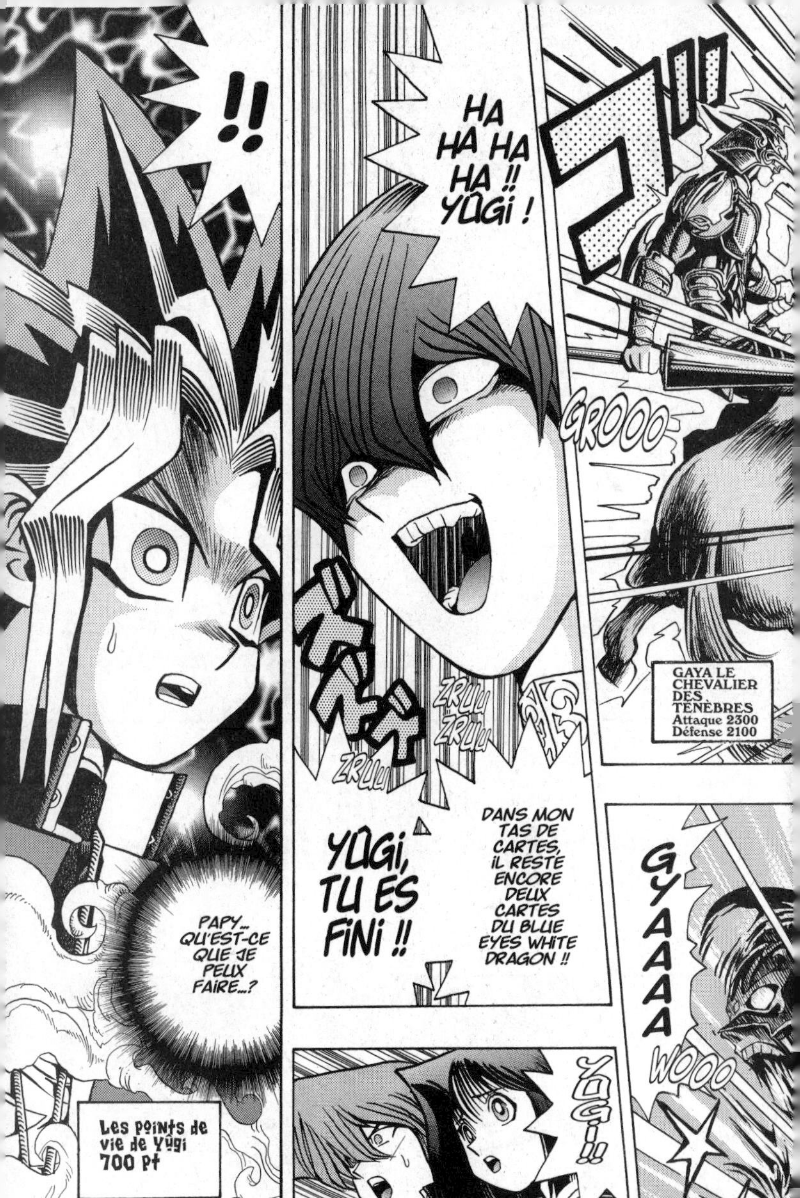
GROOOO
GAYA LE CHEVALIER DES TÉNÈBRES Attaque 2300 Défense 2100
HA HA HA HA !! YÛGI !
ZRULU ZRULU
ZRULU
DANS MON TAS DE CARTES, IL RESTE ENCORE DEUX CARTES DU BLUE EYES WHITE DRAGON !!
YÛGI, TU ES FINI !!
GYAAAA WOOO
YÛGI !!
!!
PAPY... QU'EST-CE QUE JE PEUX FAIRE...?
Les points de vie de Yûgi 700 pt

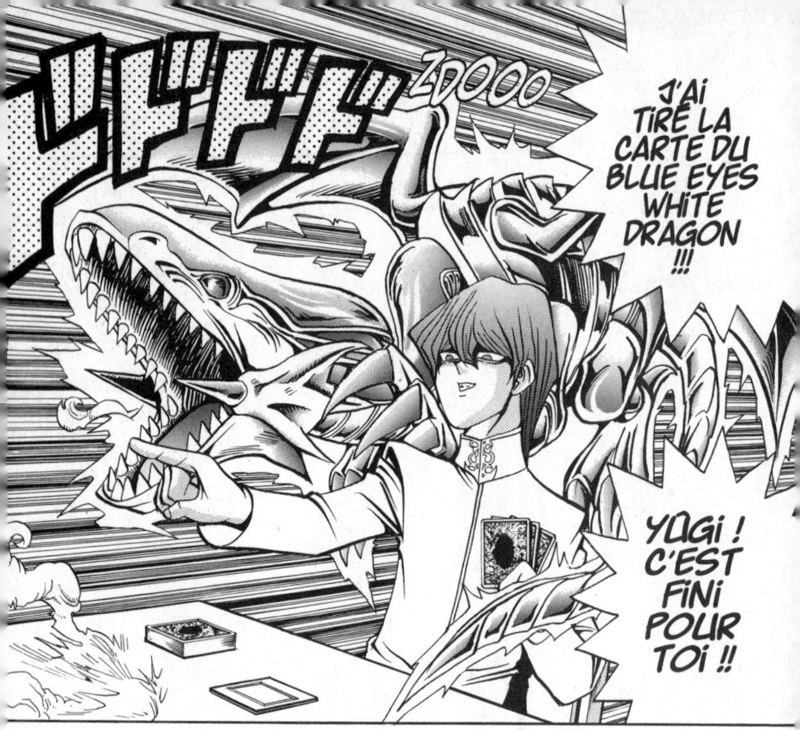
ZDOOO
J'AI TIRE LA CARTE DU BLUE EYES WHITE DRAGON !!!
YÛGI ! C'EST FINI POUR TOI !!

Battle 38

LA TERREUR DU BLUE EYES !!

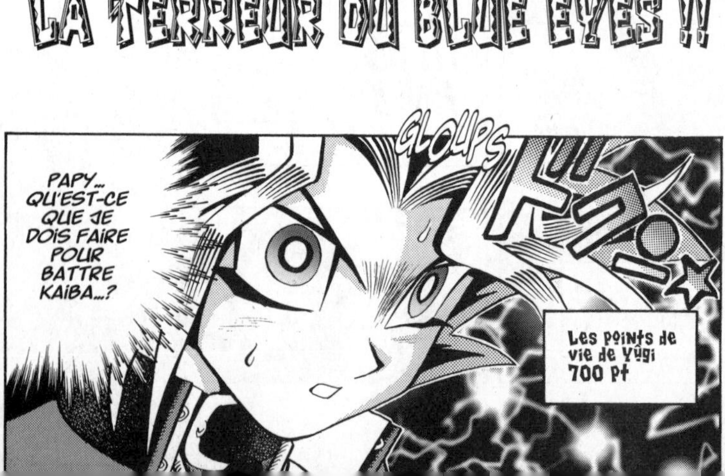
GLOUPS
PAPY... QU'EST-CE QUE JE DOIS FAIRE POUR BATTRE KAIBA...?
Les points de vie de Yûgi 700 pt

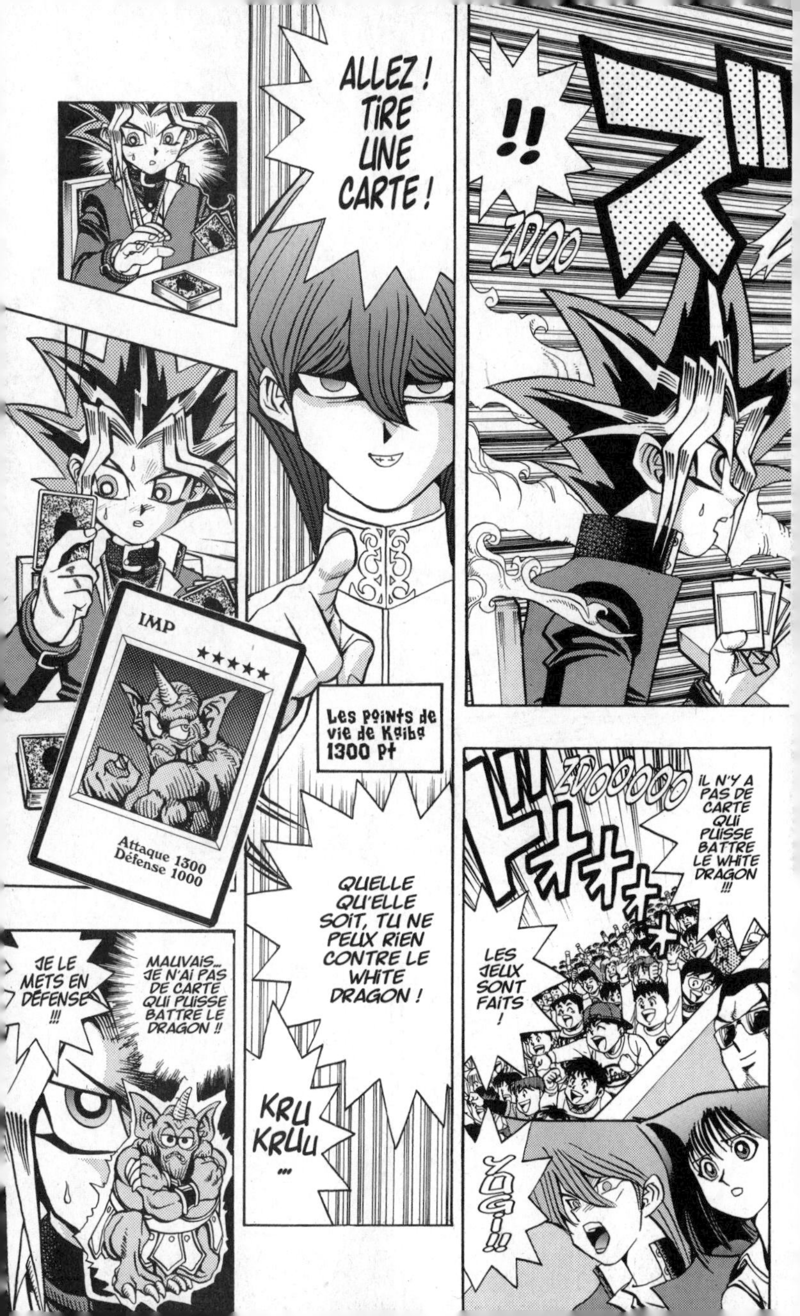

ALLEZ ! TIRE UNE CARTE !
!!
ZDOO
IMP
Attaque 1300
Défense 1000
Les points de vie de Kaiba 1300 pt
ZDOOOOOO
IL N'Y A PAS DE CARTE QUI PUISSE BATTRE LE WHITE DRAGON !!!
LES JEUX SONT FAITS !
YUGI !!
QUELLE QU'ELLE SOIT, TU NE PEUX RIEN CONTRE LE WHITE DRAGON !
KRU KRUU ...
MAUVAIS... JE N'AI PAS DE CARTE QUI PUISSE BATTRE LE DRAGON !!
JE LE METS EN DÉFENSE !!!

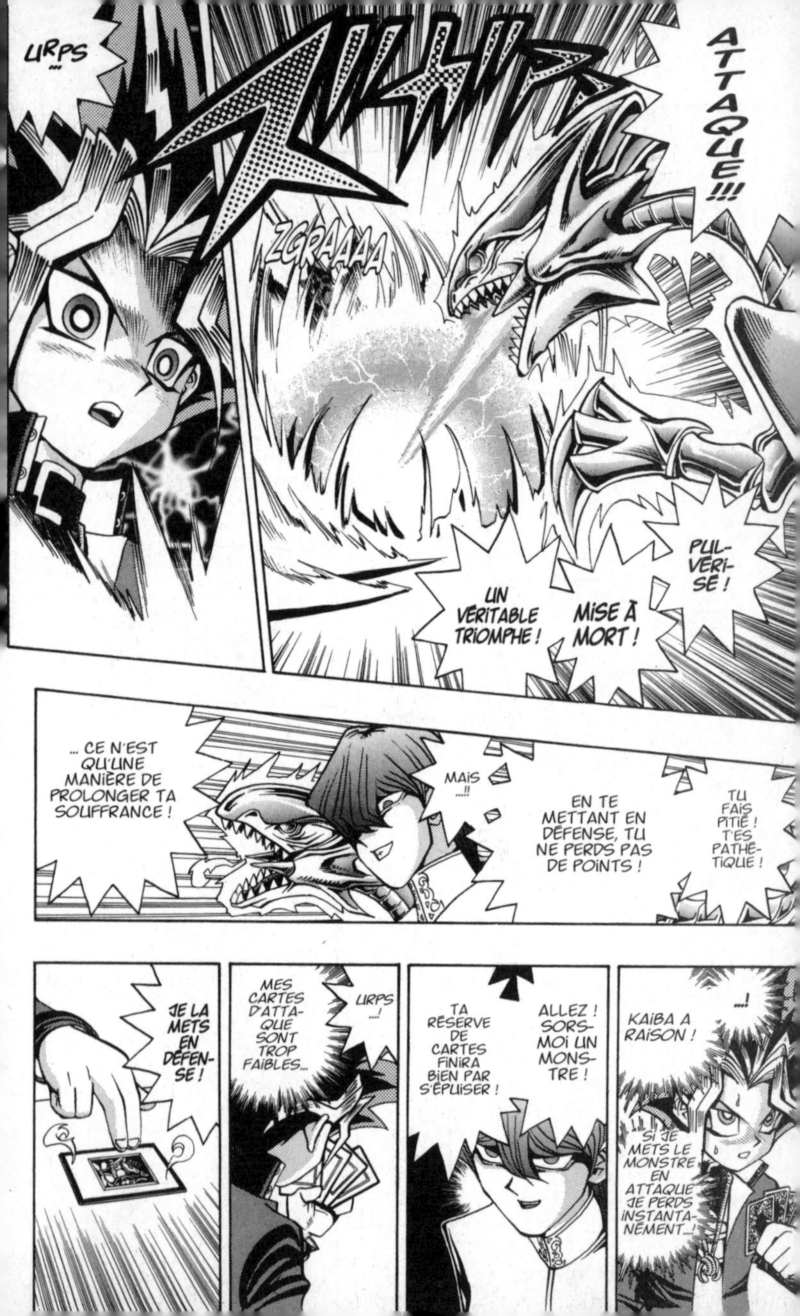
ATTAQUE !!!
ZGRAAAA
URPS ...
PULVÉRISÉ !
MISE À MORT !
UN VÉRITABLE TRIOMPHE !
TU FAIS PITIÉ ! T'ES PATHÉTIQUE !
EN TE METTANT EN DÉFENSE, TU NE PERDS PAS DE POINTS !
MAIS ...!!
... CE N'EST QU'UNE MANIÈRE DE PROLONGER TA SOUFFRANCE !
...!
KAIBA A RAISON !
SI JE METS LE MONSTRE EN ATTAQUE JE PERDS INSTANTANÉMENT...!
ALLEZ ! SORS-MOI UN MONSTRE !
TA RÉSERVE DE CARTES FINIRA BIEN PAR S'ÉPUISER !
URPS ...!
MES CARTES D'ATTAQUE SONT TROP FAIBLES...
JE LA METS EN DÉFENSE !

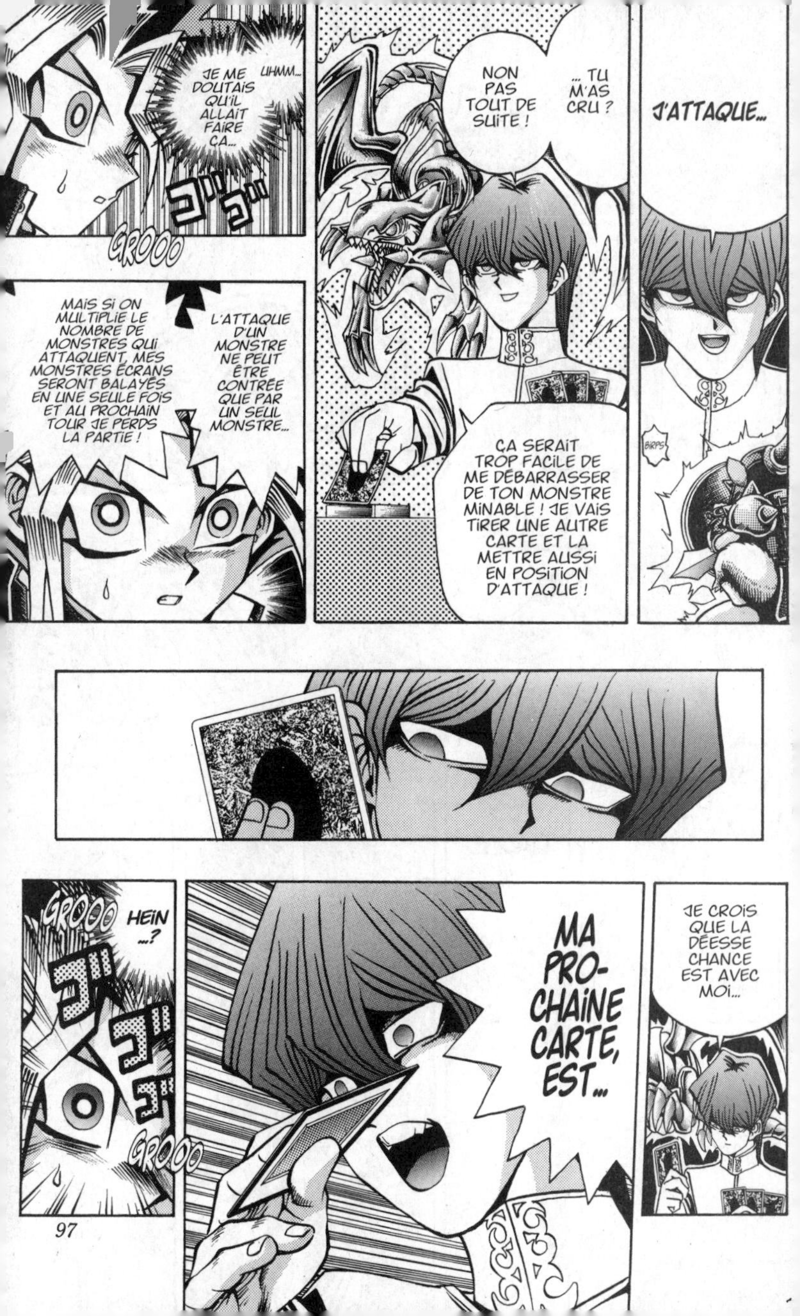
J'ATTAQUE...
NON PAS TOUT DE SUITE !
... TU M'AS CRU ?
ÇA SERAIT TROP FACILE DE ME DÉBARRASSER DE TON MONSTRE MINABLE ! JE VAIS TIRER UNE AUTRE CARTE ET LA METTRE AUSSI EN POSITION D'ATTAQUE !
BIRPS
UHMM...
JE ME DOUTAIS QU'IL ALLAIT FAIRE ÇA...
GROOO
L'ATTAQUE D'UN MONSTRE NE PEUT ÊTRE CONTRÉE QUE PAR UN SEUL MONSTRE...
MAIS SI ON MULTIPLIE LE NOMBRE DE MONSTRES QUI ATTAQUENT, MES MONSTRES ÉCRANS SERONT BALAYÉS EN UNE SEULE FOIS ET AU PROCHAIN TOUR JE PERDS LA PARTIE !
JE CROIS QUE LA DÉESSE CHANCE EST AVEC MOI...
MA PRO-CHAINE CARTE, EST...
HEIN ...?
GROOO
GROOO

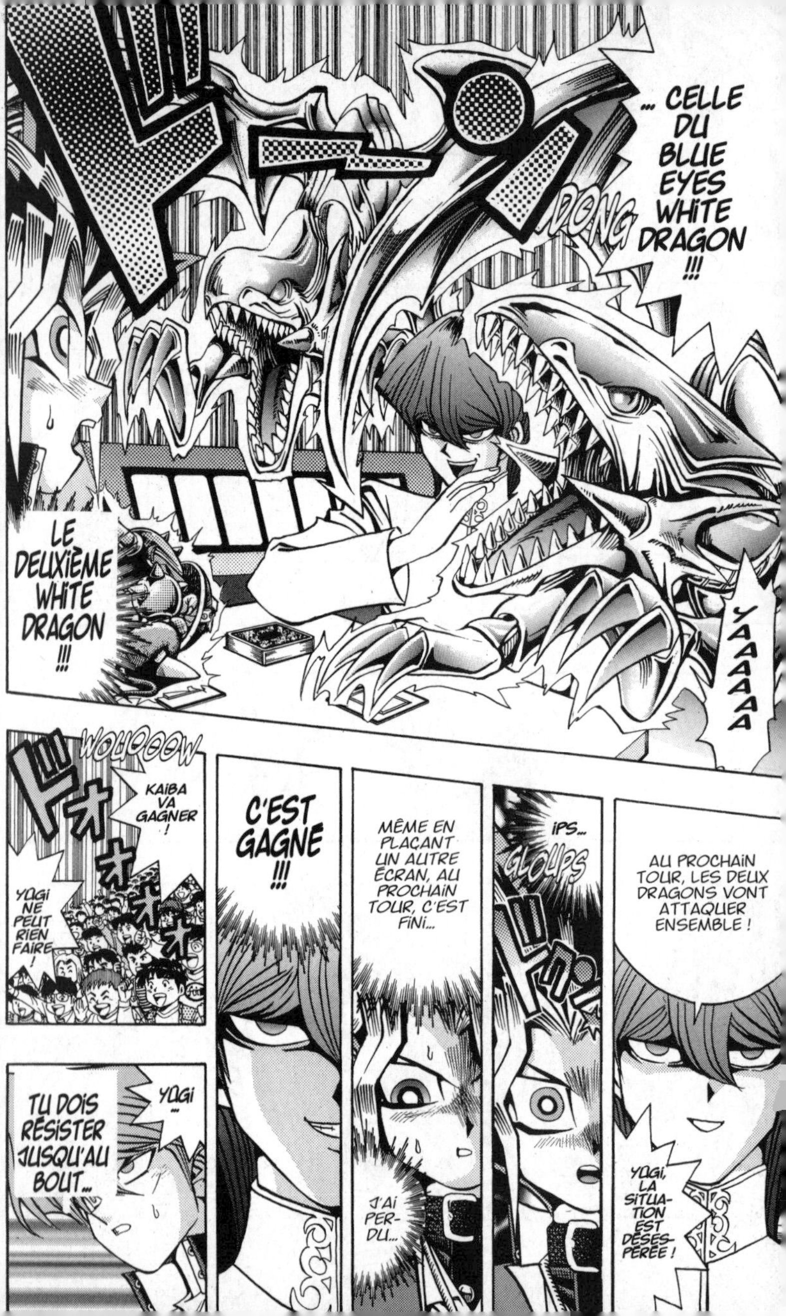
... CELLE DU BLUE EYES WHITE DRAGON !!!
DONG
LE DEUXIÈME WHITE DRAGON !!!
YAAAAAAA
AU PROCHAIN TOUR, LES DEUX DRAGONS VONT ATTAQUER ENSEMBLE !
YUGI, LA SITUATION EST DÉSESPÉRÉE !
iPS...
GLOUPS
MÊME EN PLACANT UN AUTRE ÉCRAN, AU PROCHAIN TOUR, C'EST FINI...
J'AI PERDU...
C'EST GAGNE !!!
WOUOOOW
KAIBA VA GAGNER !
YUGI NE PEUT RIEN FAIRE !
YUGI ...
TU DOIS RÉSISTER JUSQU'AU BOUT...

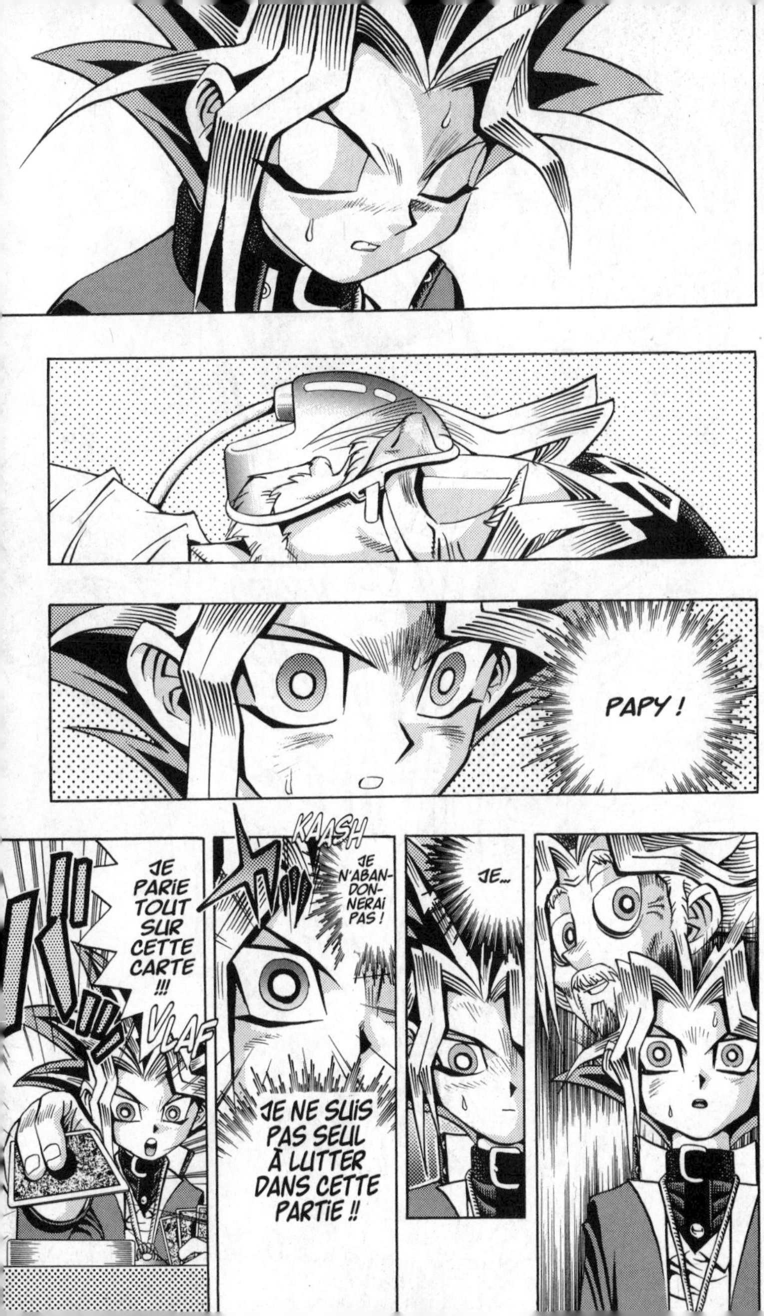
PAPY !
JE...
KAASH
JE N'ABANDONNERAI PAS !
JE NE SUIS PAS SEUL À LUTTER DANS CETTE PARTIE !!
JE PARIE TOUT SUR CETTE CARTE !!!
VLAF

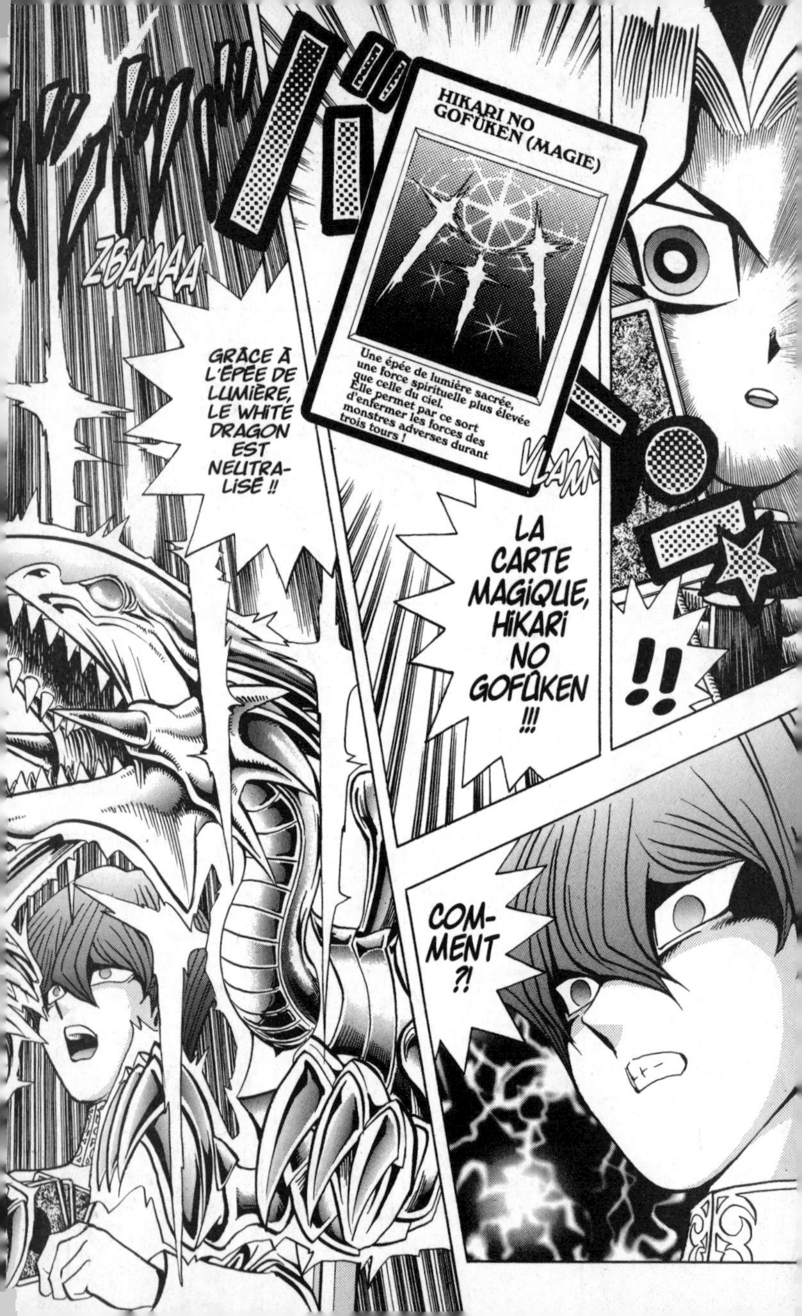
ZBAAAA
HIKARI NO GOFÛKEN (MAGIE)
Une épée de lumière sacrée, une force spirituelle plus élevée que celle du ciel. Elle permet par ce sort d'enfermer les forces des monstres adverses durant trois tours !
VLAM
GRÂCE À L'ÉPÉE DE LUMIÈRE, LE WHITE DRAGON EST NEUTRALISÉ !!
LA CARTE MAGIQUE, HIKARI NO GOFÛKEN !!!
!!
COMMENT ?!

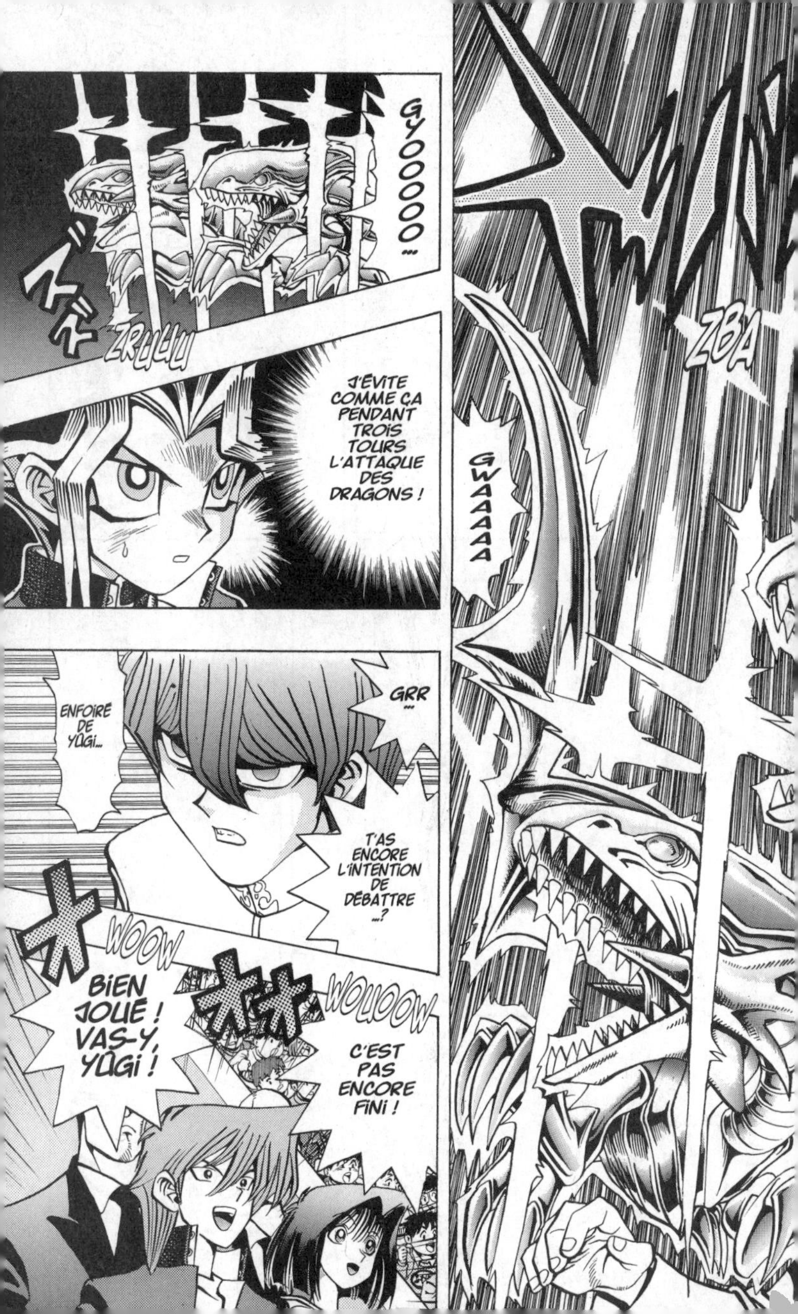
ZBA
GWAAAAAA
GYOOOOOO...
ZRUUU
J'ÉVITE COMME ÇA PENDANT TROIS TOURS L'ATTAQUE DES DRAGONS !
GRR...
ENFOIRÉ DE YÛGI...
T'AS ENCORE L'INTENTION DE DÉBATTRE ...?
WOOW
WOUOOW
C'EST PAS ENCORE FINI !
BIEN JOUÉ ! VAS-Y, YÛGI !

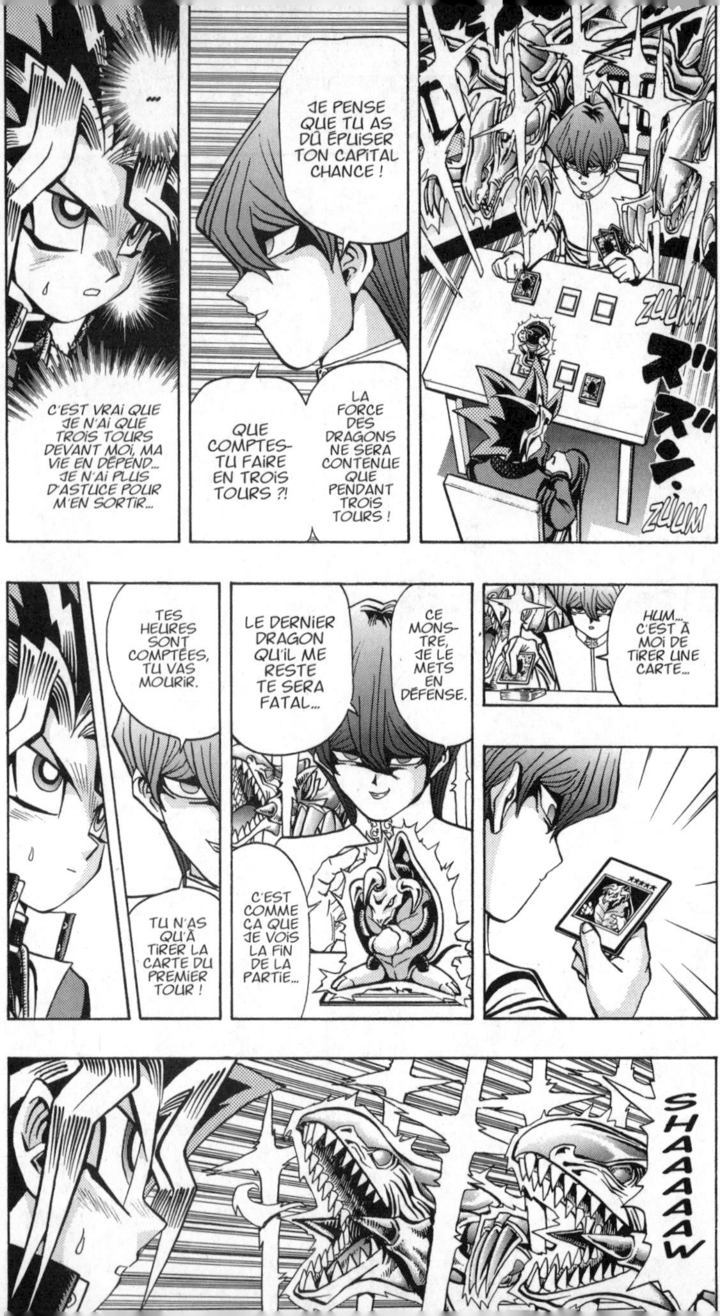
ZUUM
ズズン
ZUUM
JE PENSE QUE TU AS DÛ ÉPUISER TON CAPITAL CHANCE !
LA FORCE DES DRAGONS NE SERA CONTENUE QUE PENDANT TROIS TOURS !
QUE COMPTES-TU FAIRE EN TROIS TOURS ?!
...
C'EST VRAI QUE JE N'AI QUE TROIS TOURS DEVANT MOI, MA VIE EN DÉPEND... JE N'AI PLUS D'ASTUCE POUR M'EN SORTIR...
HUM... C'EST À MOI DE TIRER UNE CARTE...
CE MONSTRE, JE LE METS EN DÉFENSE.
LE DERNIER DRAGON QU'IL ME RESTE TE SERA FATAL...
C'EST COMME ÇA QUE JE VOIS LA FIN DE LA PARTIE...
TES HEURES SONT COMPTÉES, TU VAS MOURIR.
TU N'AS QU'À TIRER LA CARTE DU PREMIER TOUR !
SHAAAAAAW

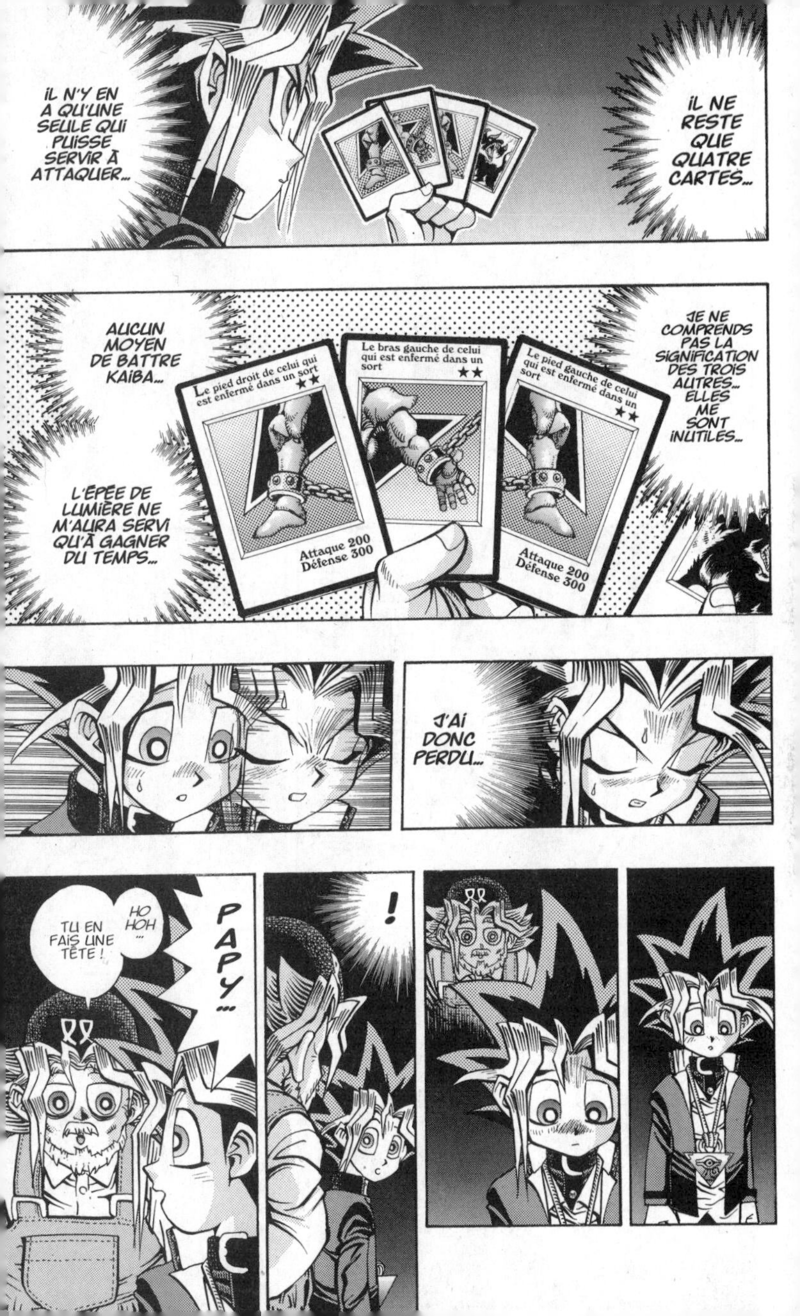
IL NE RESTE QUE QUATRE CARTES...
IL N'Y EN A QU'UNE SEULE QUI PUISSE SERVIR À ATTAQUER...
JE NE COMPRENDS PAS LA SIGNIFICATION DES TROIS AUTRES... ELLES ME SONT INUTILES...
Le pied gauche de celui qui est enfermé dans un sort ★★
Attaque 200 Défense 300
Le bras gauche de celui qui est enfermé dans un sort ★★
Le pied droit de celui qui est enfermé dans un sort ★★
Attaque 200 Défense 300
AUCUN MOYEN DE BATTRE KAIBA...
L'ÉPÉE DE LUMIÈRE NE M'AURA SERVI QU'À GAGNER DU TEMPS...
J'AI DONC PERDU...
!
PAPY...
HO HOH ...
TU EN FAIS UNE TÊTE !

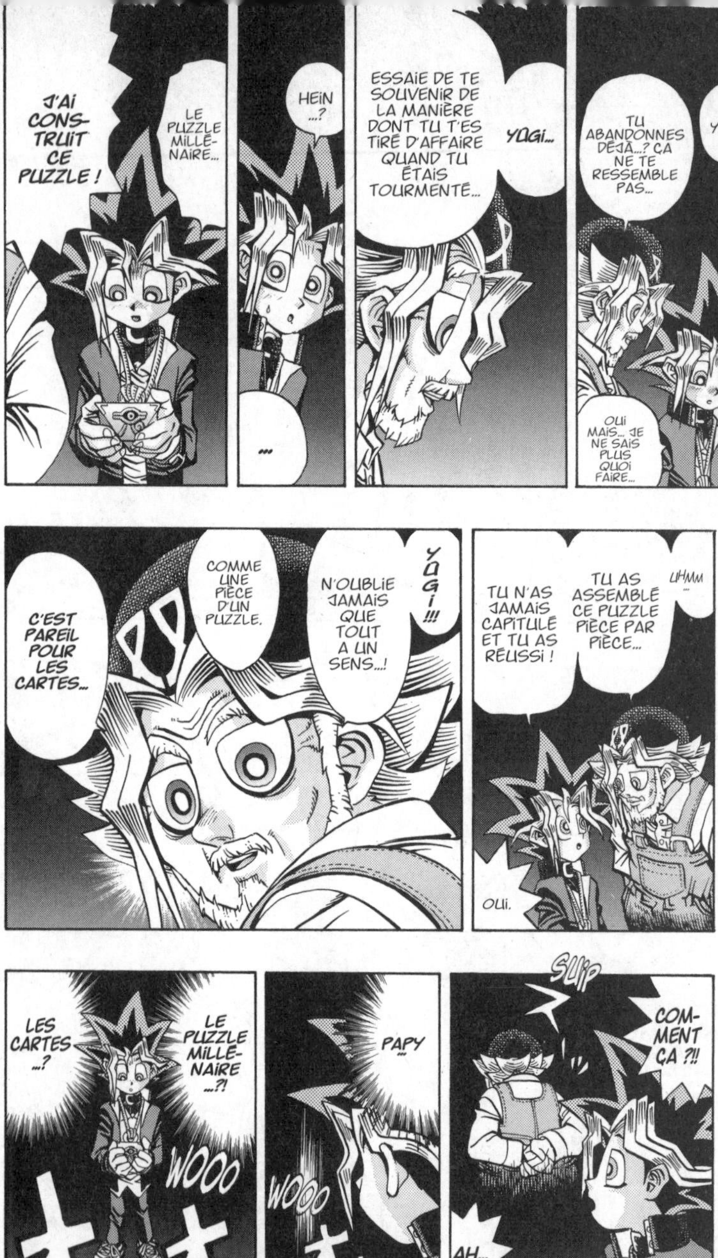
YÛGI ...
TU ABANDONNES DÉJÀ...? ÇA NE TE RESSEMBLE PAS...
OUI MAIS... JE NE SAIS PLUS QUOI FAIRE...
YÛGI...
ESSAIE DE TE SOUVENIR DE LA MANIÈRE DONT TU T'ES TIRÉ D'AFFAIRE QUAND TU ÉTAIS TOURMENTÉ...
...
HEIN ...?
LE PUZZLE MILLÉNAIRE...
J'AI CONSTRUIT CE PUZZLE !
UHMM ...
TU AS ASSEMBLÉ CE PUZZLE PIÈCE PAR PIÈCE...
TU N'AS JAMAIS CAPITULÉ ET TU AS RÉUSSI !
OUI.
YÛGI !!!
N'OUBLIE JAMAIS QUE TOUT A UN SENS...!
COMME UNE PIÈCE D'UN PUZZLE.
C'EST PAREIL POUR LES CARTES...
SLIP
COMMENT ÇA ?!!
AH...
PAPY ...
WOOO
LE PUZZLE MILLÉNAIRE ...?!
LES CARTES ...?
WOOO

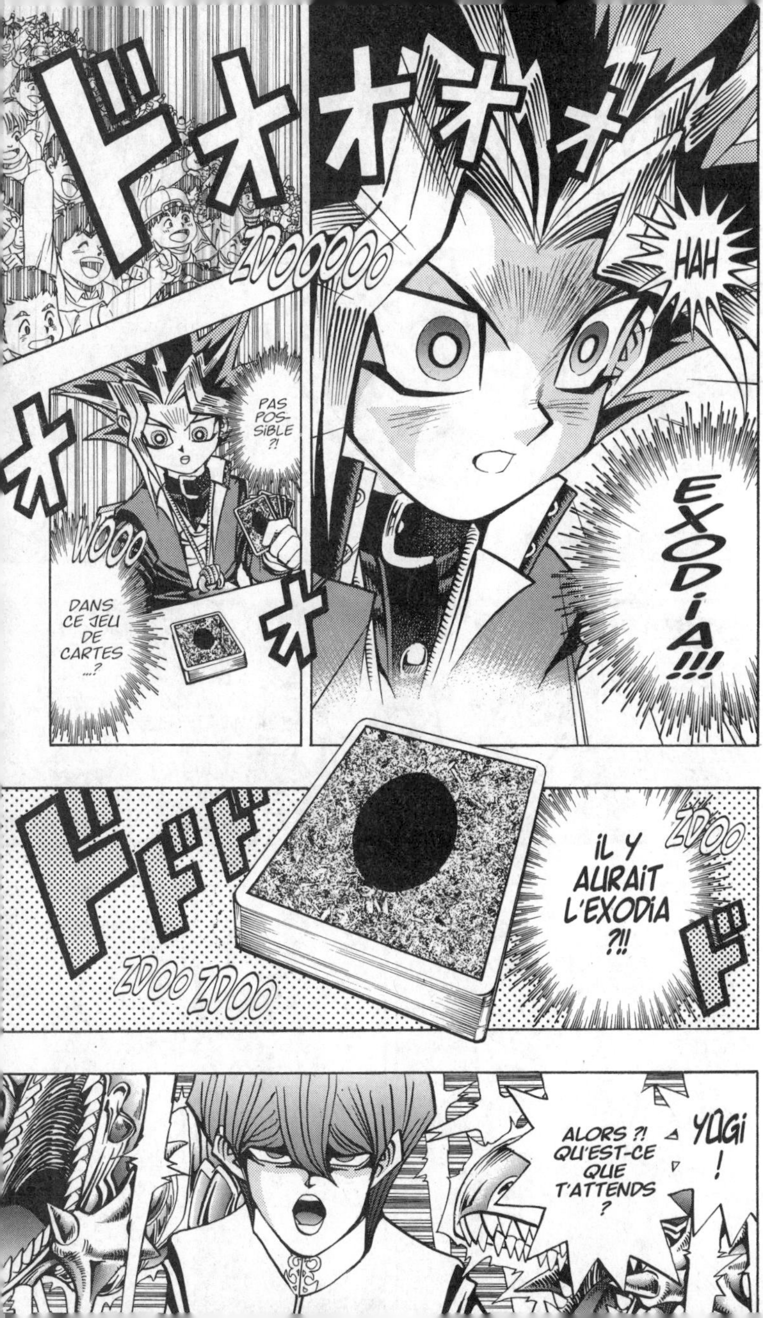
ドオオオオ
ZDOOOOOO
HAH
EXODIA!!!
PAS POSSIBLE ?!
WOOO
DANS CE JEU DE CARTES ...?
IL Y AURAIT L'EXODIA ?!!
ZDOO
ZDOO ZDOO
YÛGI !
ALORS ?! QU'EST-CE QUE T'ATTENDS ?

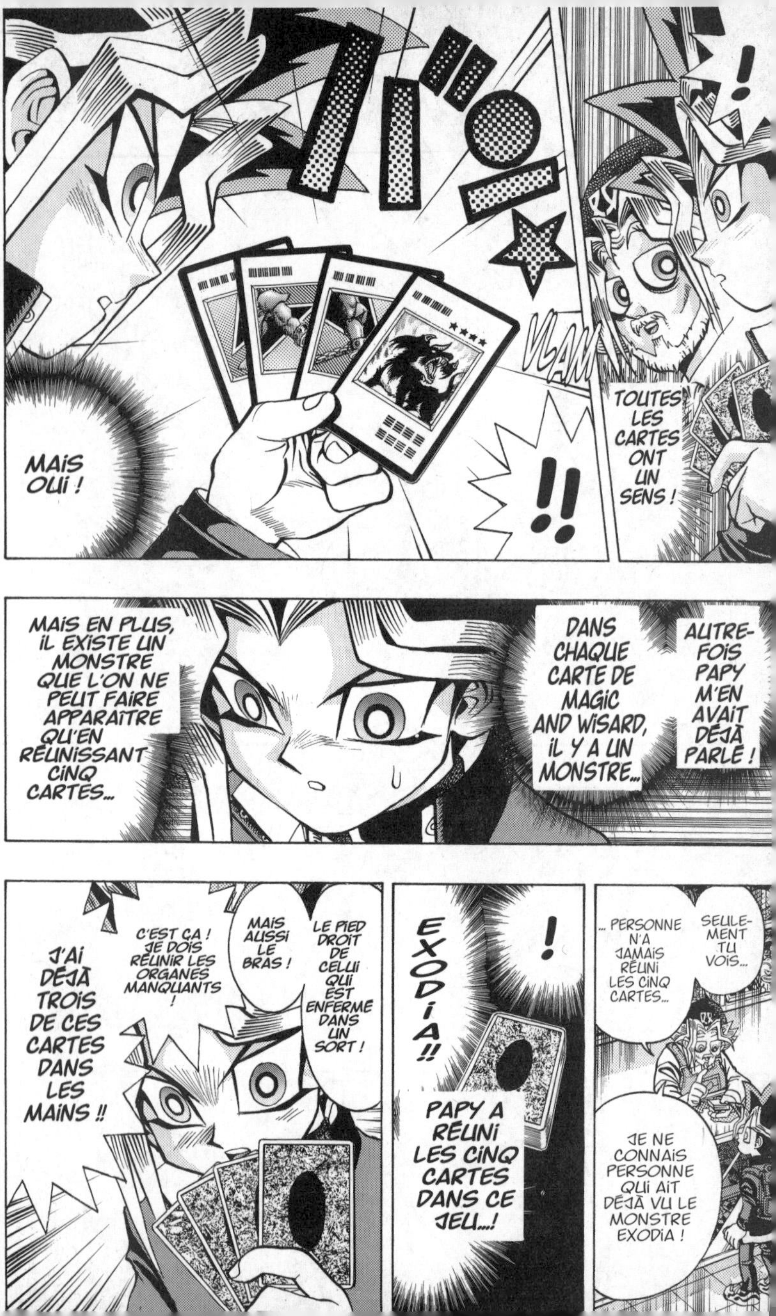
!
TOUTES LES CARTES ONT UN SENS !
VLAM
!!
MAIS OUI !
AUTREFOIS PAPY M'EN AVAIT DÉJÀ PARLÉ !
DANS CHAQUE CARTE DE MAGIC AND WISARD, IL Y A UN MONSTRE...
MAIS EN PLUS, IL EXISTE UN MONSTRE QUE L'ON NE PEUT FAIRE APPARAITRE QU'EN RÉUNISSANT CINQ CARTES...
SEULEMENT TU VOIS...
... PERSONNE N'A JAMAIS RÉUNI LES CINQ CARTES...
JE NE CONNAIS PERSONNE QUI AIT DÉJÀ VU LE MONSTRE EXODIA !
!
EXODIA !!
PAPY A RÉUNI LES CINQ CARTES DANS CE JEU...!
LE PIED DROIT DE CELUI QUI EST ENFERME DANS UN SORT !
MAIS AUSSI LE BRAS !
C'EST ÇA ! JE DOIS RÉUNIR LES ORGANES MANQUANTS !
J'AI DÉJÀ TROIS DE CES CARTES DANS LES MAINS !!

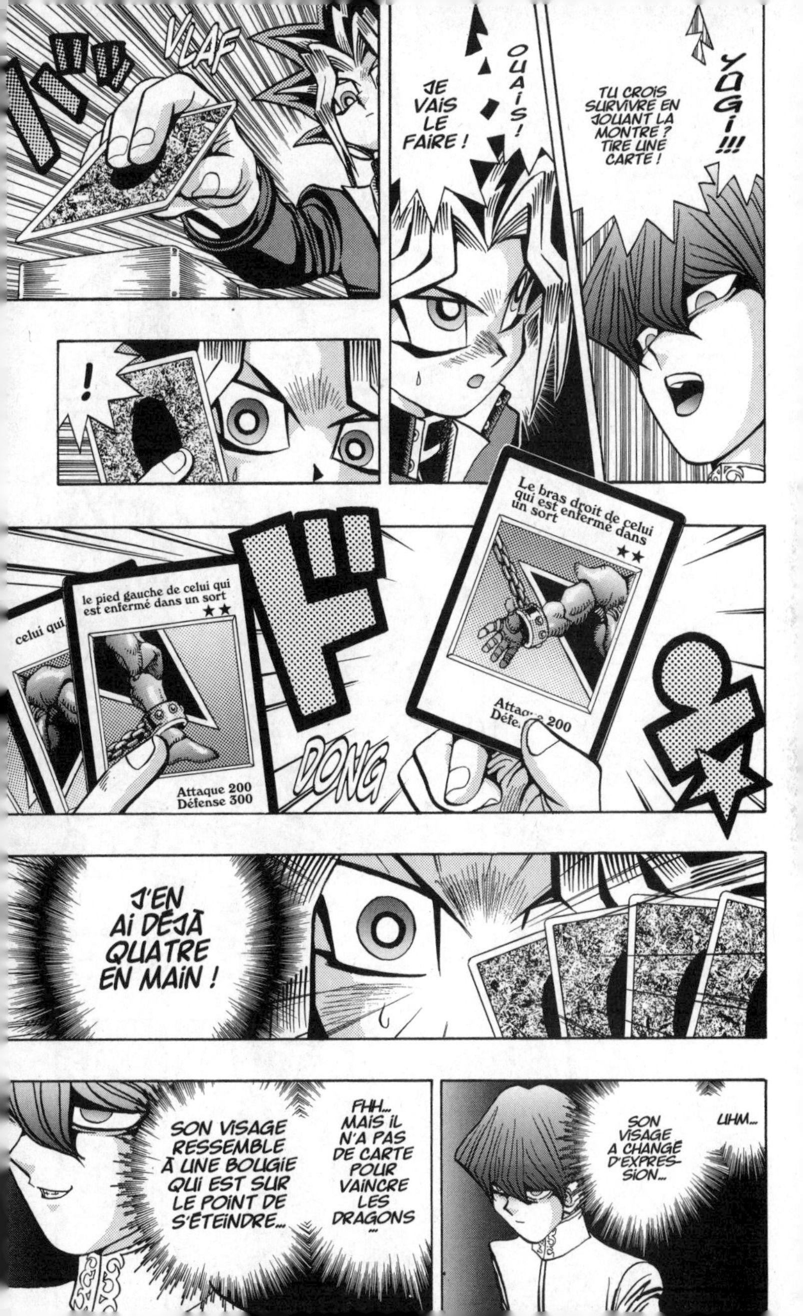
YUGI!!!
TU CROIS SURVIVRE EN JOUANT LA MONTRE ? TIRE UNE CARTE !
OUAIS !
JE VAIS LE FAIRE !
VLAF
!
Le bras droit de celui qui est enfermé dans un sort
Attaque 200
le pied gauche de celui qui est enfermé dans un sort
Attaque 200
Défense 300
celui qui
DONG
J'EN AI DÉJÀ QUATRE EN MAIN !
UHM...
SON VISAGE A CHANGÉ D'EXPRES-SION...
FHH... MAIS IL N'A PAS DE CARTE POUR VAINCRE LES DRAGONS...
SON VISAGE RESSEMBLE À UNE BOUGIE QUI EST SUR LE POINT DE S'ÉTEINDRE...

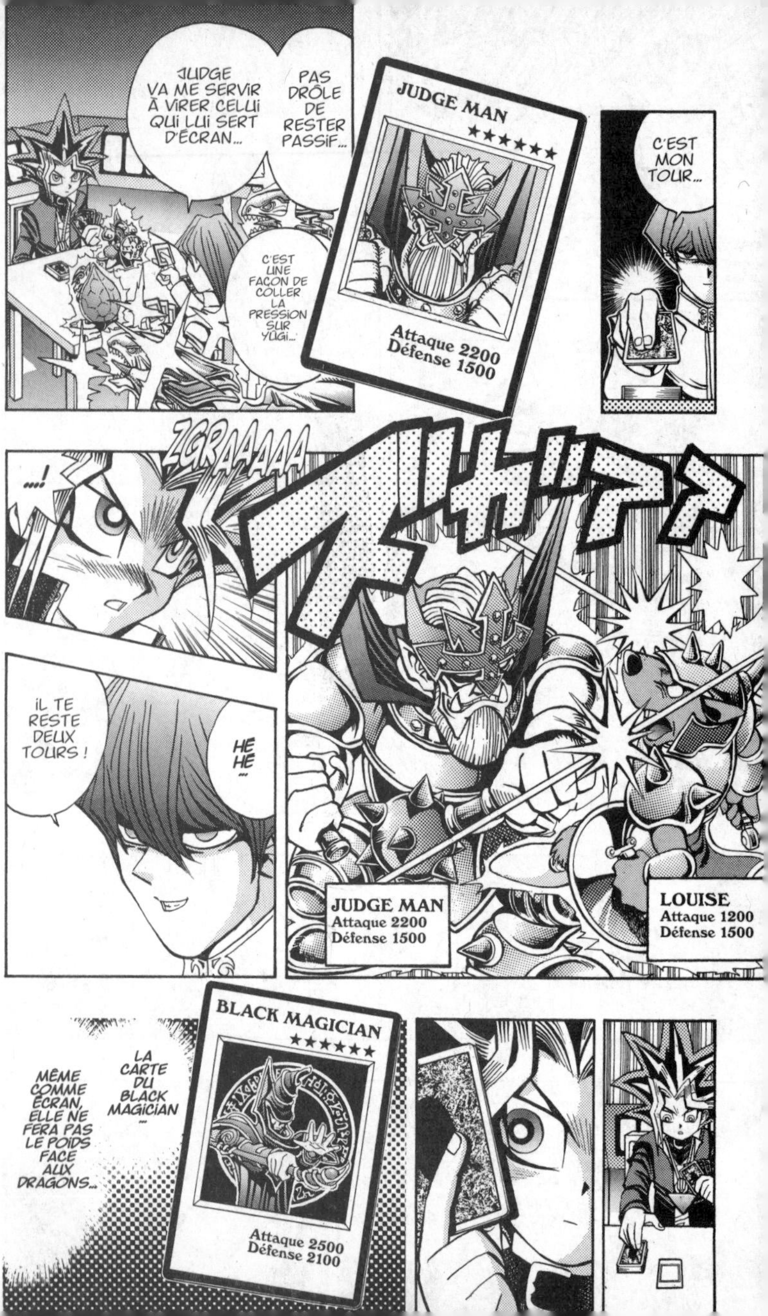
C'EST MON TOUR...
JUDGE MAN
★★★★★★
Attaque 2200
Défense 1500
PAS DRÔLE DE RESTER PASSIF...
JUDGE VA ME SERVIR À VIRER CELUI QUI LUI SERT D'ÉCRAN...
C'EST UNE FAÇON DE COLLER LA PRESSION SUR YUGI...!
ZGRAAAAA
...!
JUDGE MAN
Attaque 2200
Défense 1500
LOUISE
Attaque 1200
Défense 1500
HE HÉ ...
IL TE RESTE DEUX TOURS !
BLACK MAGICIAN
★★★★★★
Attaque 2500
Défense 2100
LA CARTE DU BLACK MAGICIAN ...
MÊME COMME ÉCRAN, ELLE NE FERA PAS LE POIDS FACE AUX DRAGONS...

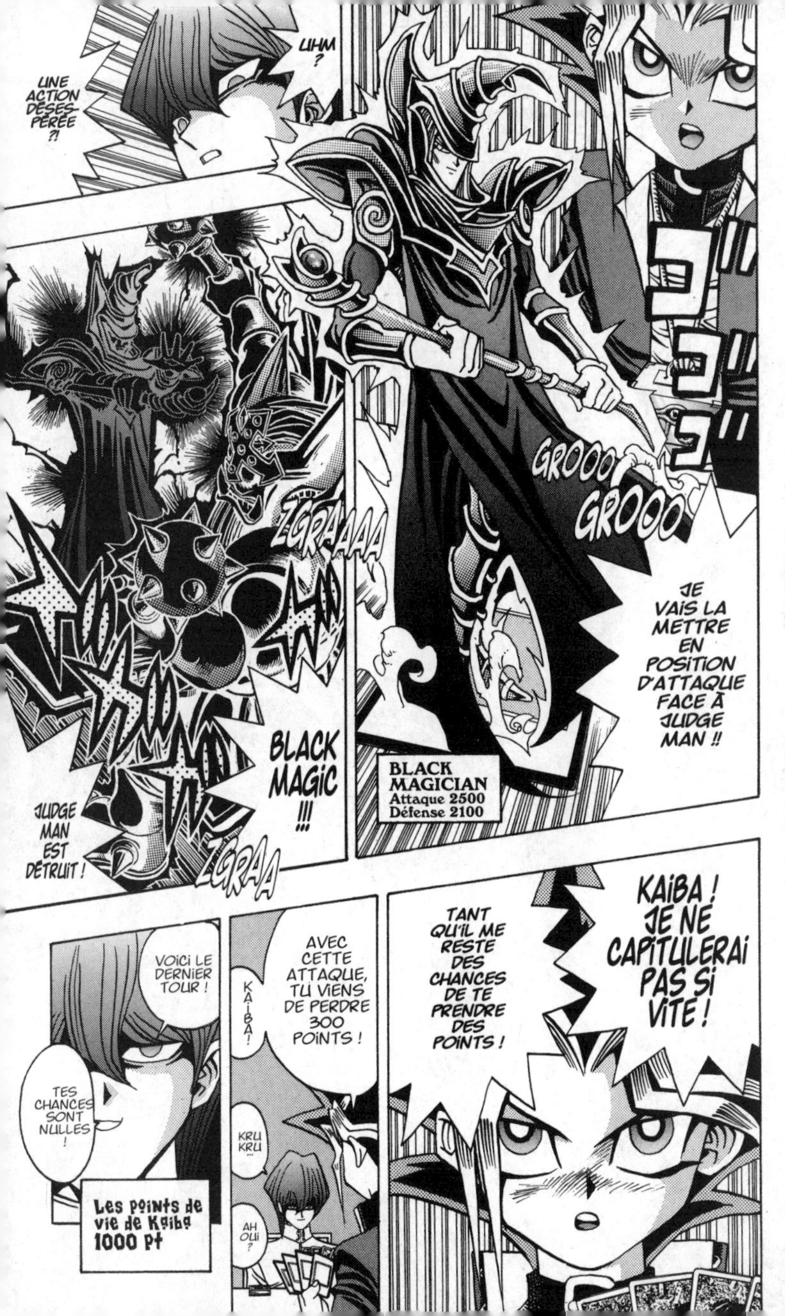

JE VAIS LA METTRE EN POSITION D'ATTAQUE FACE À JUDGE MAN !!
GROOO GROOO
BLACK MAGICIAN
Attaque 2500
Défense 2100
UHM ?
UNE ACTION DÉSESPÉRÉE ?!
BLACK MAGIC !!!
ZGRAAAA
ZGRAA
JUDGE MAN EST DÉTRUIT !
KAIBA ! JE NE CAPITULERAI PAS SI VITE !
TANT QU'IL ME RESTE DES CHANCES DE TE PRENDRE DES POINTS !
AVEC CETTE ATTAQUE, TU VIENS DE PERDRE 300 POINTS !
KAIBA !
KRU KRU...
AH OUI ?
VOICI LE DERNIER TOUR !
TES CHANCES SONT NULLES !
Les points de vie de Kaiba 1000 pt

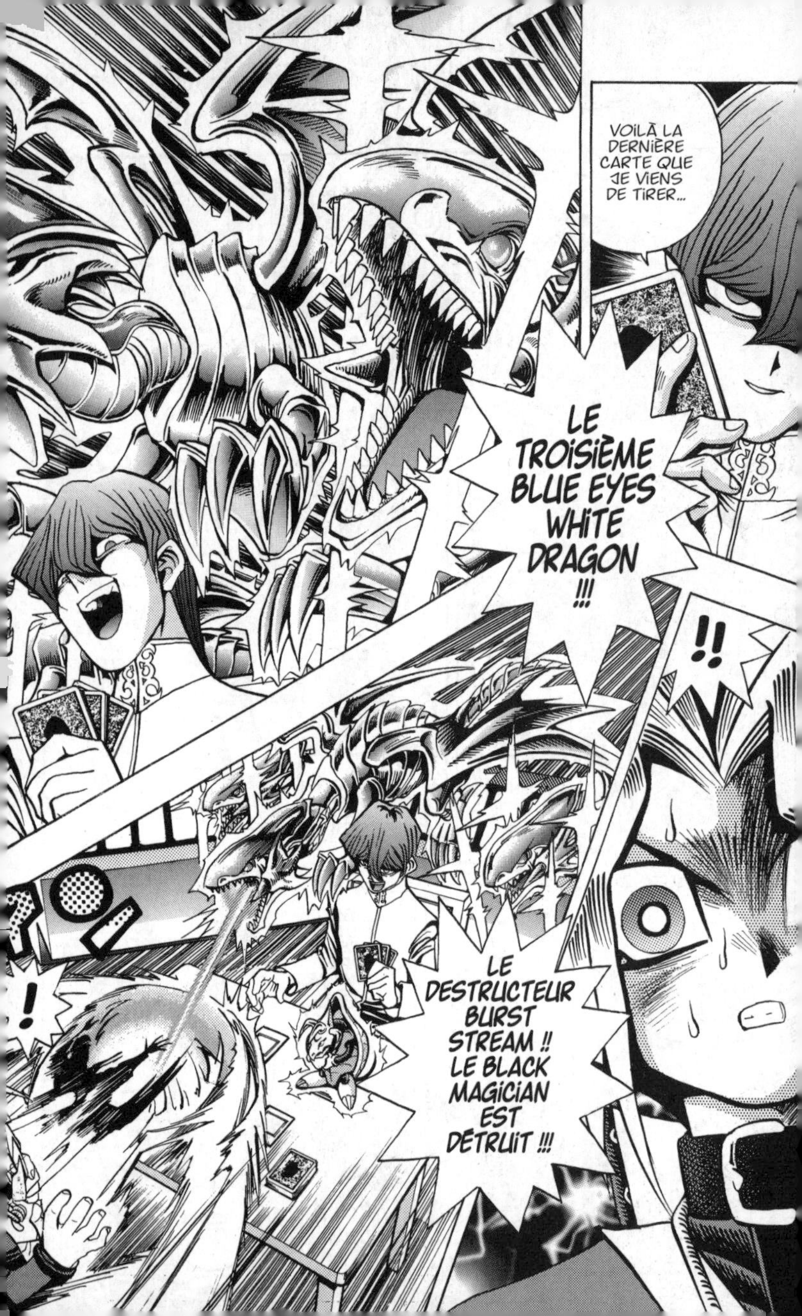
VOILÀ LA DERNIÈRE CARTE QUE JE VIENS DE TIRER...
LE TROISIÈME BLUE EYES WHITE DRAGON !!!
!!
LE DESTRUCTEUR BURST STREAM !! LE BLACK MAGICIAN EST DÉTRUIT !!!
!

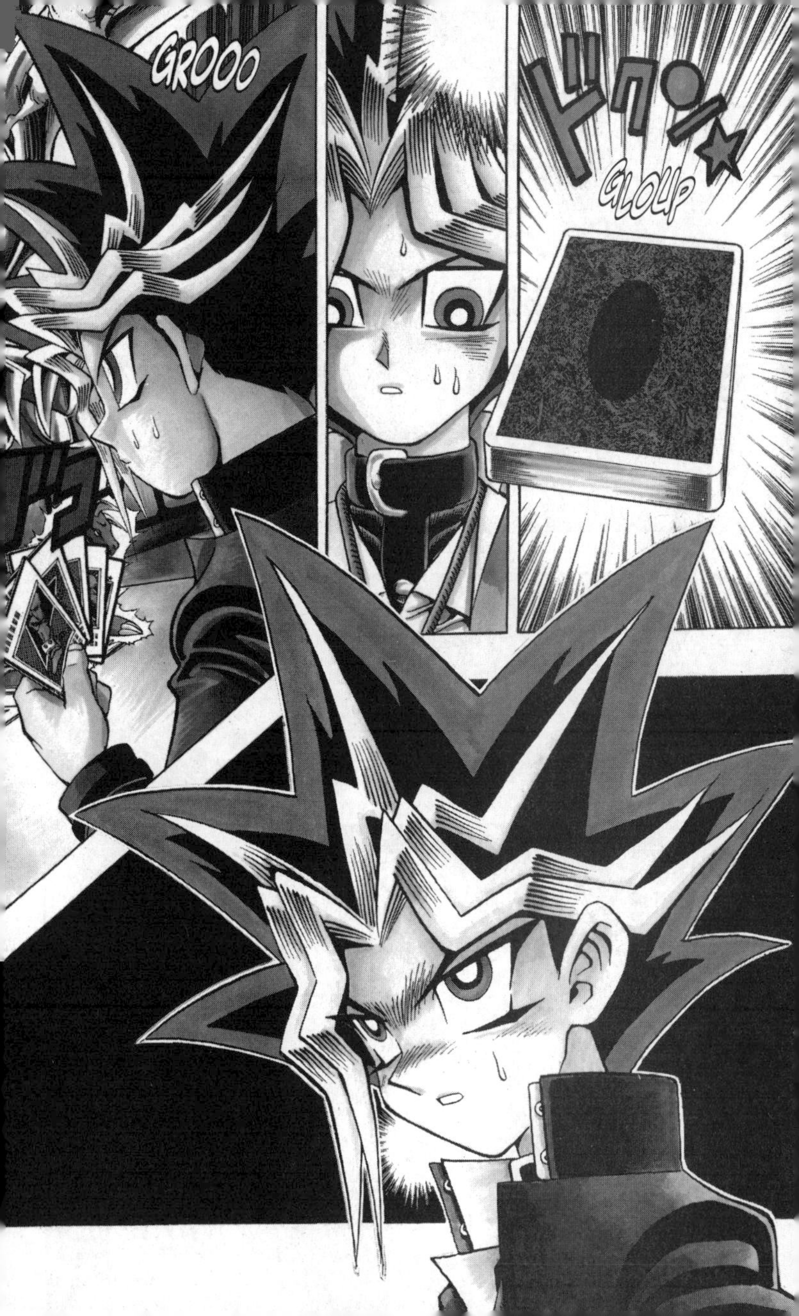
GROOO
GLOUP

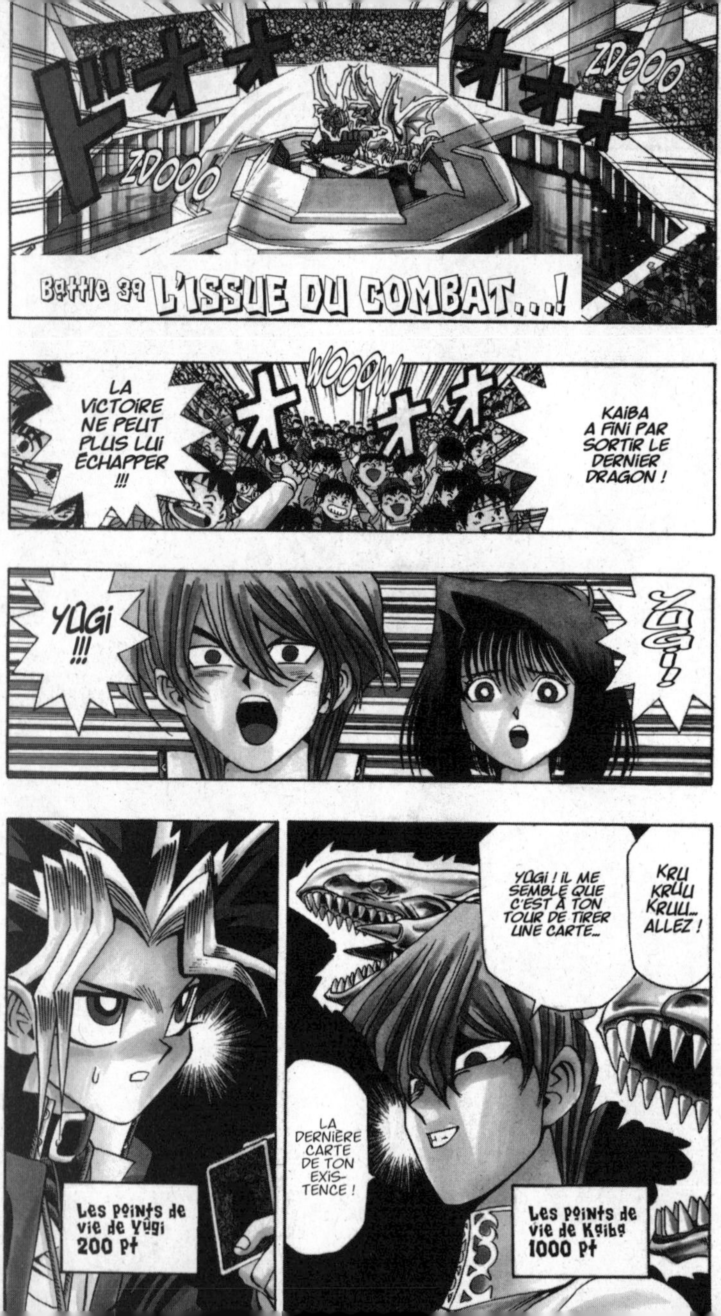
ZDOOO
ドオオ
ZDOOO
オオオ
Battle 39 L'ISSUE DU COMBAT...!
KAIBA A FINI PAR SORTIR LE DERNIER DRAGON !
WOOOW
オオオ
LA VICTOIRE NE PEUT PLUS LUI ÉCHAPPER !!!
YÛGI..!
YÛGI !!!
KRU KRUU KRUU... ALLEZ !
YÛGI ! IL ME SEMBLE QUE C'EST À TON TOUR DE TIRER UNE CARTE...
LA DERNIÈRE CARTE DE TON EXISTENCE !
Les points de vie de Kaiba 1000 pt
Les points de vie de Yûgi 200 pt

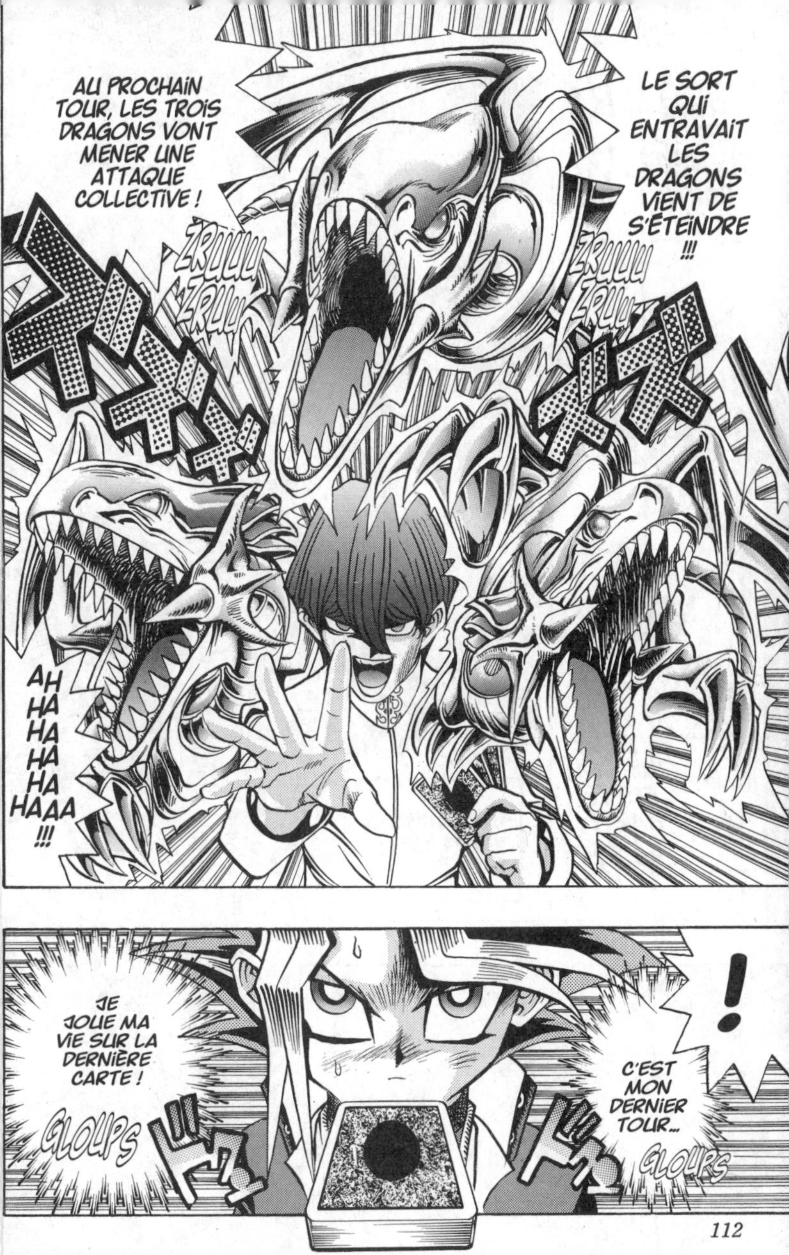
LE SORT QUI ENTRAVAIT LES DRAGONS VIENT DE S'ÉTEINDRE !!!
AU PROCHAIN TOUR, LES TROIS DRAGONS VONT MENER UNE ATTAQUE COLLECTIVE !
ZRUUU ZRUU
ZRUUU ZRUU
AH HA HA HA HA HA HAAA !!!
!
C'EST MON DERNIER TOUR...
GLOUPS
JE JOUE MA VIE SUR LA DERNIÈRE CARTE !
GLOUPS

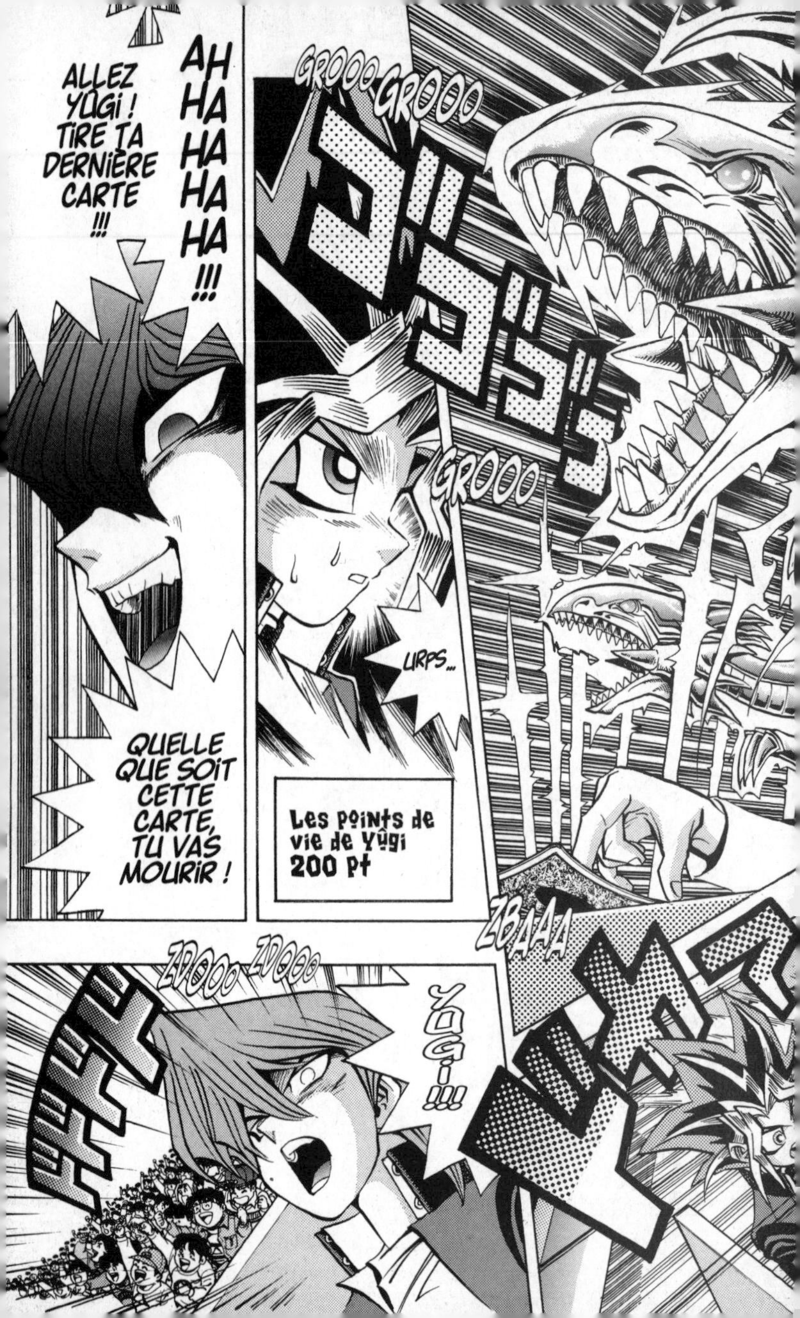
GROOO GROOO
GROOO
URPS...
Les points de vie de Yûgi 200 pt
AH HA HA HA HA HA !!!
ALLEZ YÛGI ! TIRE TA DERNIÈRE CARTE !!!
QUELLE QUE SOIT CETTE CARTE, TU VAS MOURIR !
ZBAAA
YÛGI !!!
ZDOOO ZDOOO

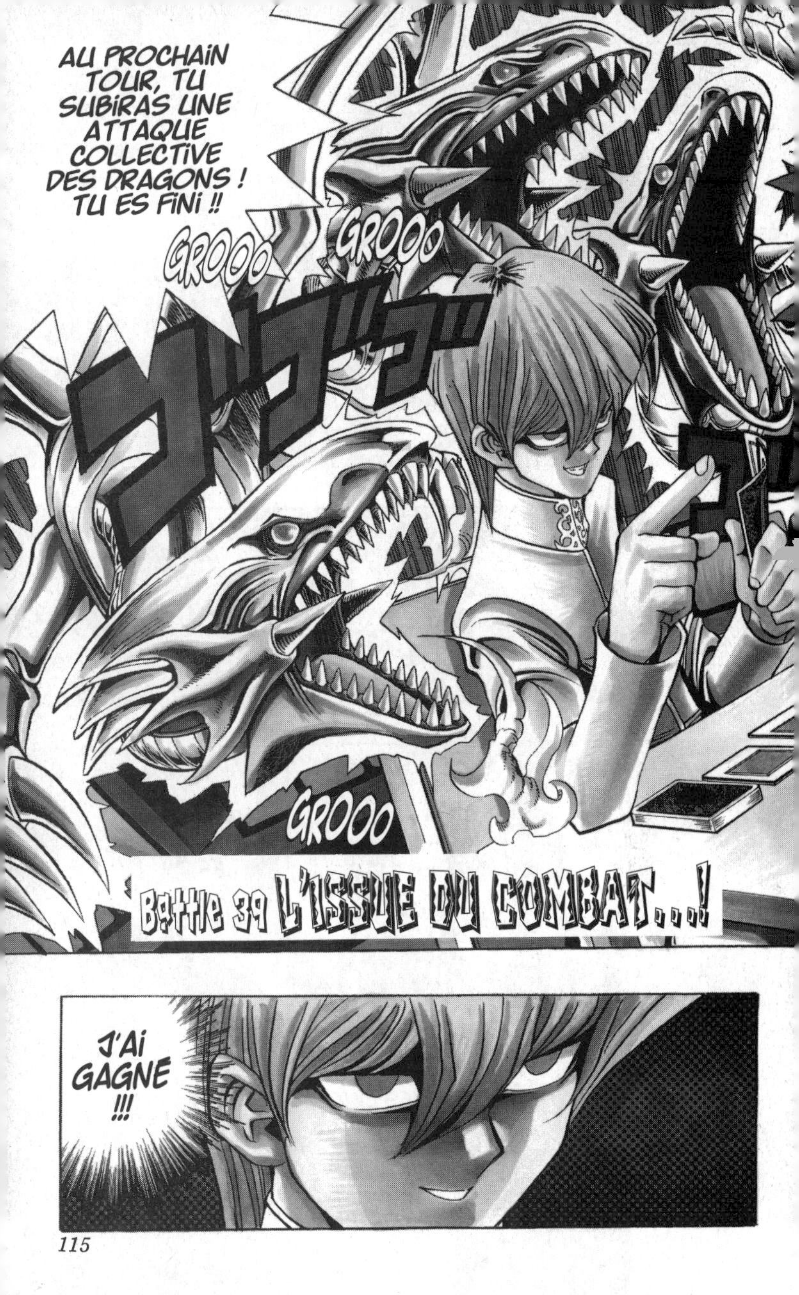
AU PROCHAIN TOUR, TU SUBIRAS UNE ATTAQUE COLLECTIVE DES DRAGONS ! TU ES FINI !!
GROOO
GROOO
GROOO
Battle 39 L'ISSUE DU COMBAT...!
J'AI GAGNE !!!

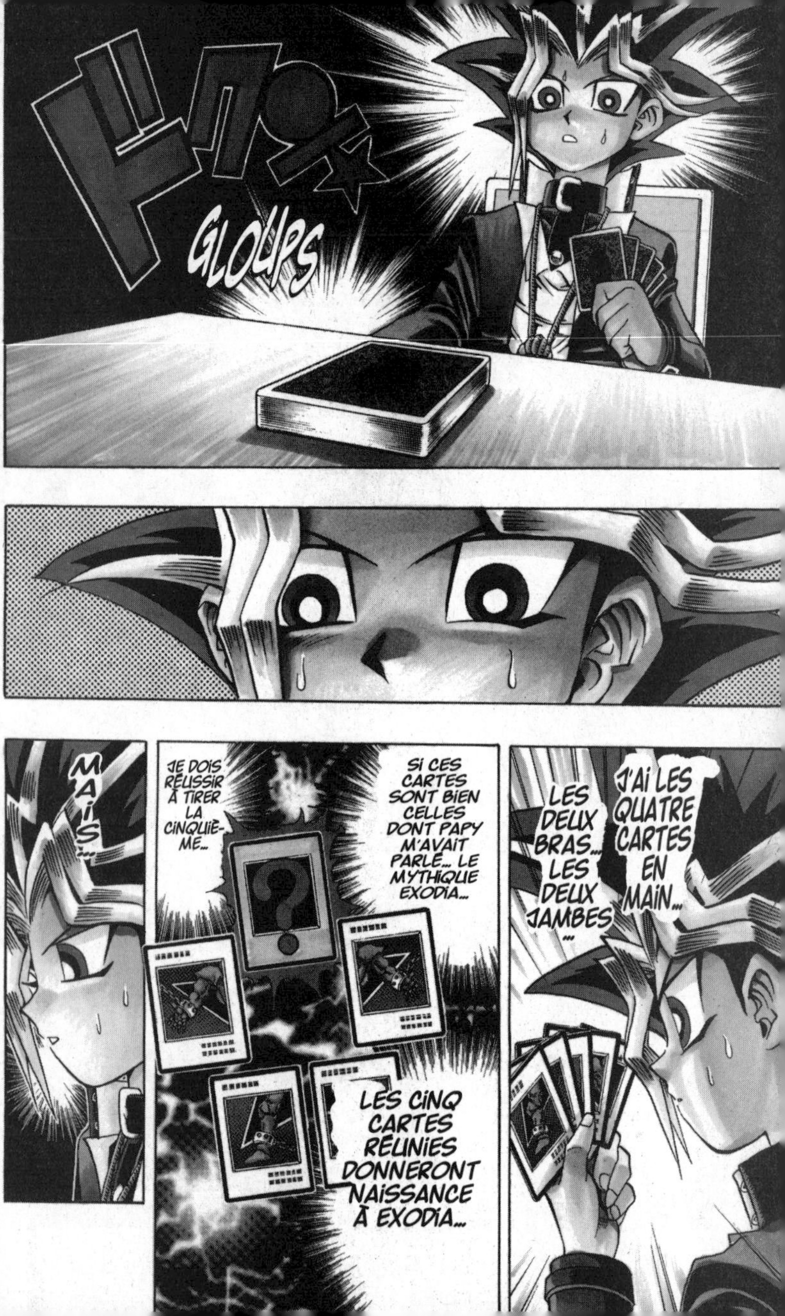
GLOUPS
J'AI LES QUATRE CARTES EN MAIN...
LES DEUX BRAS... LES DEUX JAMBES...
SI CES CARTES SONT BIEN CELLES DONT PAPY M'AVAIT PARLÉ... LE MYTHIQUE EXODIA...
LES CINQ CARTES RÉUNIES DONNERONT NAISSANCE À EXODIA...
JE DOIS RÉUSSIR À TIRER LA CINQUIÈME...
MAIS...

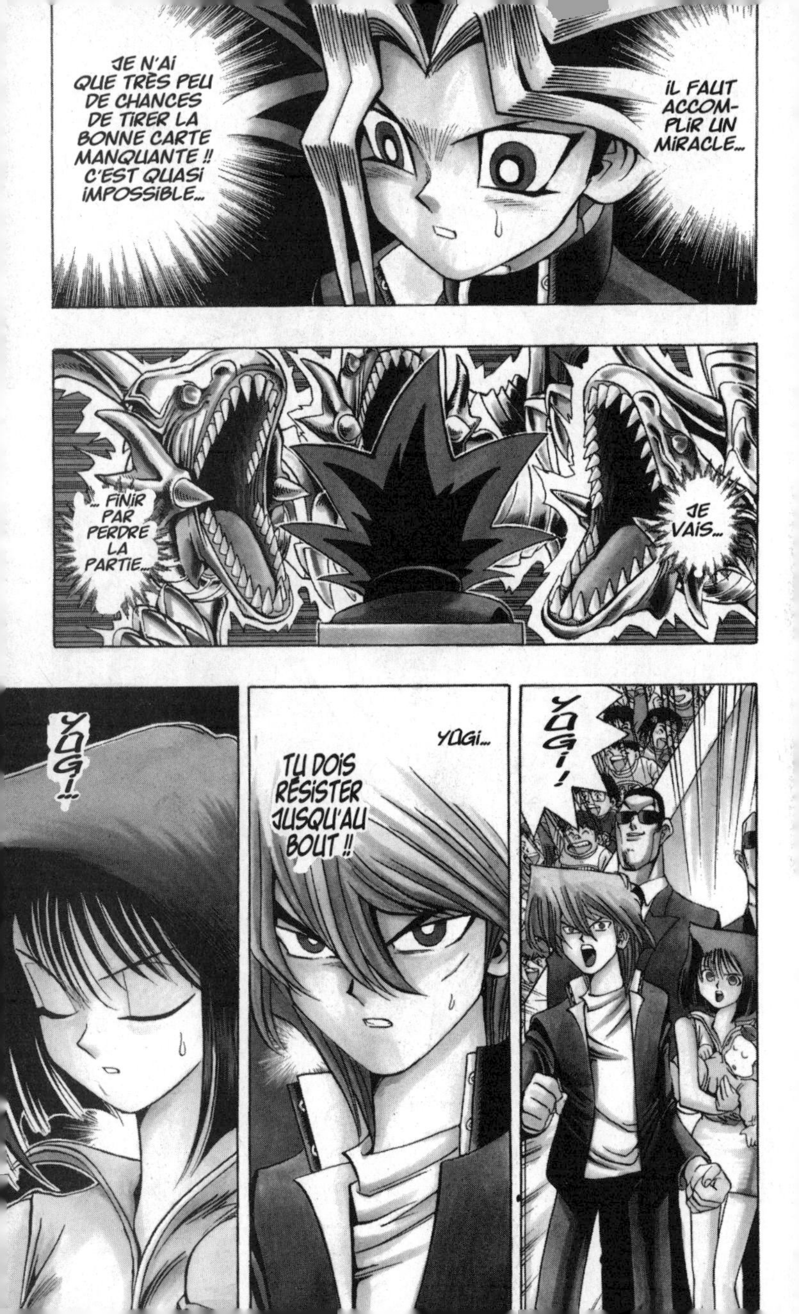
IL FAUT ACCOMPLIR UN MIRACLE...
JE N'AI QUE TRÈS PEU DE CHANCES DE TIRER LA BONNE CARTE MANQUANTE !! C'EST QUASI IMPOSSIBLE...
JE VAIS...
... FINIR PAR PERDRE LA PARTIE...
YUGI !
YUGI...
TU DOIS RÉSISTER JUSQU'AU BOUT !!
YUGI !..

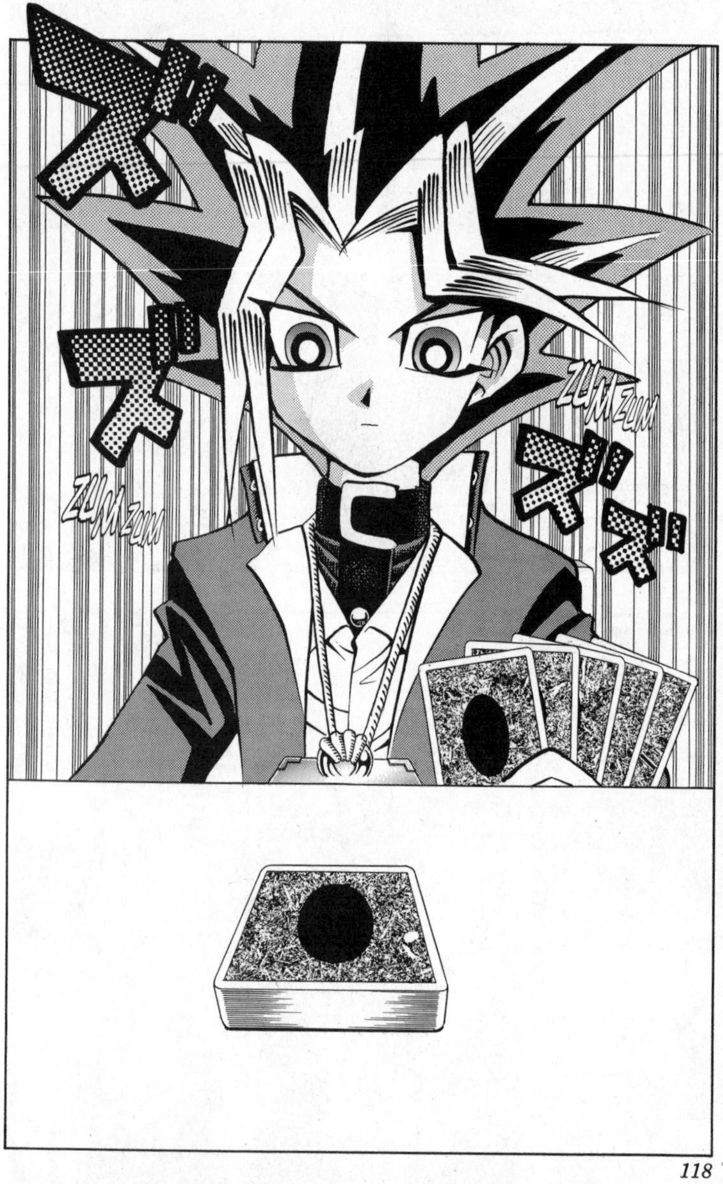
ZUM ZUM
ZUM ZUM

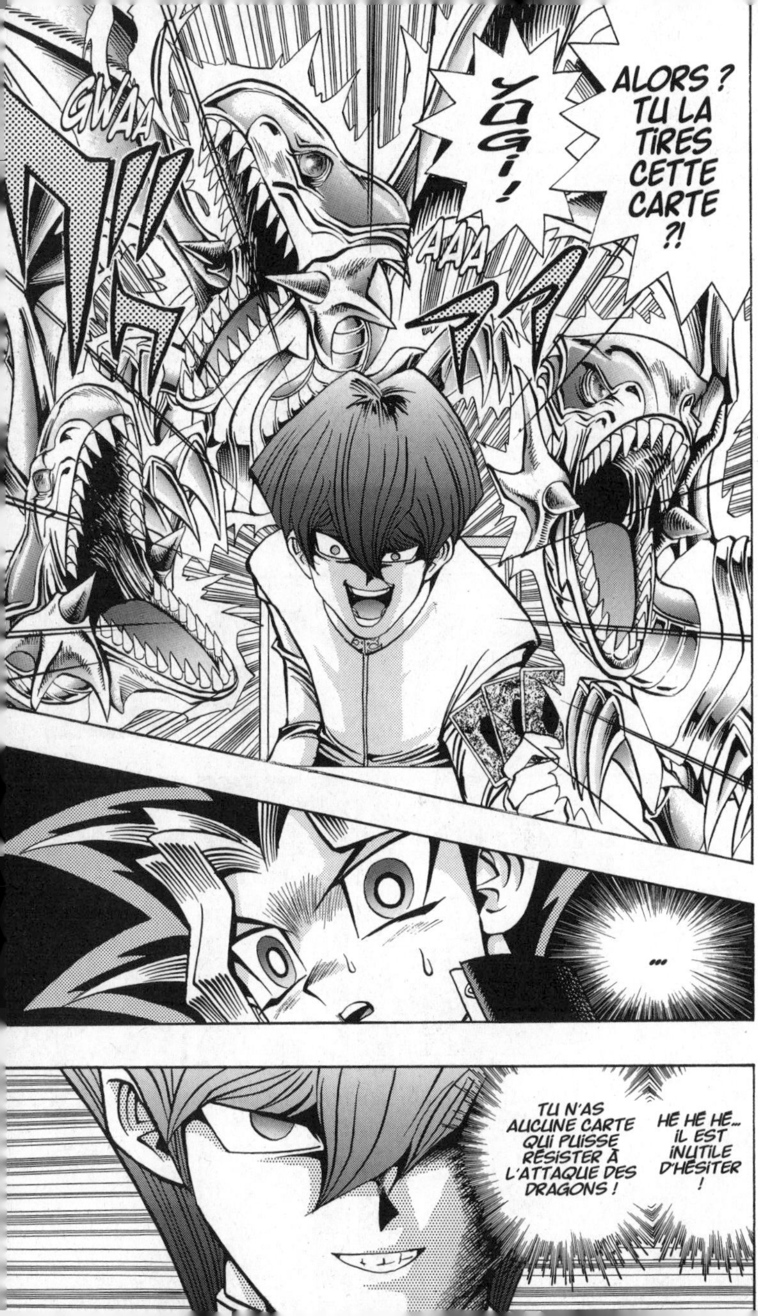
ALORS ? TU LA TIRES CETTE CARTE ?!
YUGI !
GWAA
AAA
...
HE HE HE... IL EST INUTILE D'HÉSITER !
TU N'AS AUCUNE CARTE QUI PUISSE RÉSISTER À L'ATTAQUE DES DRAGONS !

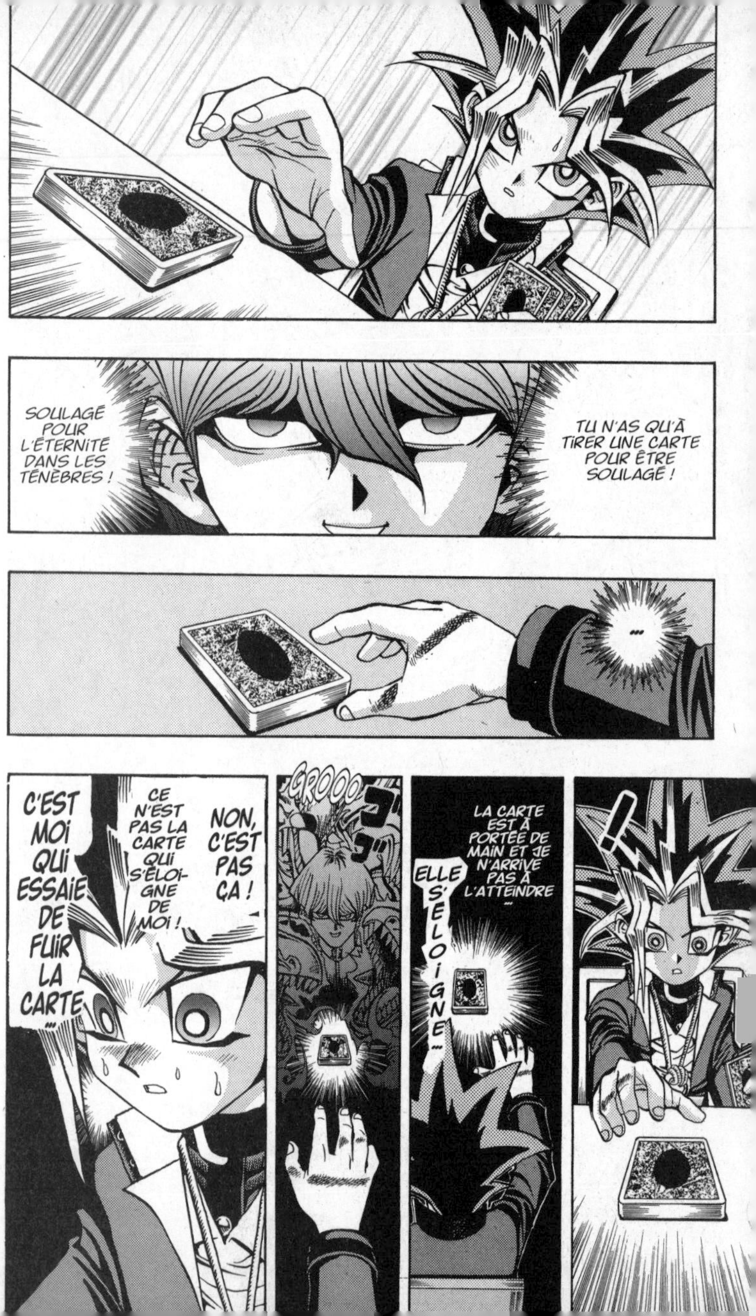
TU N'AS QU'À TIRER UNE CARTE POUR ÊTRE SOULAGÉ !
SOULAGÉ POUR L'ÉTERNITÉ DANS LES TÉNÈBRES !
...
!
LA CARTE EST À PORTÉE DE MAIN ET JE N'ARRIVE PAS À L'ATTEINDRE...
ELLE S'ÉLOIGNE...
GROOO
NON, C'EST PAS ÇA !
CE N'EST PAS LA CARTE QUI S'ÉLOIGNE DE MOI !
C'EST MOI QUI ESSAIE DE FUIR LA CARTE...

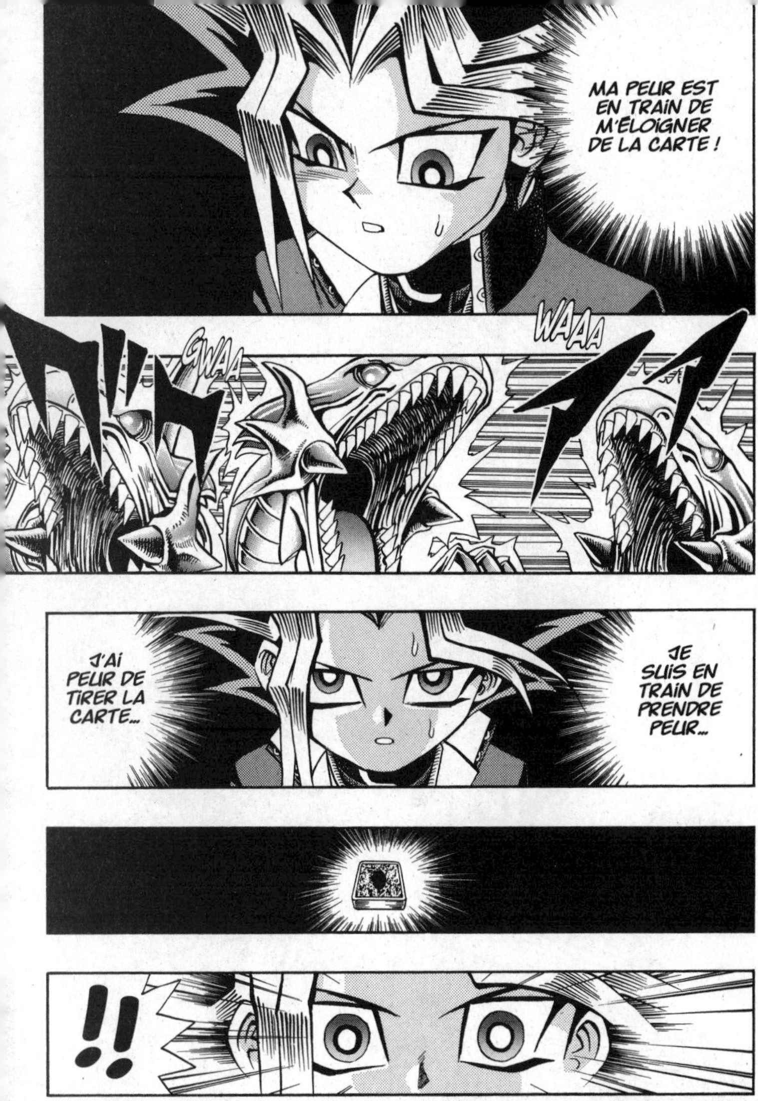
MA PEUR EST EN TRAIN DE M'ÉLOIGNER DE LA CARTE !
WAAA
GWAA
JE SUIS EN TRAIN DE PRENDRE PEUR...
J'AI PEUR DE TIRER LA CARTE...
!!

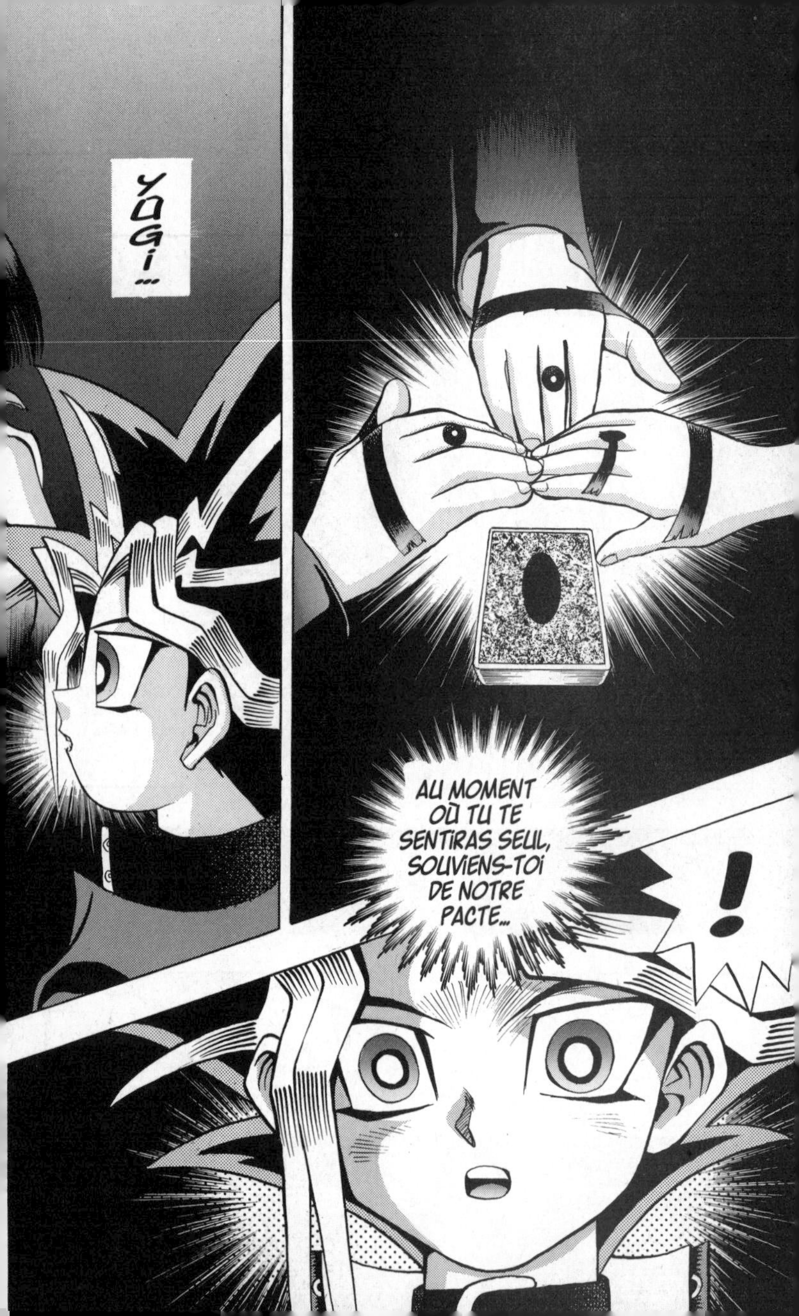
AU MOMENT OÙ TU TE SENTIRAS SEUL, SOUVIENS-TOI DE NOTRE PACTE...
!
YUGI...

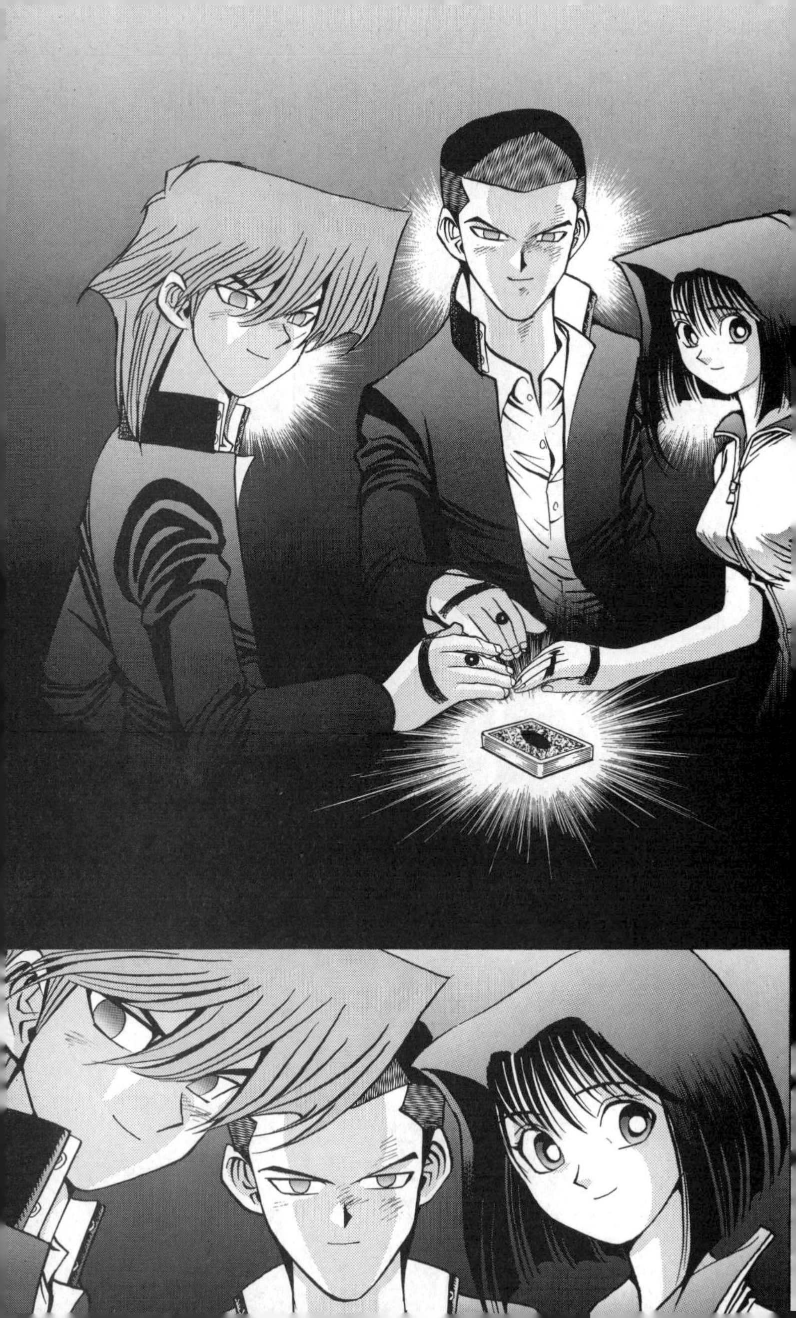

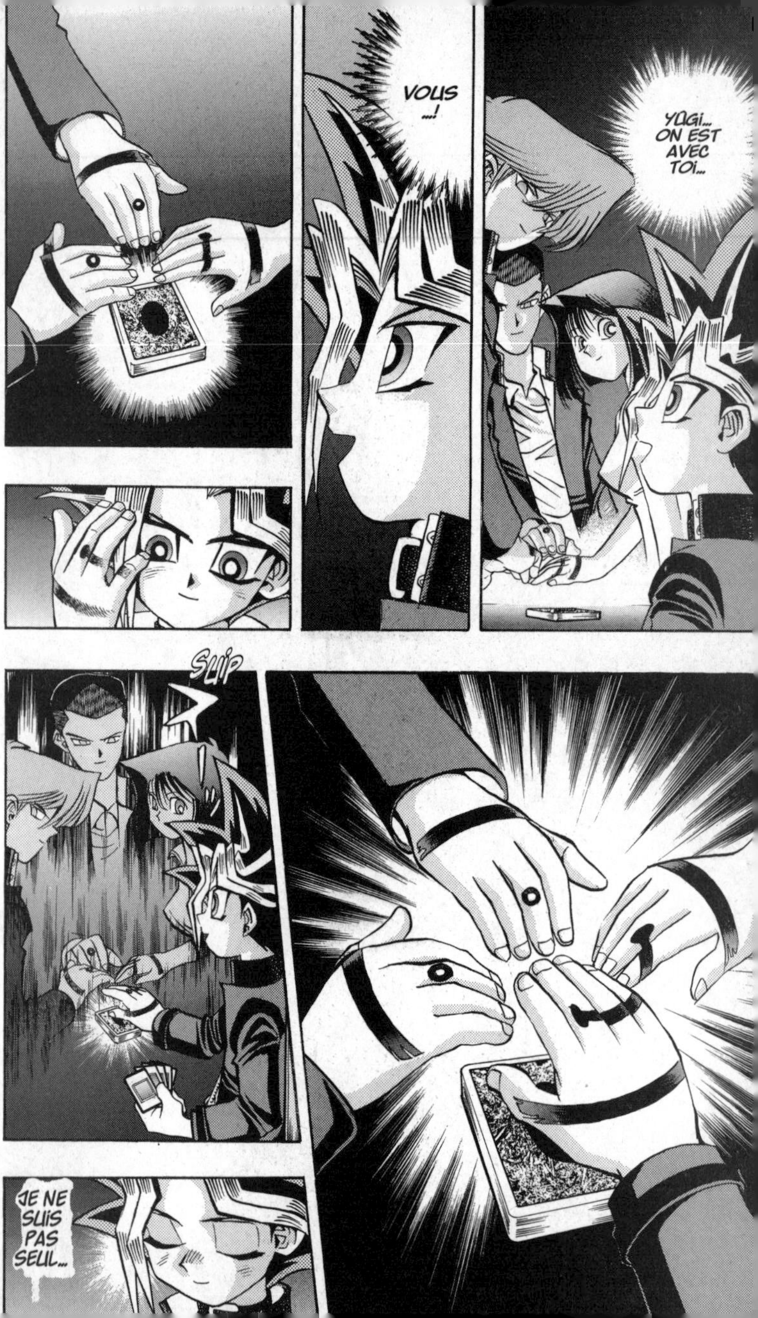
YUGI... ON EST AVEC TOI...
VOUS ...!
SLIP
JE NE SUIS PAS SEUL...

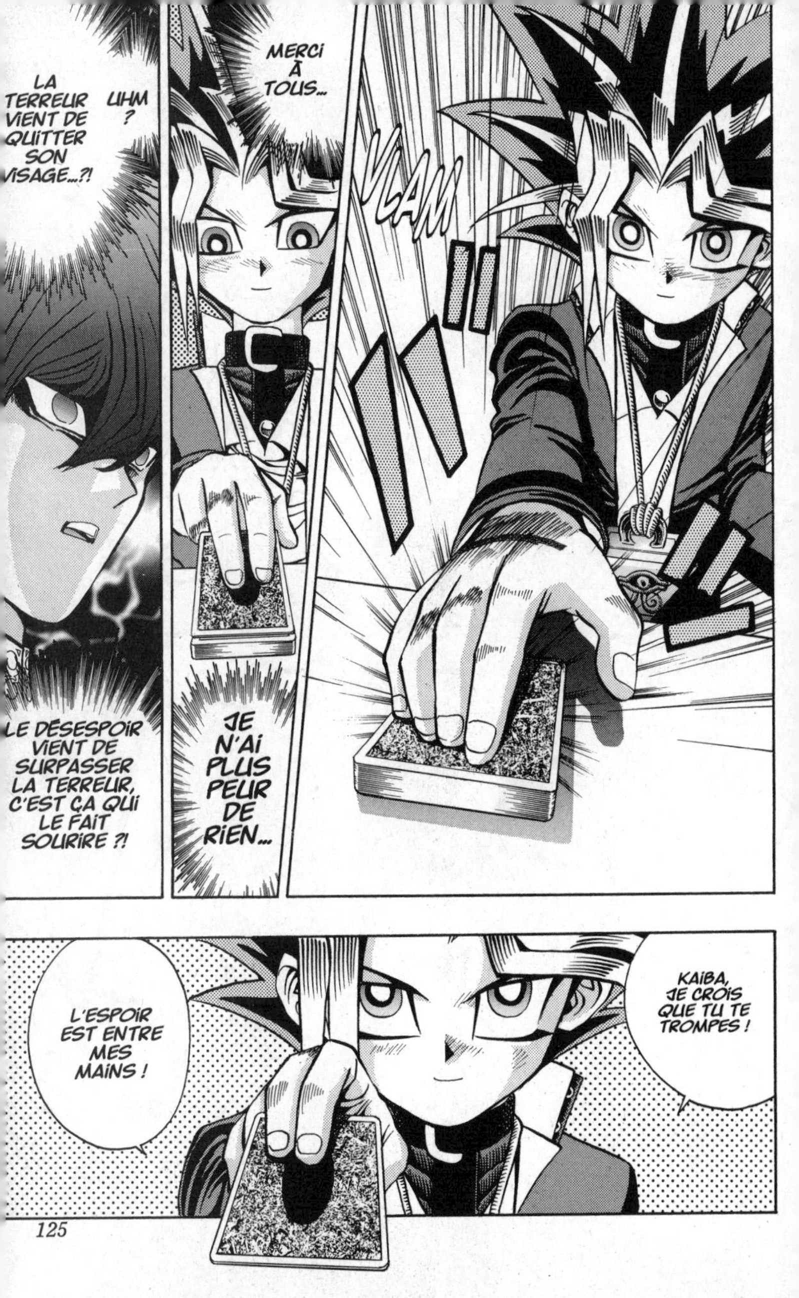
VLAM
MERCI À TOUS...
JE N'AI PLUS PEUR DE RIEN...
UHM ?
LA TERREUR VIENT DE QUITTER SON VISAGE...?!
LE DÉSESPOIR VIENT DE SURPASSER LA TERREUR, C'EST ÇA QUI LE FAIT SOURIRE ?!
KAIBA, JE CROIS QUE TU TE TROMPES !
L'ESPOIR EST ENTRE MES MAINS !

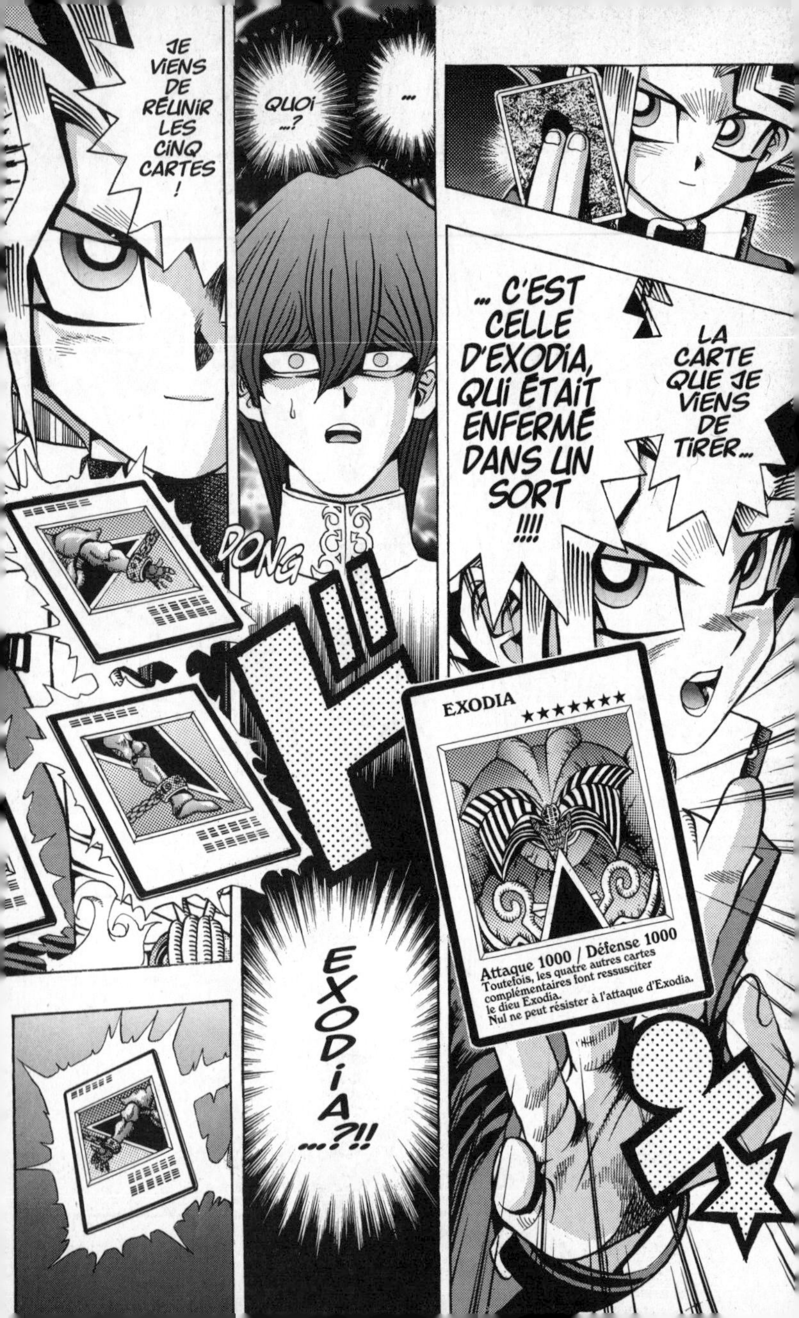

LA CARTE QUE JE VIENS DE TIRER...
... C'EST CELLE D'EXODIA, QUI ÉTAIT ENFERMÉ DANS UN SORT !!!!
...
QUOI ...?
JE VIENS DE RÉUNIR LES CINQ CARTES !
DONG
EXODIA
Attaque 1000 / Défense 1000
Toutefois, les quatre autres cartes complémentaires font ressusciter le dieu Exodia.
Nul ne peut résister à l'attaque d'Exodia.
EXODIA ...?!!

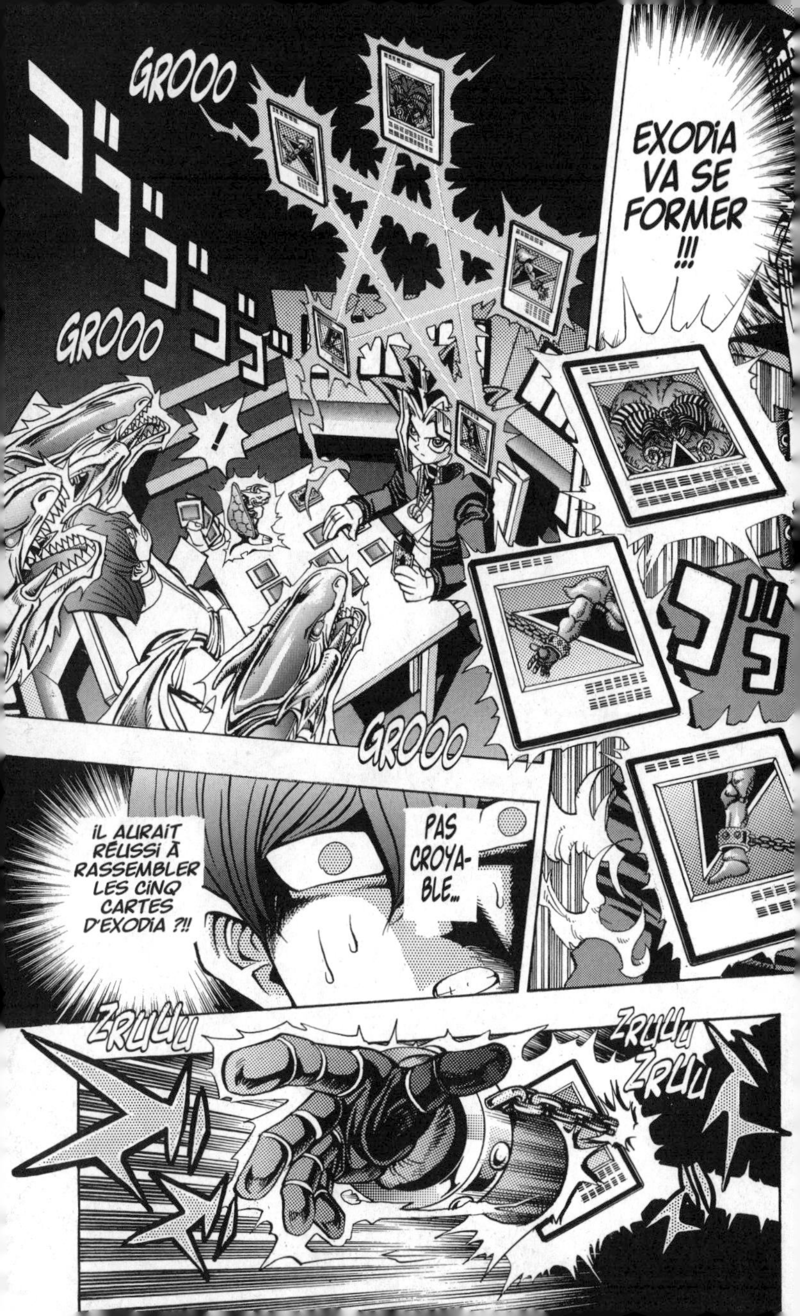
EXODIA VA SE FORMER !!!
GROOO
GROOO
!
GROOO
PAS CROYABLE...
IL AURAIT RÉUSSI À RASSEMBLER LES CINQ CARTES D'EXODIA ?!!
ZRUUU ZRUU
ZRUUU

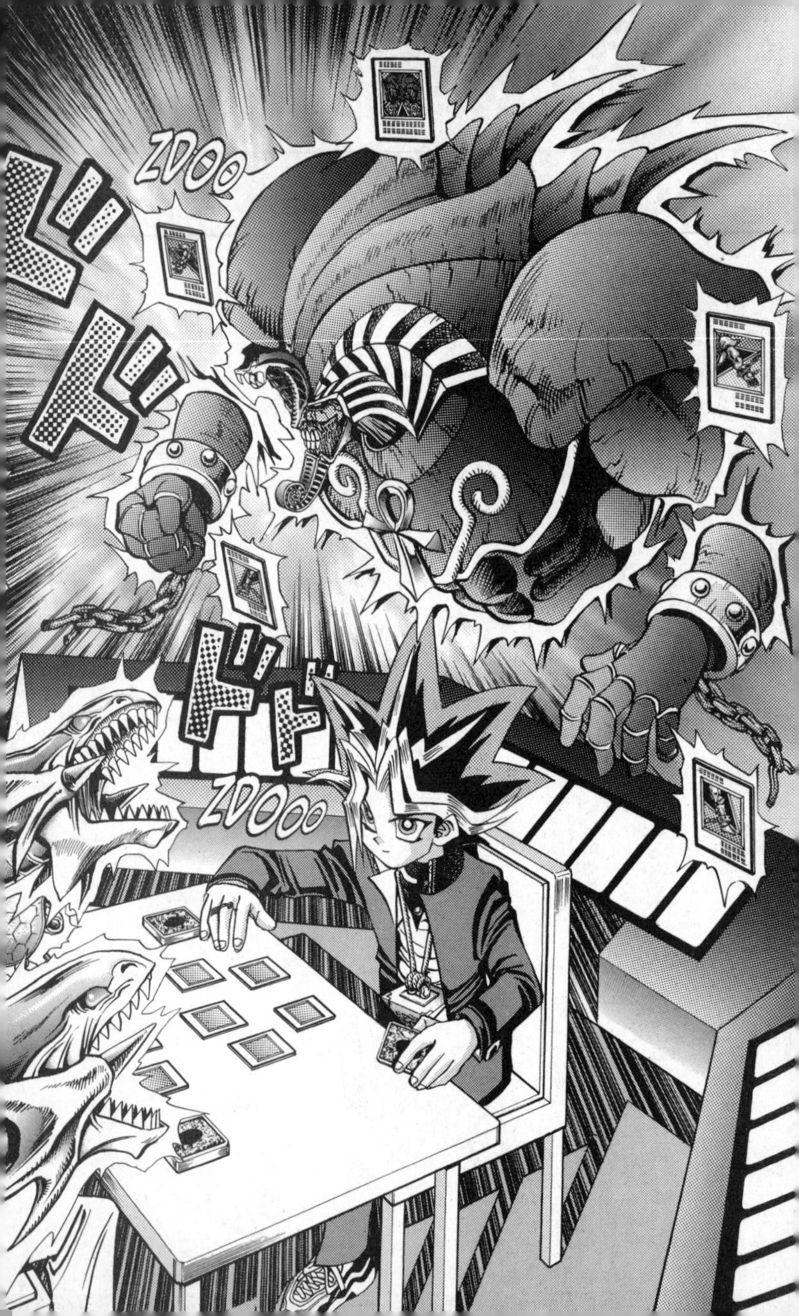
ZDOO
ドド
ドド
ZDOooo

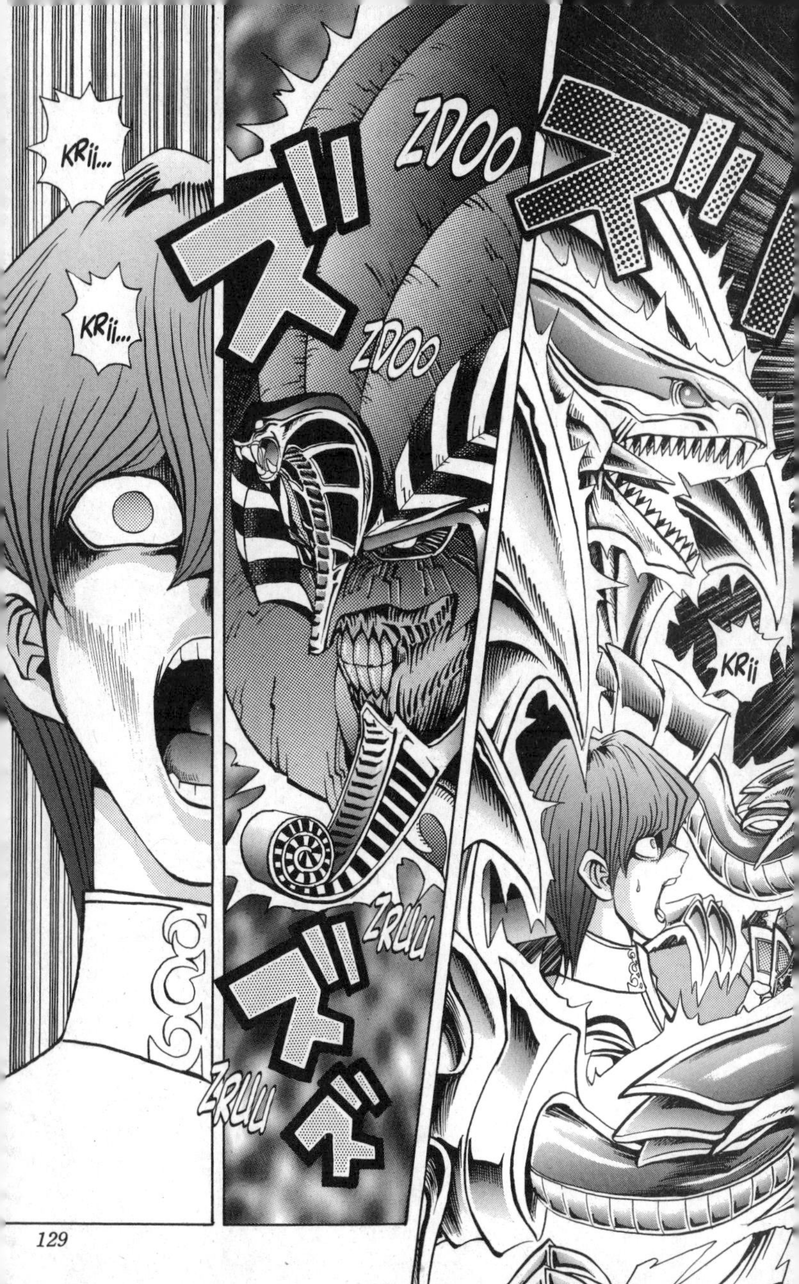
ズ
ZDOO
KRii
ズ
ZDOO
ZRUU
ZRUU
KRii...
KRii...

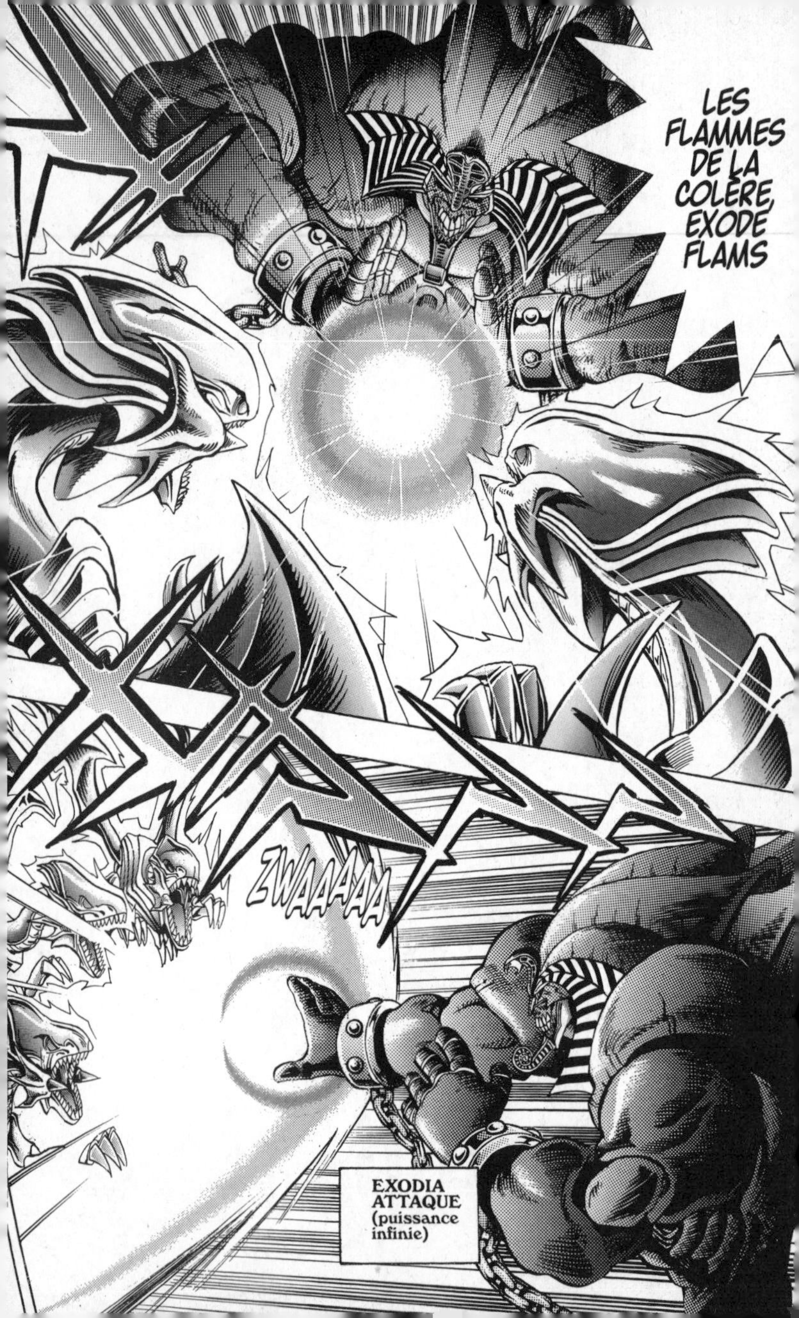

LES FLAMMES DE LA COLÈRE, EXODE FLAMS
ZWAAAAA
EXODIA ATTAQUE (puissance infinie)

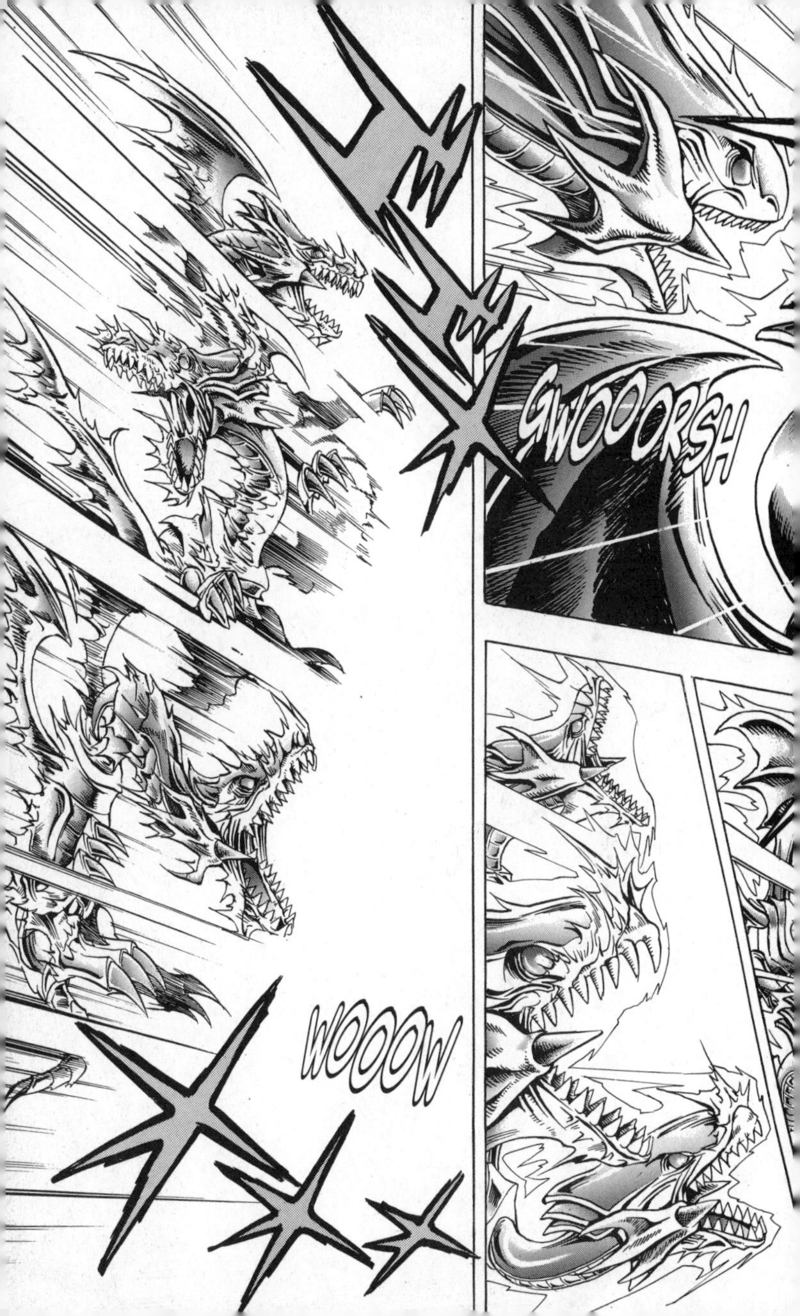
GWOOORSH
WOOOW

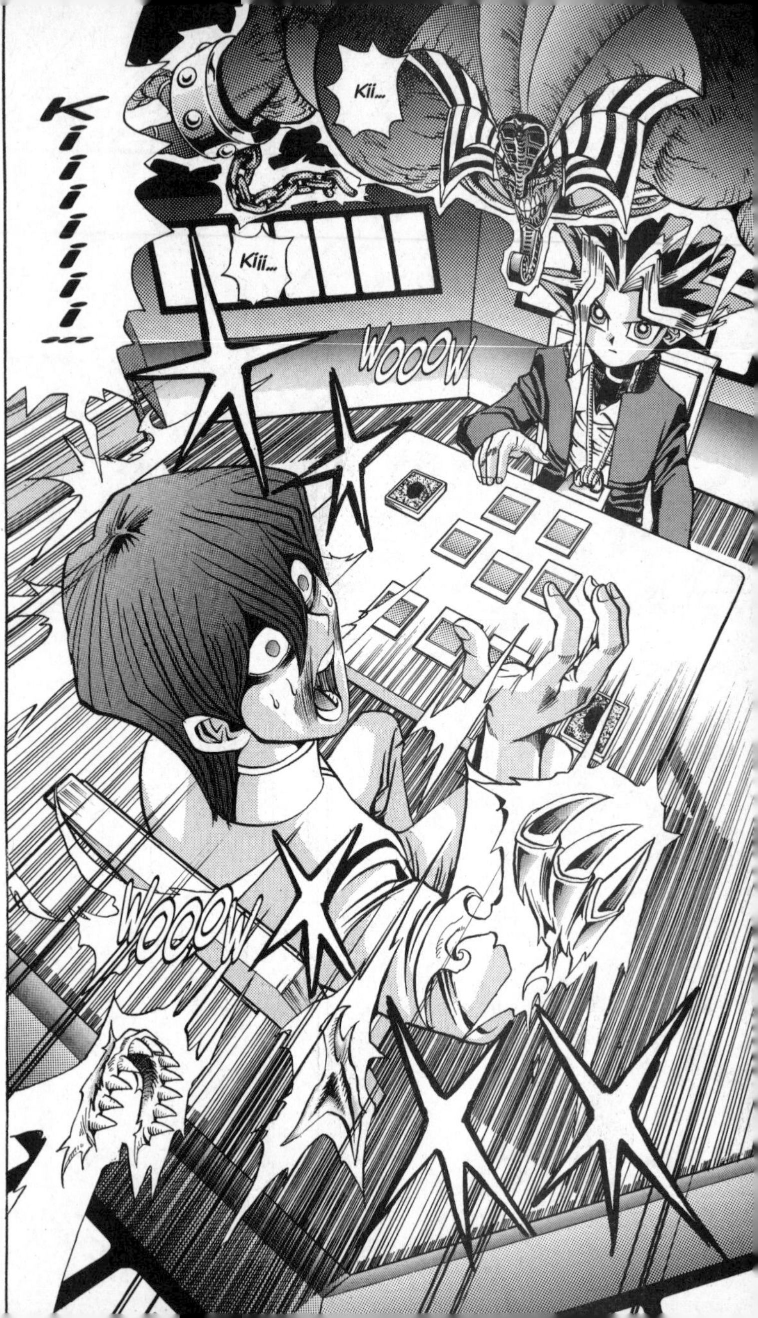
Kii...
Kiii...
Kiiiiiii...
WOOOW
WOOOW

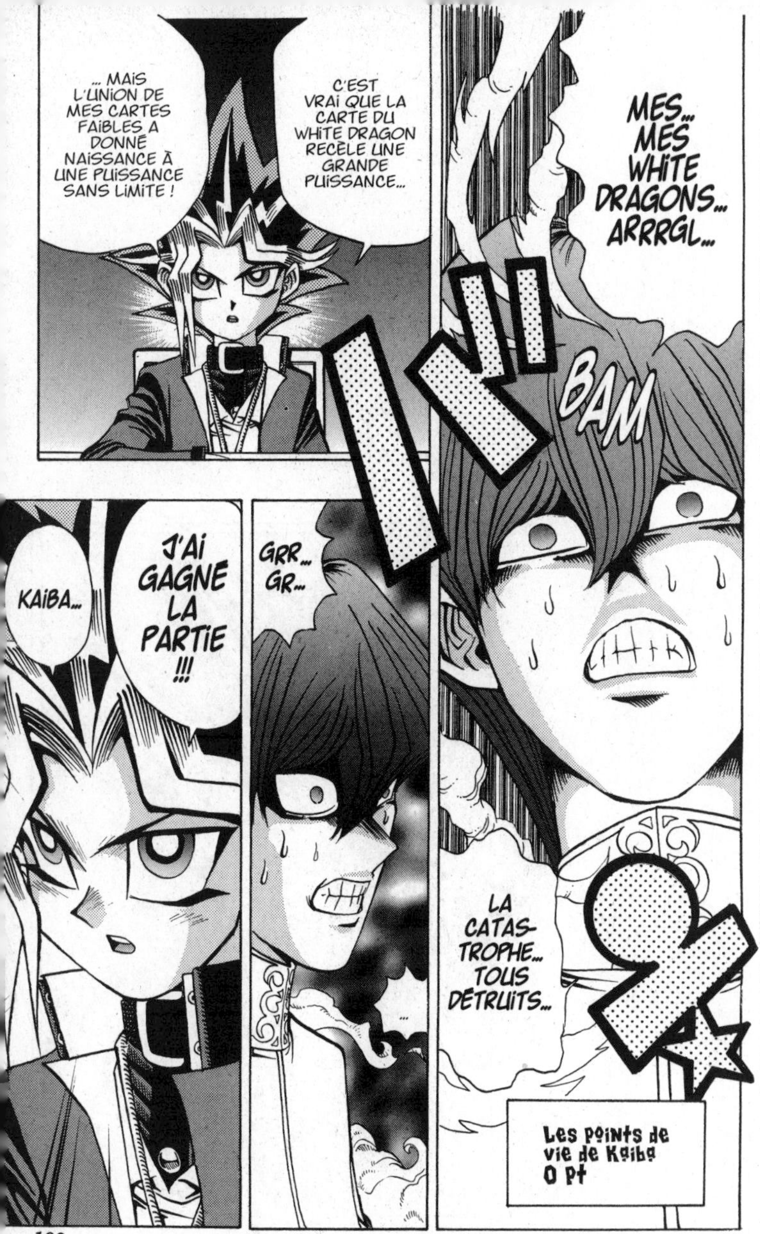

MES... MES WHITE DRAGONS... ARRRGL...
BAM
LA CATAS-TROPHE... TOUS DÉTRUITS...
Les points de vie de Kaiba 0 pt
C'EST VRAI QUE LA CARTE DU WHITE DRAGON RECÈLE UNE GRANDE PUISSANCE...
... MAIS L'UNION DE MES CARTES FAIBLES A DONNÉ NAISSANCE À UNE PUISSANCE SANS LIMITE !
GRR... GR...
...
J'AI GAGNÉ LA PARTIE !!!
KAIBA...

Battle 40 UN PAN DE SON ÂME

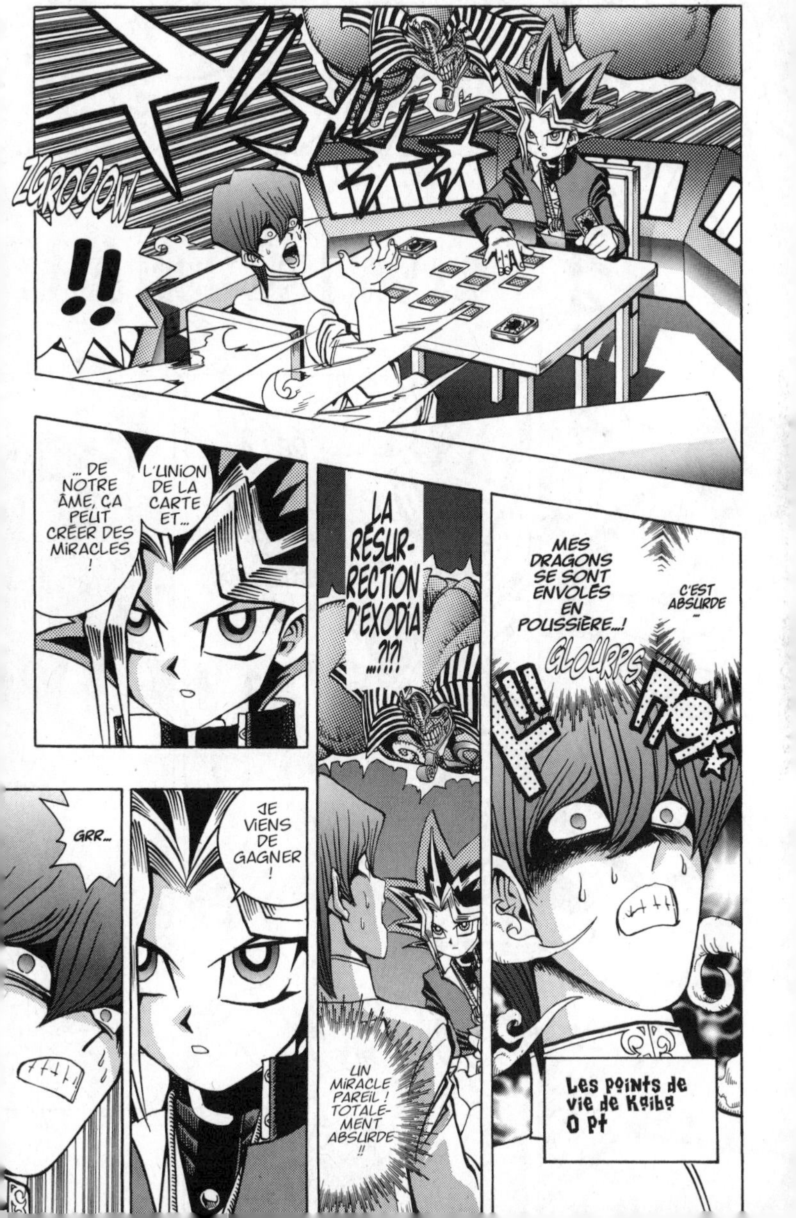
ZGROOOW
!!
MES DRAGONS SE SONT ENVOLÉS EN POUSSIÈRE...!
C'EST ABSURDE...
GLOURPS
Les points de vie de Kaiba 0 pt
LA RÉSURRECTION D'EXODIA ...?!?!
UN MIRACLE PAREIL ! TOTALEMENT ABSURDE !!
L'UNION DE LA CARTE ET...
... DE NOTRE ÂME, ÇA PEUT CRÉER DES MIRACLES !
JE VIENS DE GAGNER !
GRR...

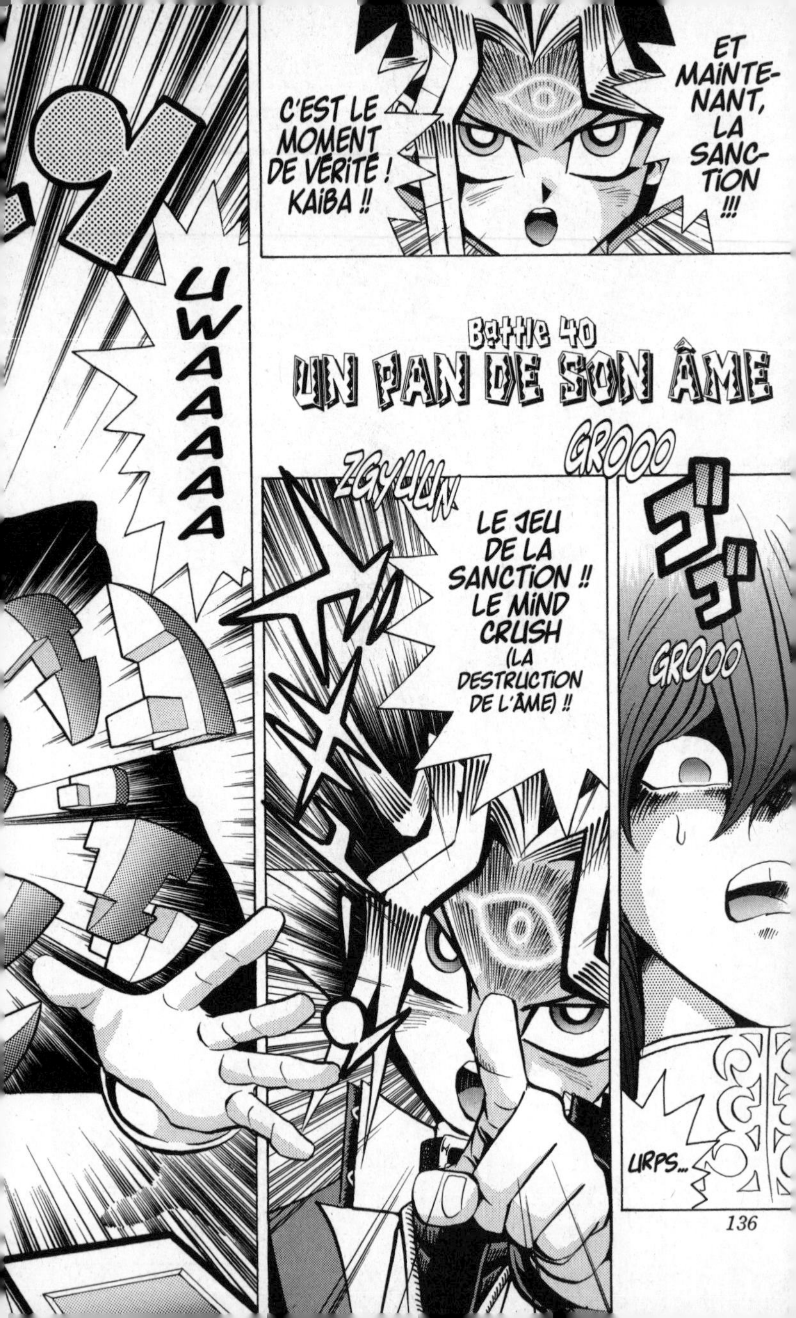
ET MAINTENANT, LA SANCTION !!!
C'EST LE MOMENT DE VÉRITÉ ! KAIBA !!
UWAAAAAAA
Battle 40
UN PAN DE SON ÂME
GROOO
GROOO
URPS...
ZGYUUN
LE JEU DE LA SANCTION !! LE MIND CRUSH (LA DESTRUCTION DE L'ÂME) !!

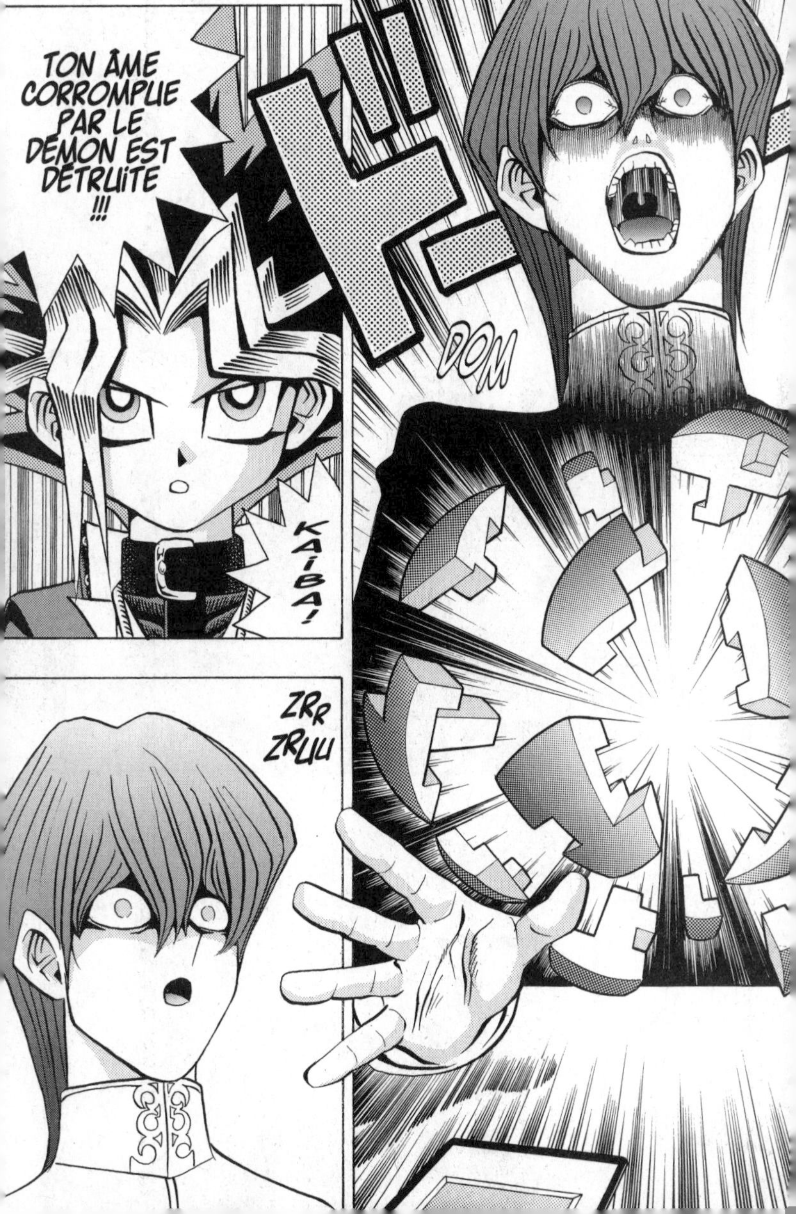
DOM
TON ÂME CORROMPUE PAR LE DÉMON EST DÉTRUITE !!!
KAÏBA !
ZRR ZRUU

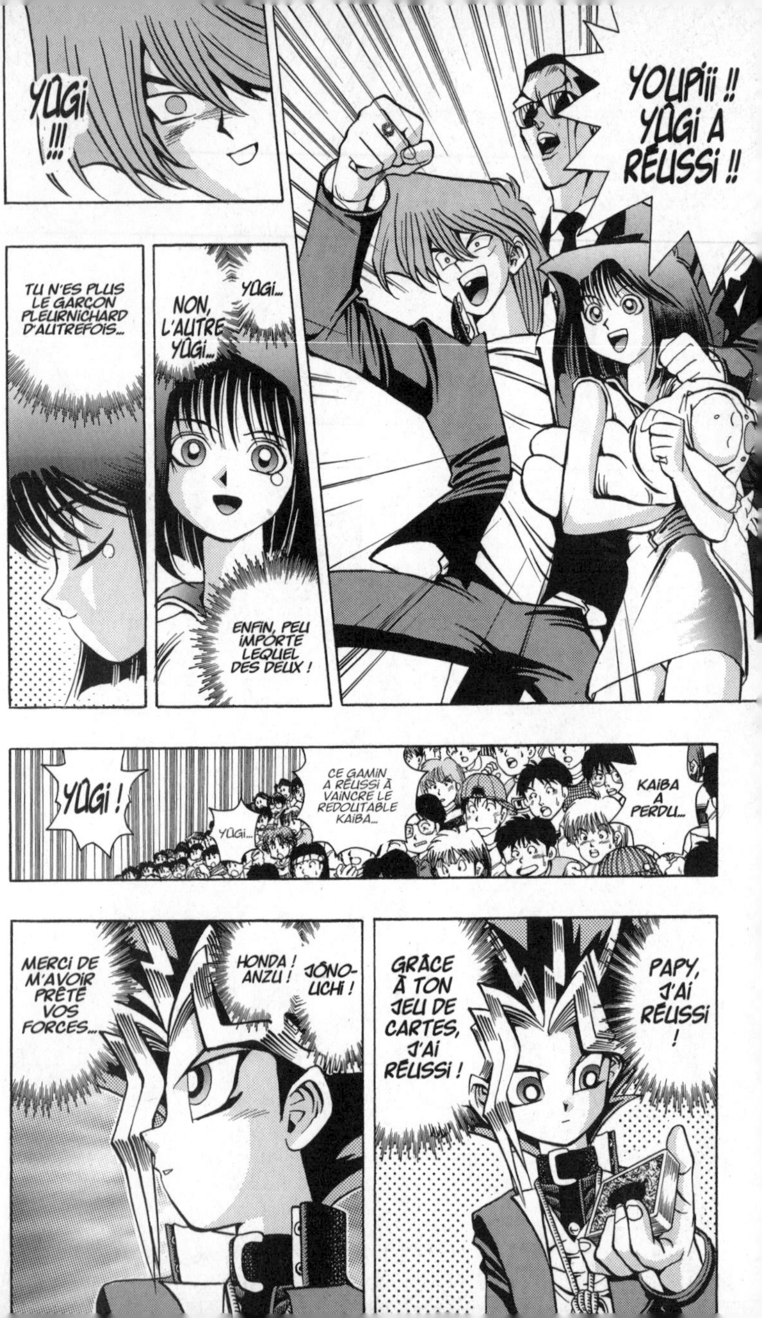
YOUPIII !! YÛGI A RÉUSSI !!
YÛGI !!!
YÛGI...
NON, L'AUTRE YÛGI...
ENFIN, PEU IMPORTE LEQUEL DES DEUX !
TU N'ES PLUS LE GARÇON PLEURNICHARD D'AUTREFOIS...
KAIBA A PERDU...
CE GAMIN A RÉUSSI À VAINCRE LE REDOUTABLE KAIBA...
YÛGI...
YÛGI !
PAPY, J'AI RÉUSSI !
GRÂCE À TON JEU DE CARTES, J'AI RÉUSSI !
JÔNO-UCHI !
HONDA ! ANZU !
MERCI DE M'AVOIR PRÊTÉ VOS FORCES...

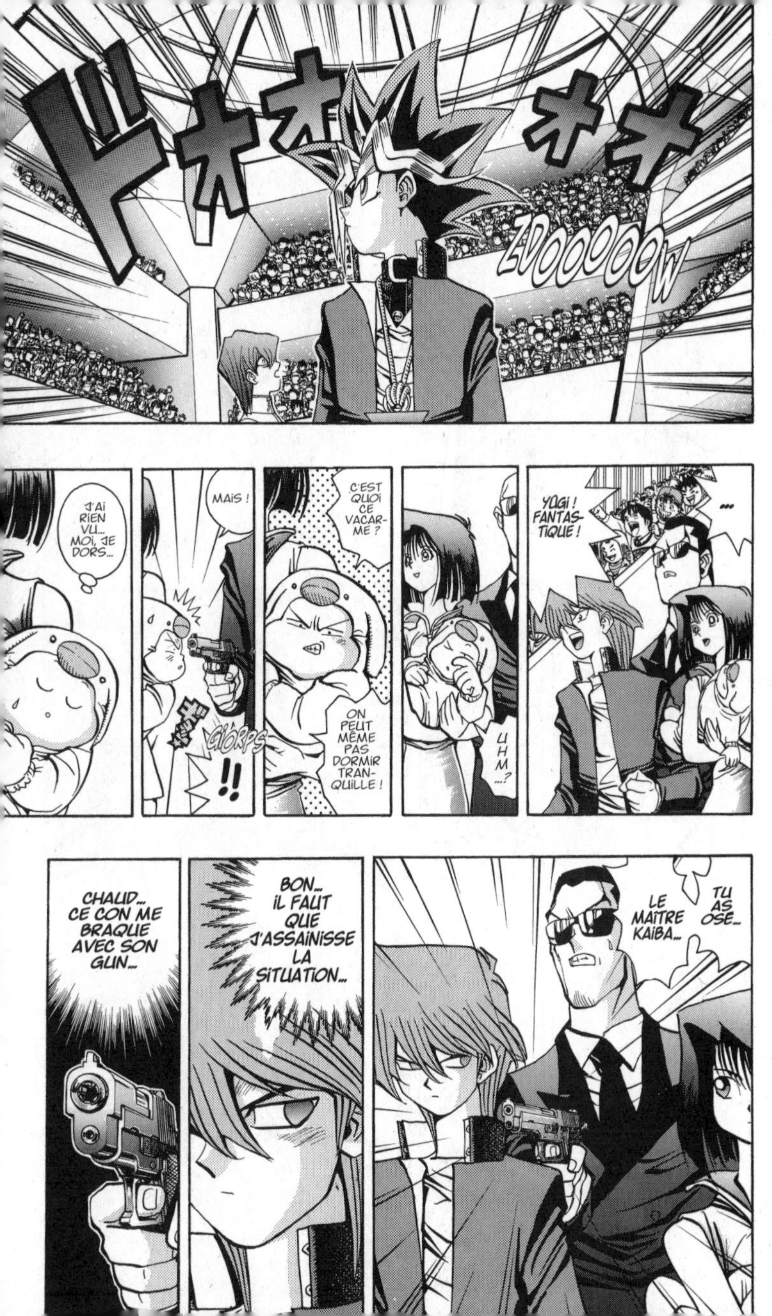
ドオオオオ
ZDOOOOOW
YUGI ! FANTASTIQUE !
...
UHM... ?
C'EST QUOI CE VACARME ?
ON PEUT MÊME PAS DORMIR TRANQUILLE !
MAIS !
GLORPS
!!
J'AI RIEN VU... MOI, JE DORS...
TU AS OSÉ...
LE MAÎTRE KAIBA...
BON... IL FAUT QUE J'ASSAINISSE LA SITUATION...
CHAUD... CE CON ME BRAQUE AVEC SON GUN...

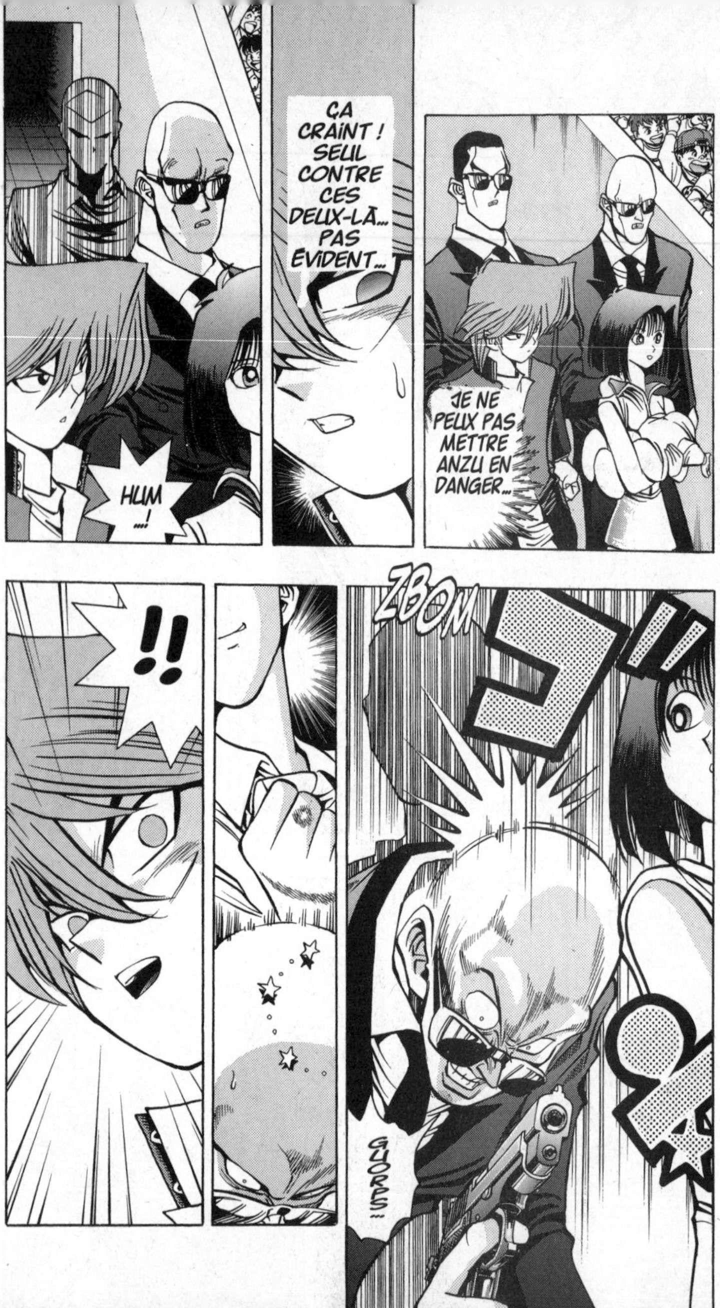
JE NE PEUX PAS METTRE ANZU EN DANGER...
ÇA CRAINT ! SEUL CONTRE CES DEUX-LÀ... PAS ÉVIDENT...
HUM ...!
ZBOM
GUORPS...
!!

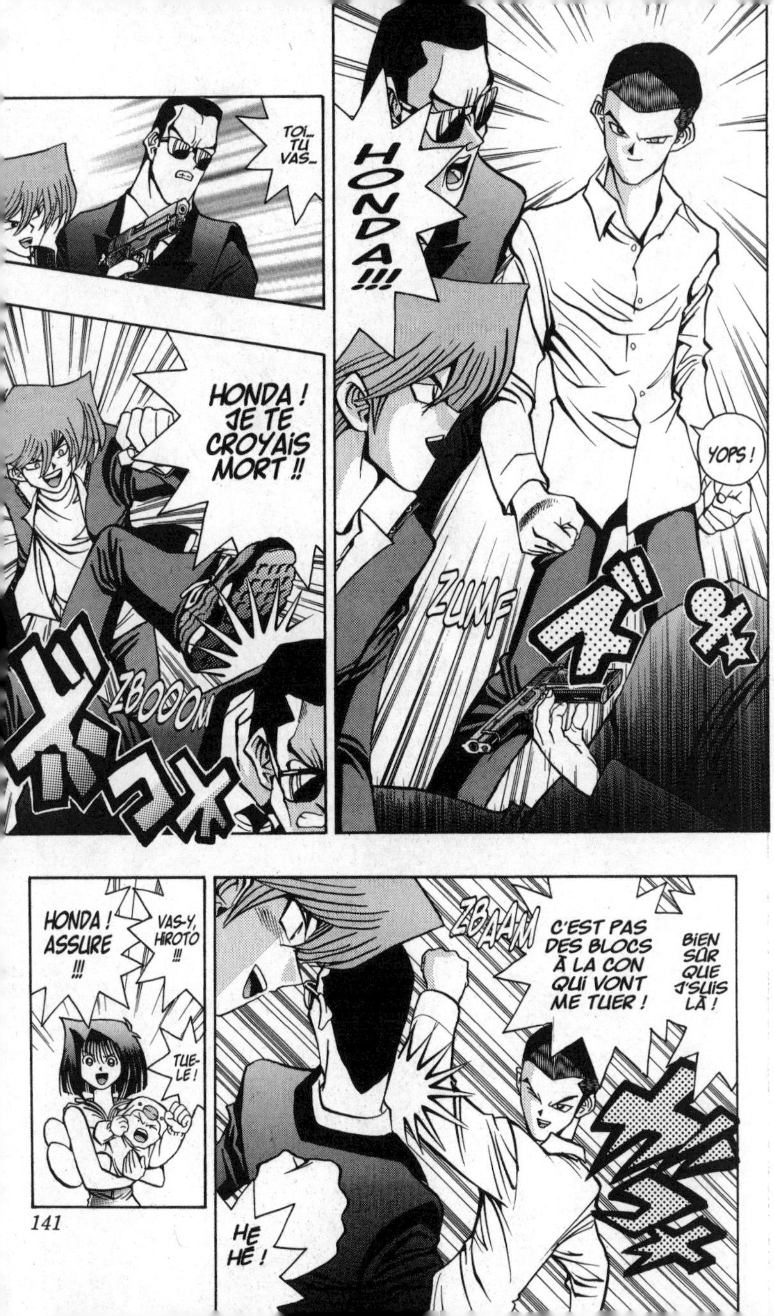
HONDA!!!
YOPS !
ZUMF
TOI... TU VAS...
HONDA ! JE TE CROYAIS MORT !!
ZBOOOM
BIEN SÛR QUE J'SUIS LÀ !
C'EST PAS DES BLOCS À LA CON QUI VONT ME TUER !
ZBAAM
HE HÉ !
VAS-Y, HIROTO !!!
HONDA ! ASSURE !!!
TUE-LE !

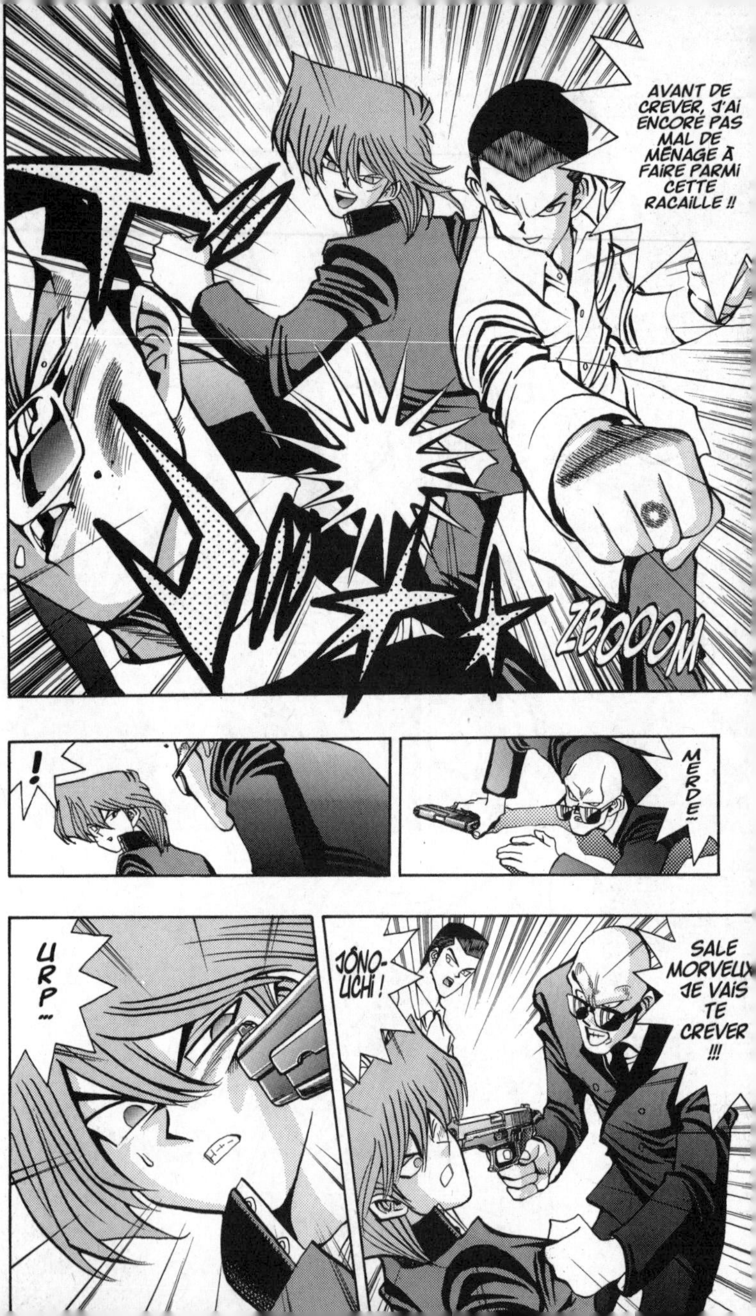
AVANT DE CREVER, J'AI ENCORE PAS MAL DE MÉNAGE À FAIRE PARMI CETTE RACAILLE !!
ZBOOOM
MERDE...
!
SALE MORVEUX JE VAIS TE CREVER !!!
JÔNO-UCHI !
URP...

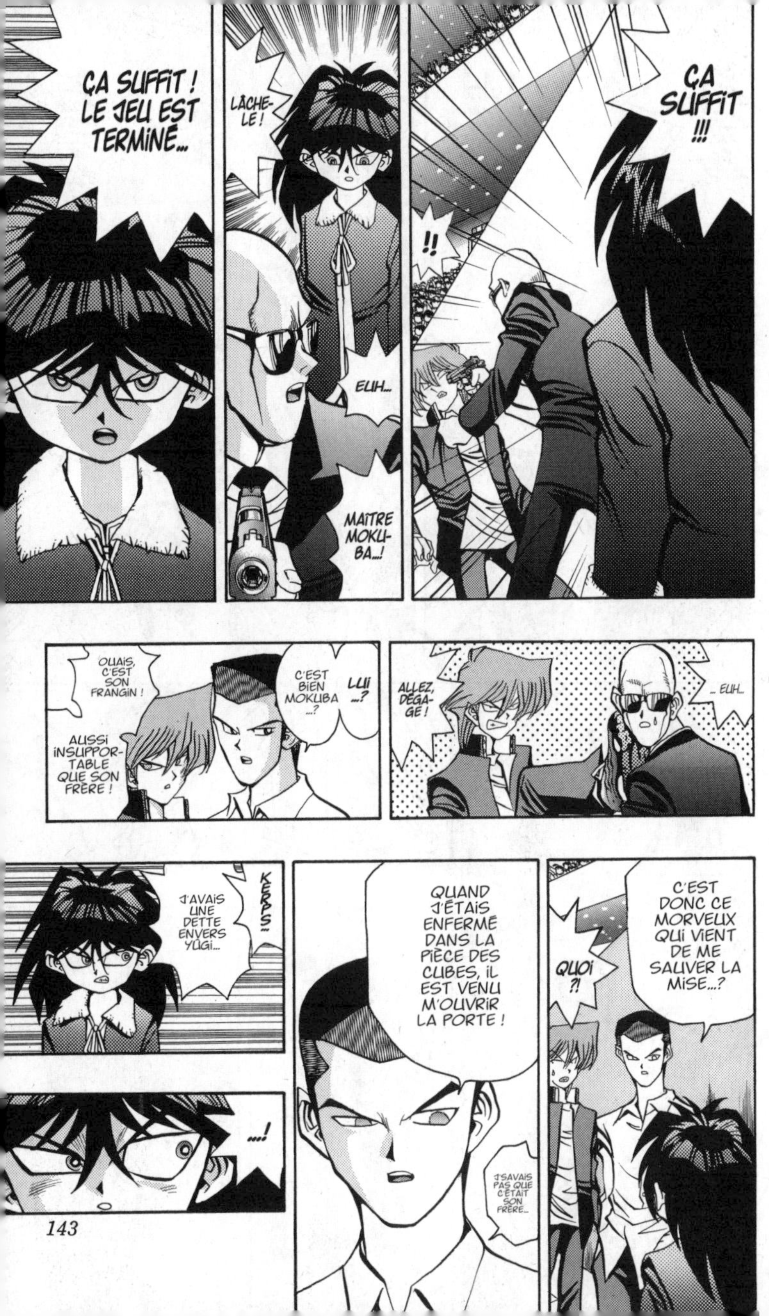
ÇA SUFFIT !!!
!!
LÂCHE-LE !
EUH...
MAÎTRE MOKUBA... !
ÇA SUFFIT ! LE JEU EST TERMINÉ...
ALLEZ, DÉGAGE !
... EUH...
C'EST BIEN MOKUBA ...?
LUI ...?
OUAIS, C'EST SON FRANGIN !
AUSSI INSUPPORTABLE QUE SON FRÈRE !
C'EST DONC CE MORVEUX QUI VIENT DE ME SAUVER LA MISE...?
QUOI ?!
J'SAVAIS PAS QUE C'ÉTAIT SON FRÈRE...
QUAND J'ÉTAIS ENFERMÉ DANS LA PIÈCE DES CUBES, IL EST VENU M'OUVRIR LA PORTE !
KERPS...
J'AVAIS UNE DETTE ENVERS YUGI...
...!

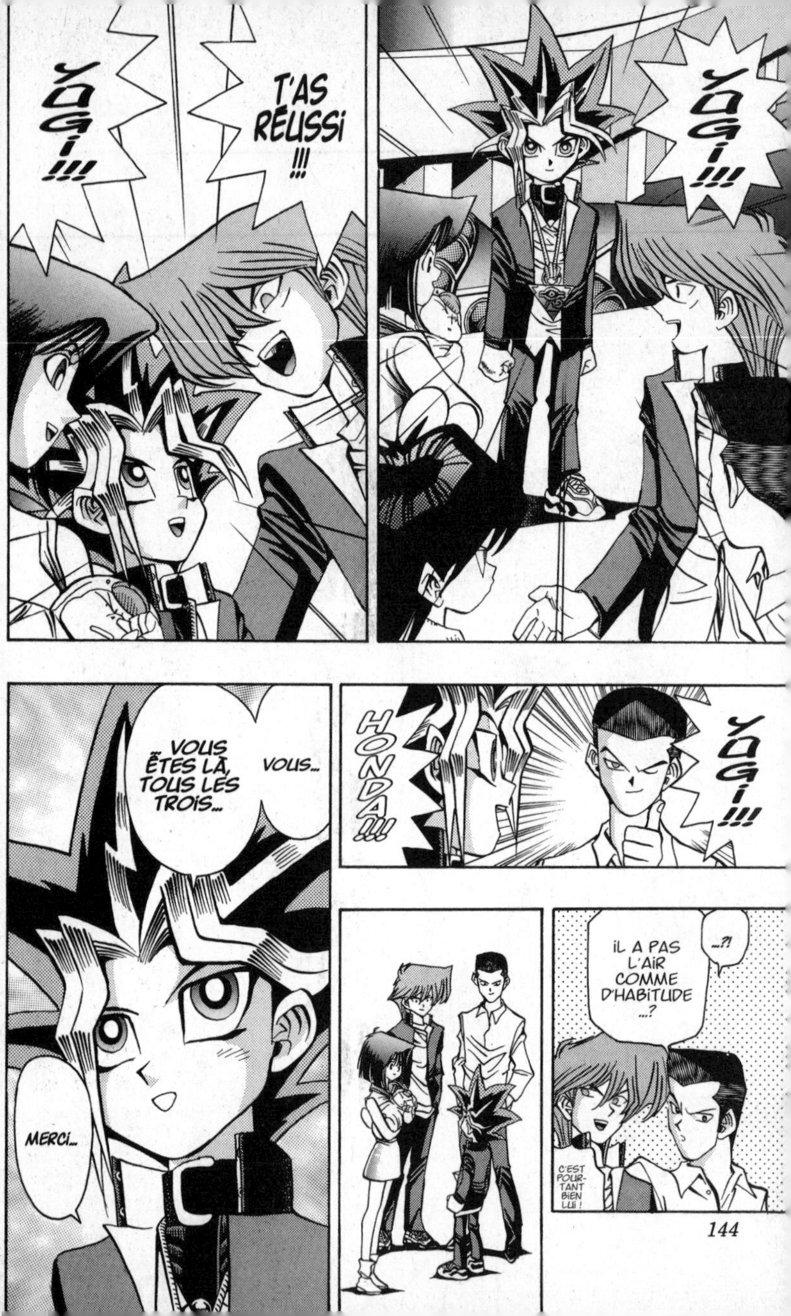
YUGI!!!
T'AS RÉUSSI !!!
YUGI!!!
YUGI!!!
HONDA!!!
VOUS...
... VOUS ÊTES LÀ, TOUS LES TROIS...
...?!
IL A PAS L'AIR COMME D'HABITUDE ...?
C'EST POURTANT BIEN LUI !
MERCI...

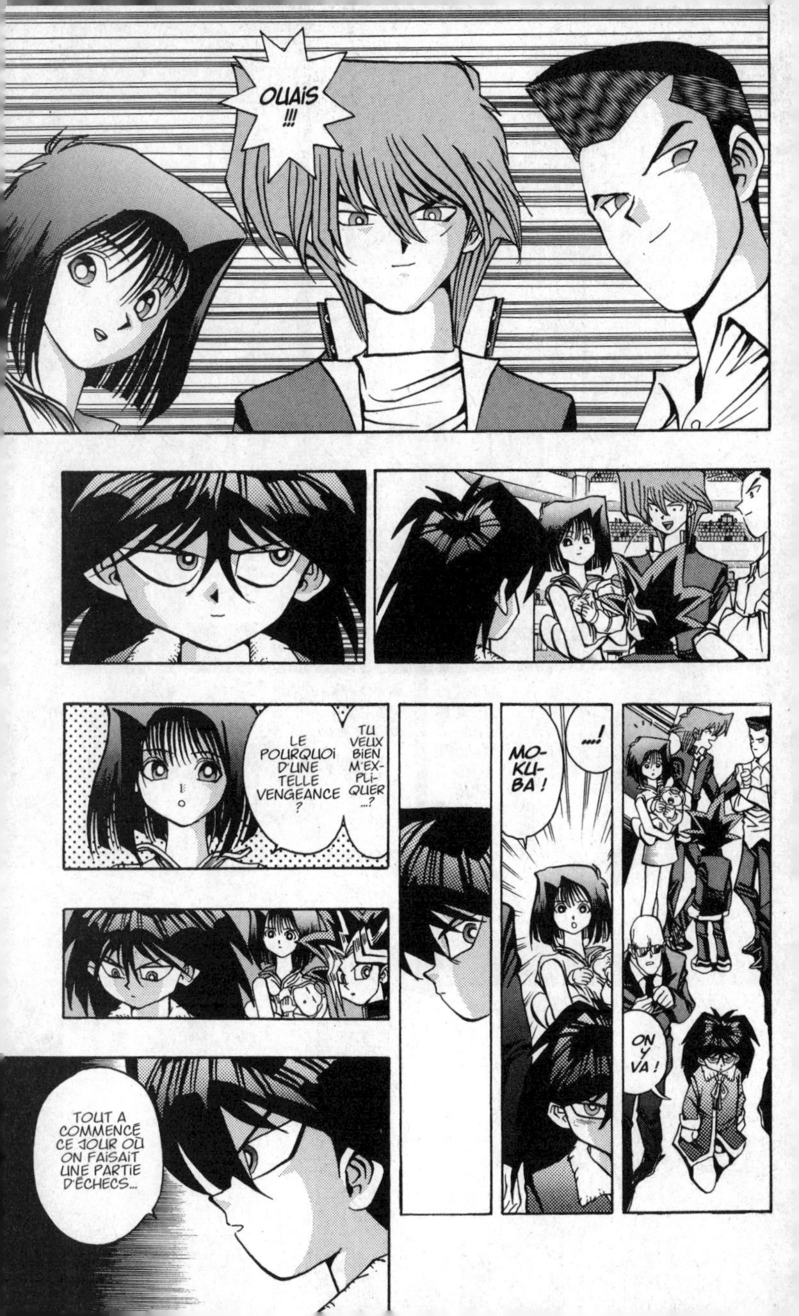
OUAiS !!!
ON Y VA !
...!
MO-KU-BA !
TU VEUX BIEN M'EX-PLI-QUER ...?
LE POURQUOI D'UNE TELLE VENGEANCE ?
TOUT A COMMENCÉ CE JOUR OÙ ON FAISAIT UNE PARTIE D'ÉCHECS...

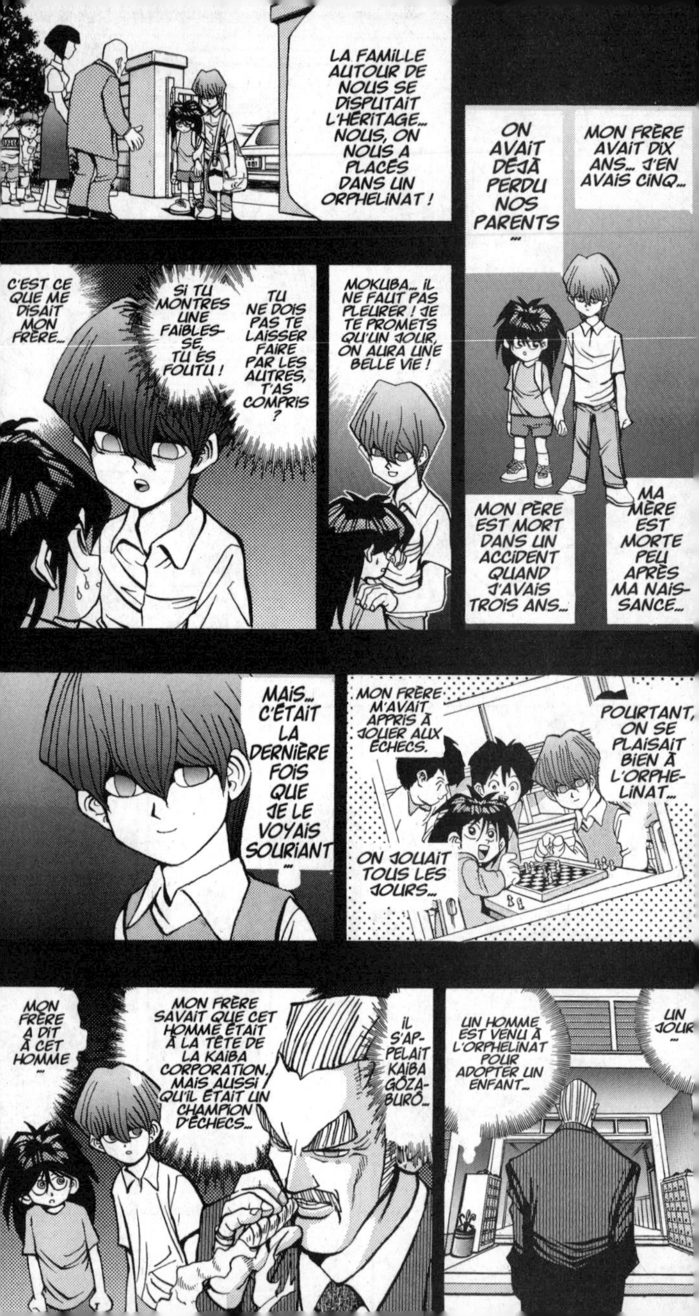
MON FRÈRE AVAIT DIX ANS... J'EN AVAIS CINQ...
ON AVAIT DÉJÀ PERDU NOS PARENTS...
MA MÈRE EST MORTE PEU APRÈS MA NAISSANCE...
MON PÈRE EST MORT DANS UN ACCIDENT QUAND J'AVAIS TROIS ANS...
LA FAMILLE AUTOUR DE NOUS SE DISPUTAIT L'HÉRITAGE... NOUS, ON NOUS A PLACÉS DANS UN ORPHELINAT !
MOKUBA... IL NE FAUT PAS PLEURER ! JE TE PROMETS QU'UN JOUR, ON AURA UNE BELLE VIE !
TU NE DOIS PAS TE LAISSER FAIRE PAR LES AUTRES, T'AS COMPRIS ?
SI TU MONTRES UNE FAIBLES-SE, TU ES FOUTU !
C'EST CE QUE ME DISAIT MON FRÈRE...
POURTANT, ON SE PLAISAIT BIEN À L'ORPHE-LINAT...
MON FRÈRE M'AVAIT APPRIS À JOUER AUX ÉCHECS.
ON JOUAIT TOUS LES JOURS...
MAIS... C'ÉTAIT LA DERNIÈRE FOIS QUE JE LE VOYAIS SOURIANT...
UN JOUR...
UN HOMME EST VENU À L'ORPHELINAT POUR ADOPTER UN ENFANT...
IL S'AP-PELAIT KAIBA GÔZA-BURÔ...
MON FRÈRE SAVAIT QUE CET HOMME ÉTAIT À LA TÊTE DE LA KAIBA CORPORATION, MAIS AUSSI QU'IL ÉTAIT UN CHAMPION D'ÉCHECS...
MON FRÈRE A DIT À CET HOMME...

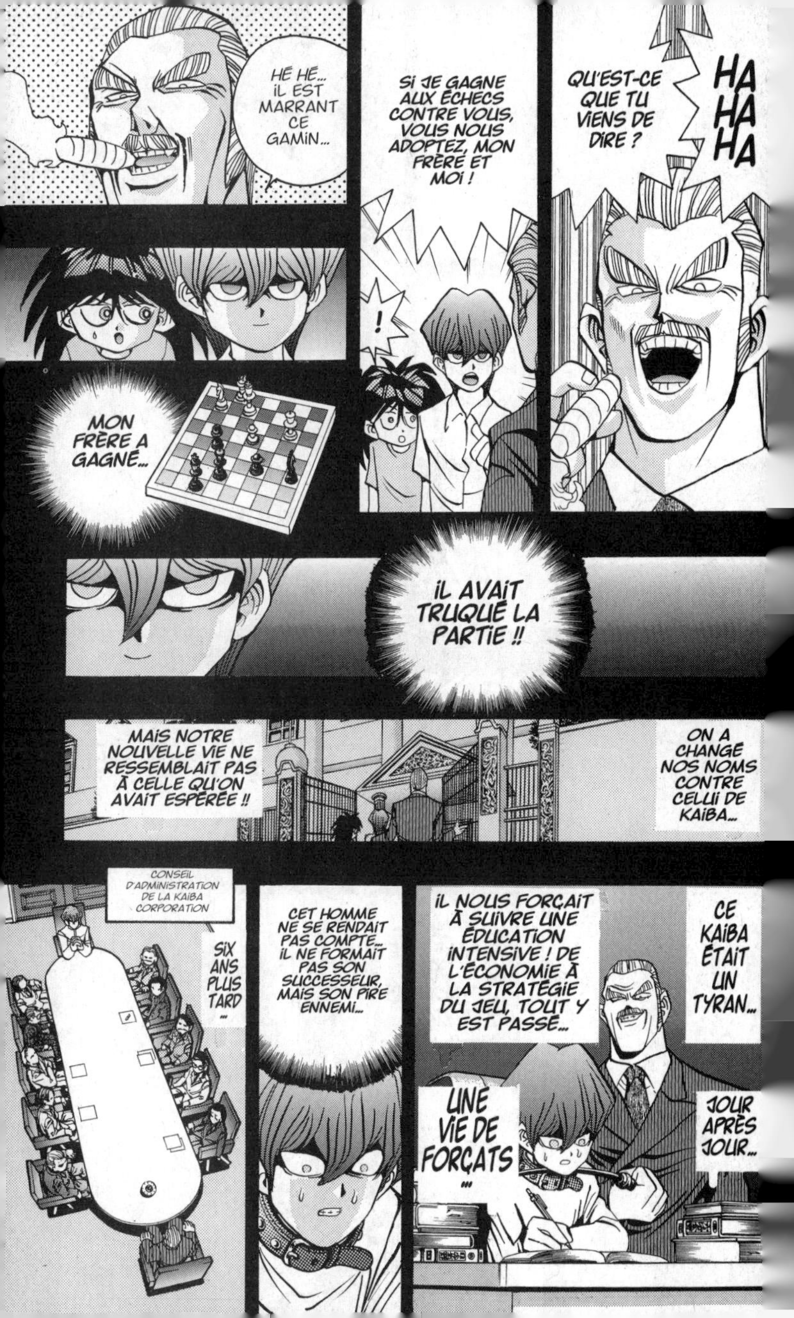
HE HE... IL EST MARRANT CE GAMIN...
SI JE GAGNE AUX ÉCHECS CONTRE VOUS, VOUS NOUS ADOPTEZ, MON FRÈRE ET MOI !
!
QU'EST-CE QUE TU VIENS DE DIRE ?
HA HA HA
MON FRÈRE A GAGNÉ...
IL AVAIT TRUQUÉ LA PARTIE !!
MAIS NOTRE NOUVELLE VIE NE RESSEMBLAIT PAS À CELLE QU'ON AVAIT ESPÉRÉE !!
ON A CHANGÉ NOS NOMS CONTRE CELUI DE KAIBA...
CONSEIL D'ADMINISTRATION DE LA KAIBA CORPORATION
SIX ANS PLUS TARD ...
CET HOMME NE SE RENDAIT PAS COMPTE... IL NE FORMAIT PAS SON SUCCESSEUR, MAIS SON PIRE ENNEMI...
IL NOUS FORÇAIT À SUIVRE UNE ÉDUCATION INTENSIVE ! DE L'ÉCONOMIE À LA STRATÉGIE DU JEU, TOUT Y EST PASSÉ...
CE KAIBA ÉTAIT UN TYRAN...
UNE VIE DE FORÇATS ...
JOUR APRÈS JOUR...

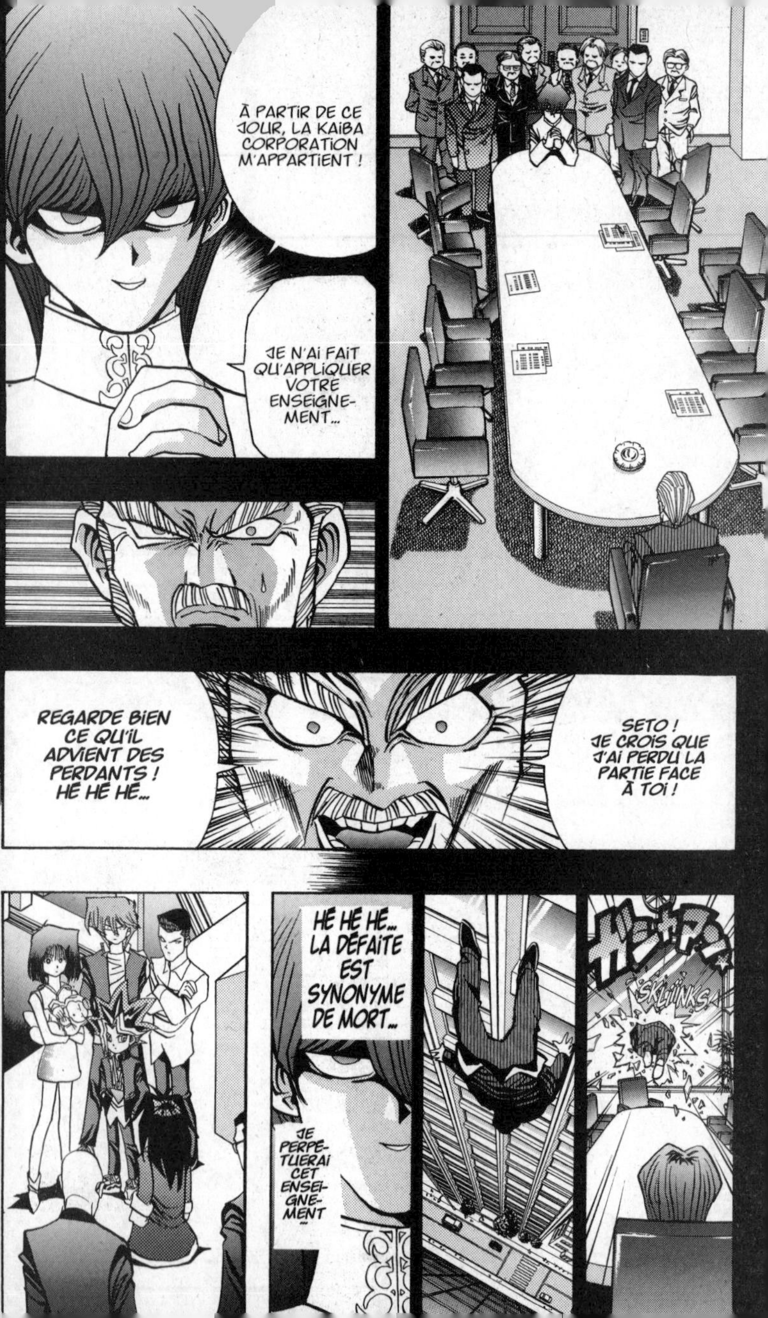
À PARTIR DE CE JOUR, LA KAIBA CORPORATION M'APPARTIENT !
JE N'AI FAIT QU'APPLIQUER VOTRE ENSEIGNEMENT...
SETO ! JE CROIS QUE J'AI PERDU LA PARTIE FACE À TOI !
REGARDE BIEN CE QU'IL ADVIENT DES PERDANTS ! HÉ HÉ HÉ...
SKLIINKS
HÉ HÉ HÉ... LA DÉFAITE EST SYNONYME DE MORT...
JE PERPÉTUERAI CET ENSEIGNEMENT...

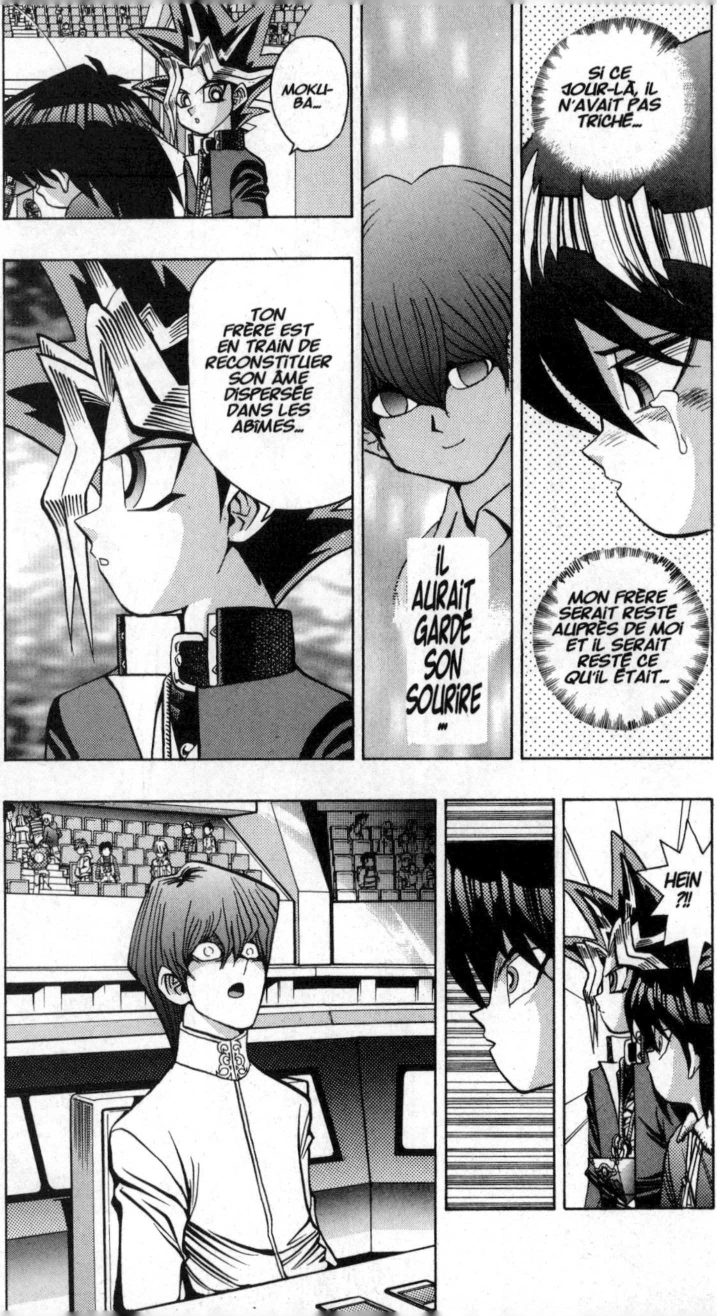

SI CE JOUR-LÀ, IL N'AVAIT PAS TRICHÉ...
MON FRÈRE SERAIT RESTÉ AUPRÈS DE MOI ET IL SERAIT RESTÉ CE QU'IL ÉTAIT...
IL AURAIT GARDÉ SON SOURIRE...
MOKU-BA...
TON FRÈRE EST EN TRAIN DE RECONSTITUER SON ÂME DISPERSÉE DANS LES ABÎMES...
HEIN ?!!

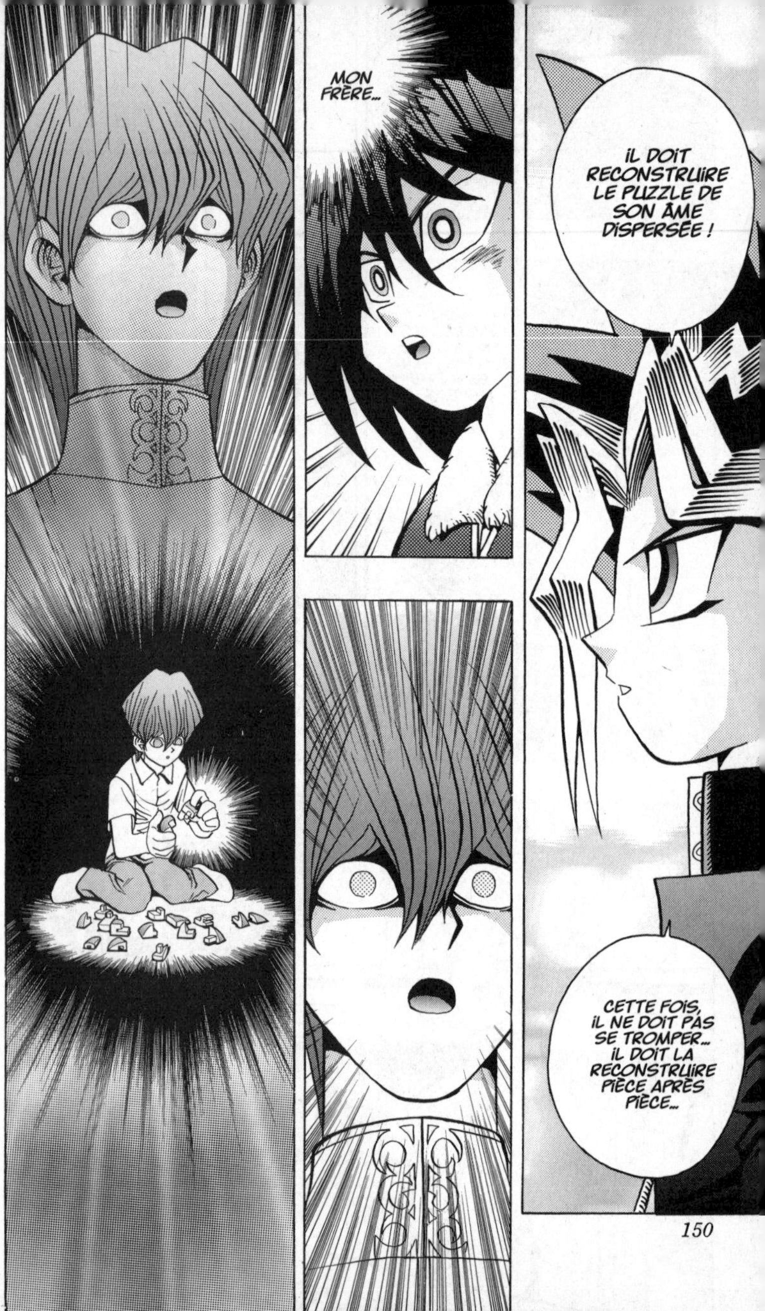
IL DOIT RECONSTRUIRE LE PUZZLE DE SON ÂME DISPERSÉE !
CETTE FOIS, IL NE DOIT PAS SE TROMPER... IL DOIT LA RECONSTRUIRE PIÈCE APRÈS PIÈCE...
MON FRÈRE...

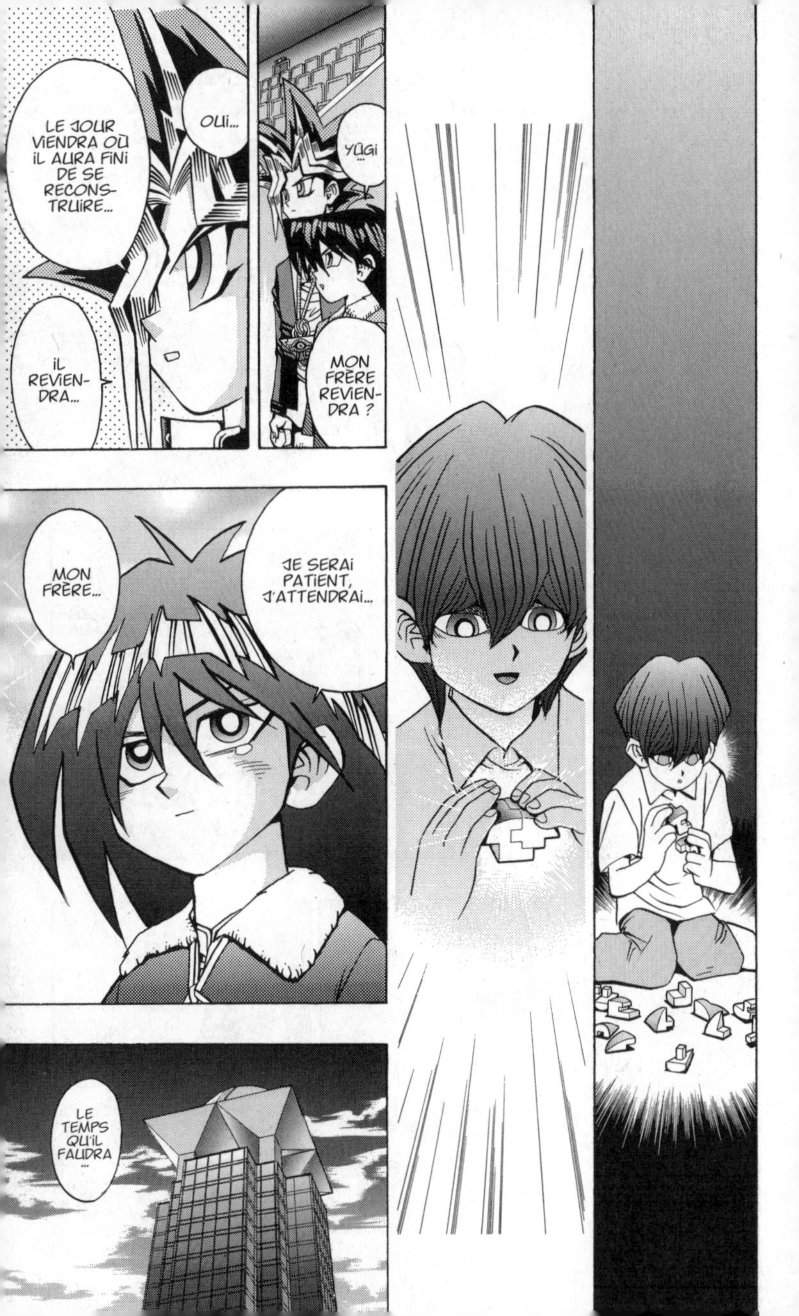
YÛGI...
MON FRÈRE REVIENDRA ?
OUI...
LE JOUR VIENDRA OÙ IL AURA FINI DE SE RECONSTRUIRE...
IL REVIENDRA...
JE SERAI PATIENT, J'ATTENDRAI...
MON FRÈRE...
LE TEMPS QU'IL FAUDRA...

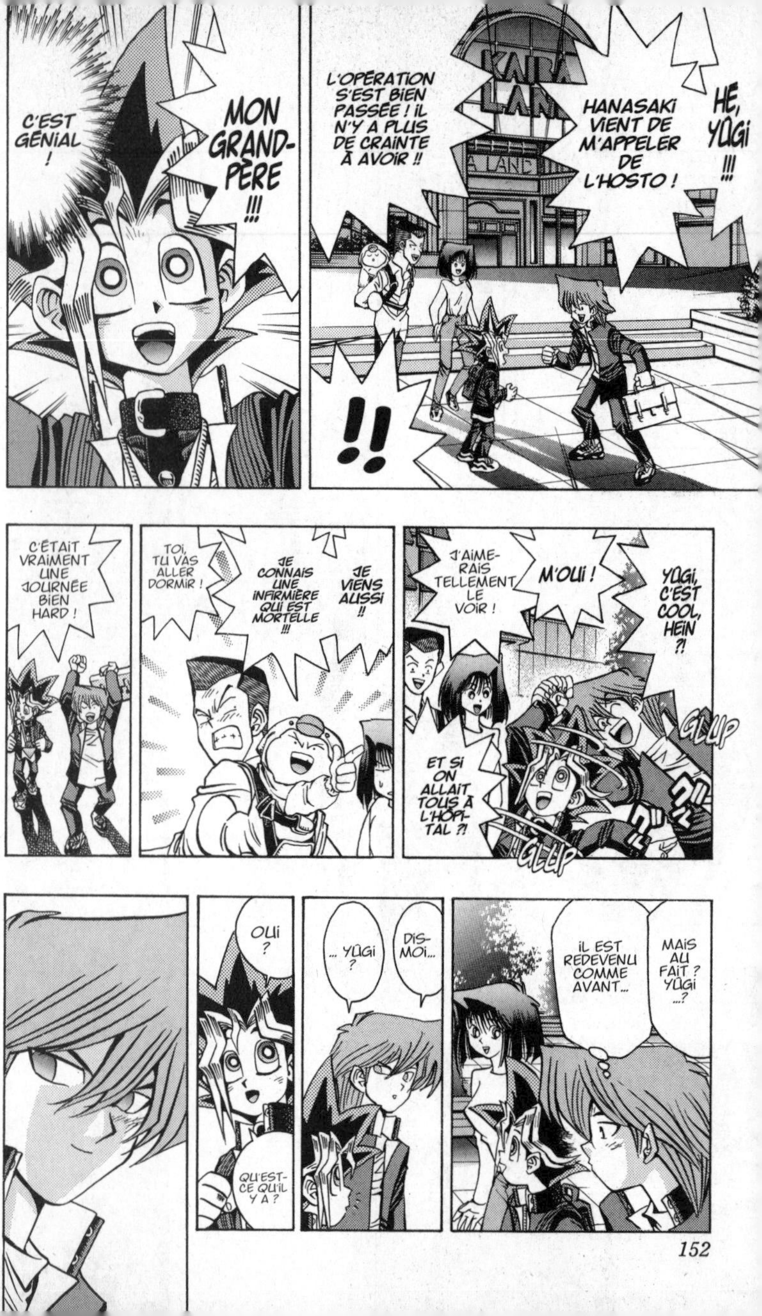
HÉ, YÛGI !!!
HANASAKI VIENT DE M'APPELER DE L'HOSTO !
L'OPÉRATION S'EST BIEN PASSÉE ! IL N'Y A PLUS DE CRAINTE À AVOIR !!
!!
MON GRAND-PÈRE !!!
C'EST GÉNIAL !
YÛGI, C'EST COOL, HEIN ?!
M'OUI !
J'AIME-RAIS TELLEMENT LE VOIR !
ET SI ON ALLAIT TOUS À L'HÔPITAL ?!
GLUP
GLUP
JE VIENS AUSSI !!
JE CONNAIS UNE INFIRMIÈRE QUI EST MORTELLE !!!
TOI, TU VAS ALLER DORMIR !
C'ÉTAIT VRAIMENT UNE JOURNÉE BIEN HARD !
MAIS AU FAIT ? YÛGI ...?
IL EST REDEVENU COMME AVANT...
DIS-MOI...
... YÛGI ?
OUI ?
QU'EST-CE QU'IL Y A ?

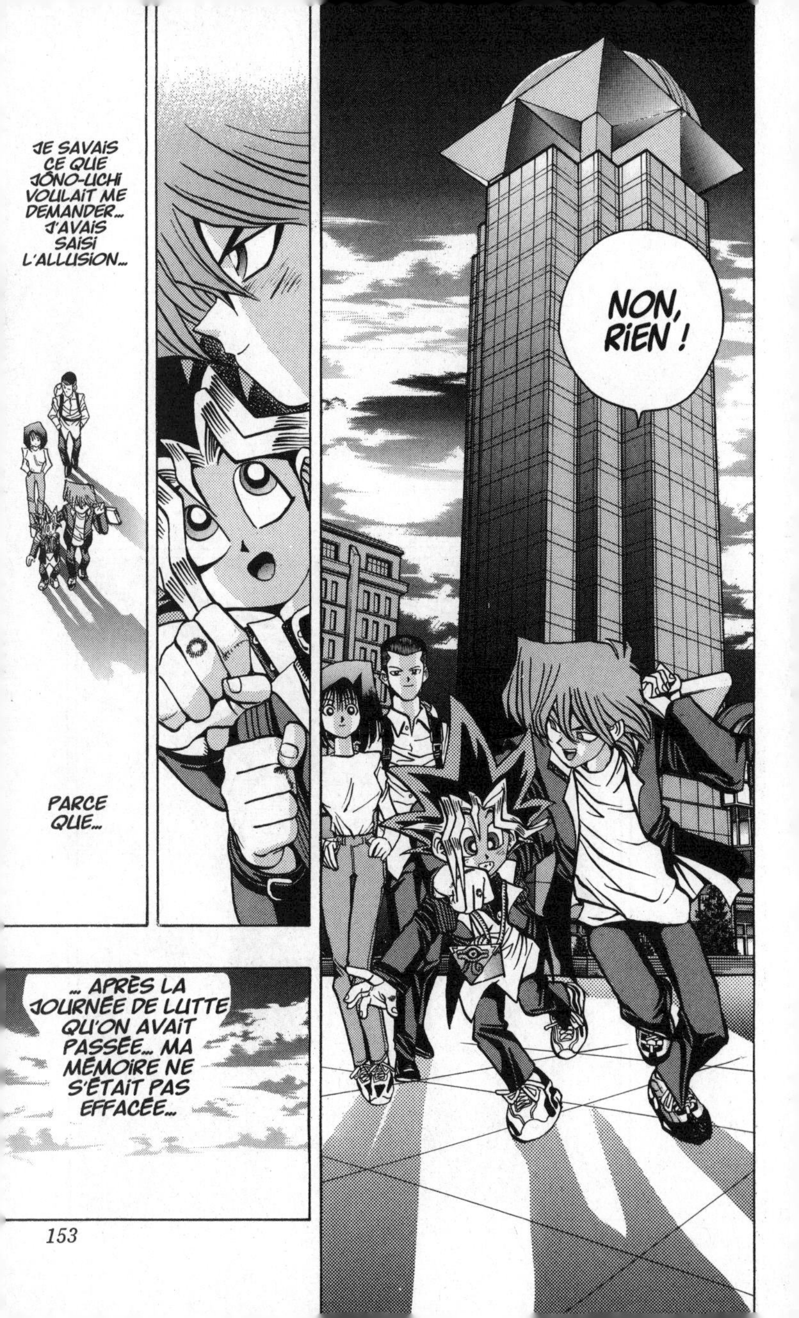
NON, RIEN !
JE SAVAIS CE QUE JÔNO-UCHI VOULAIT ME DEMANDER... J'AVAIS SAISI L'ALLUSION...
PARCE QUE...
... APRÈS LA JOURNÉE DE LUTTE QU'ON AVAIT PASSÉE... MA MÉMOIRE NE S'ÉTAIT PAS EFFACÉE...

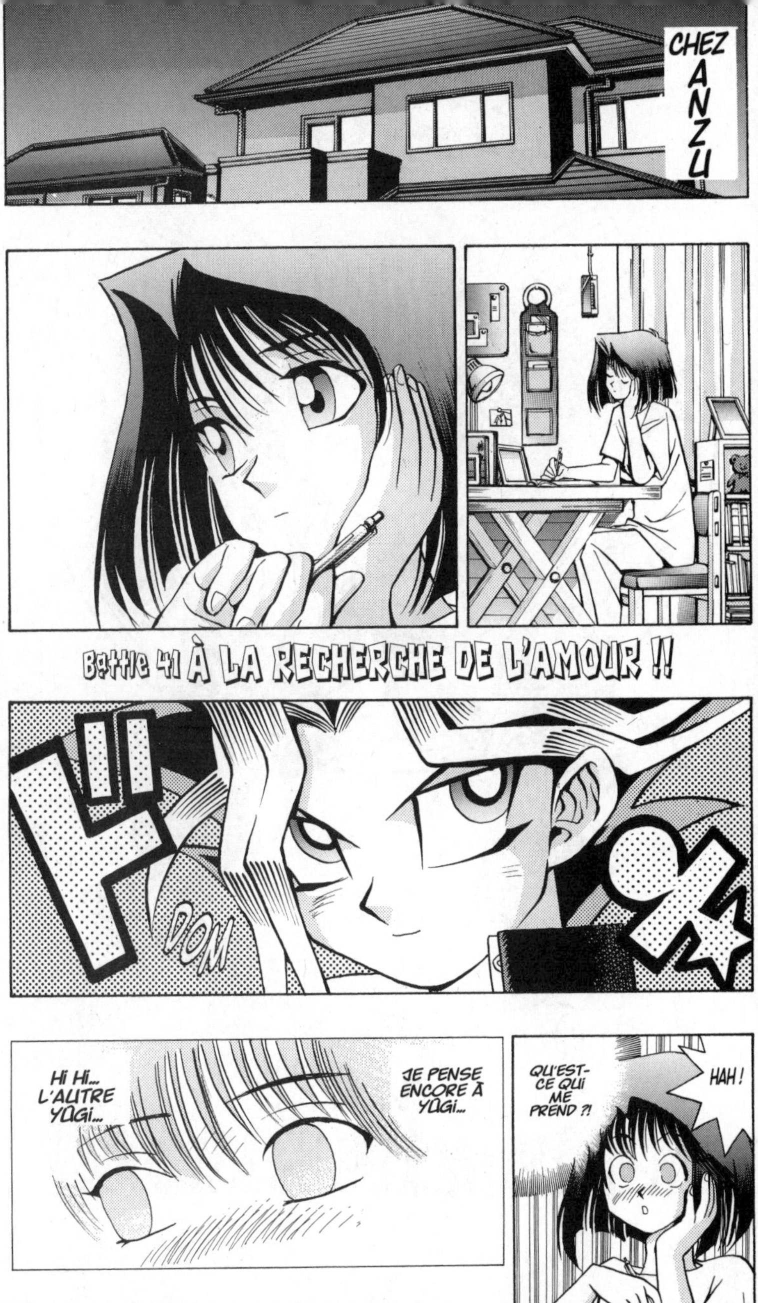
CHEZ ANZU
Battle 41 À LA RECHERCHE DE L'AMOUR !!
DOM
HI HI... L'AUTRE YÛGI...
JE PENSE ENCORE À YÛGI...
HAH !
QU'EST-CE QUI ME PREND ?!

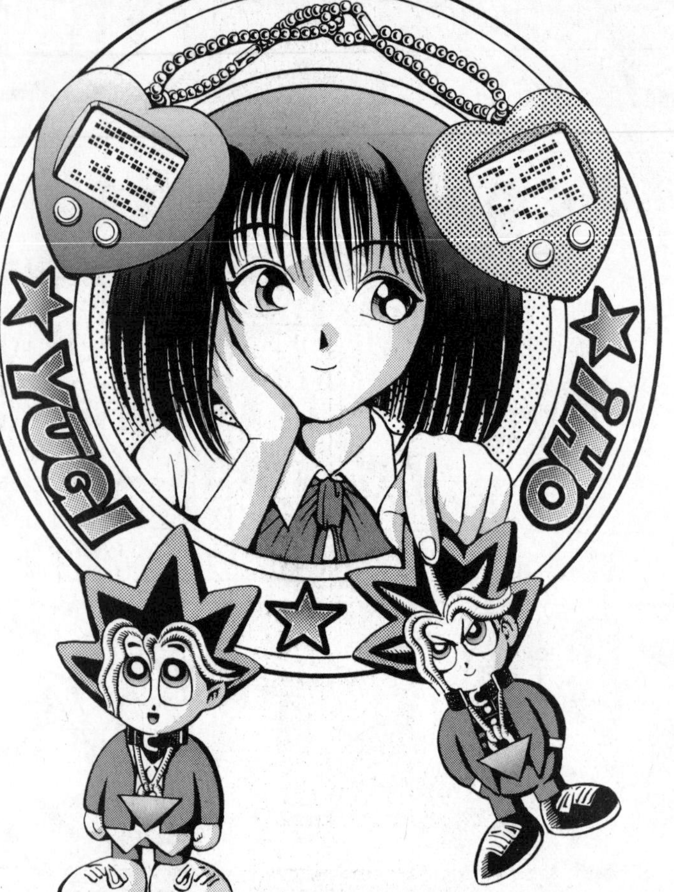
YUGI OH!

Battle 41

À LA RECHERCHE DE L'AMOUR !!

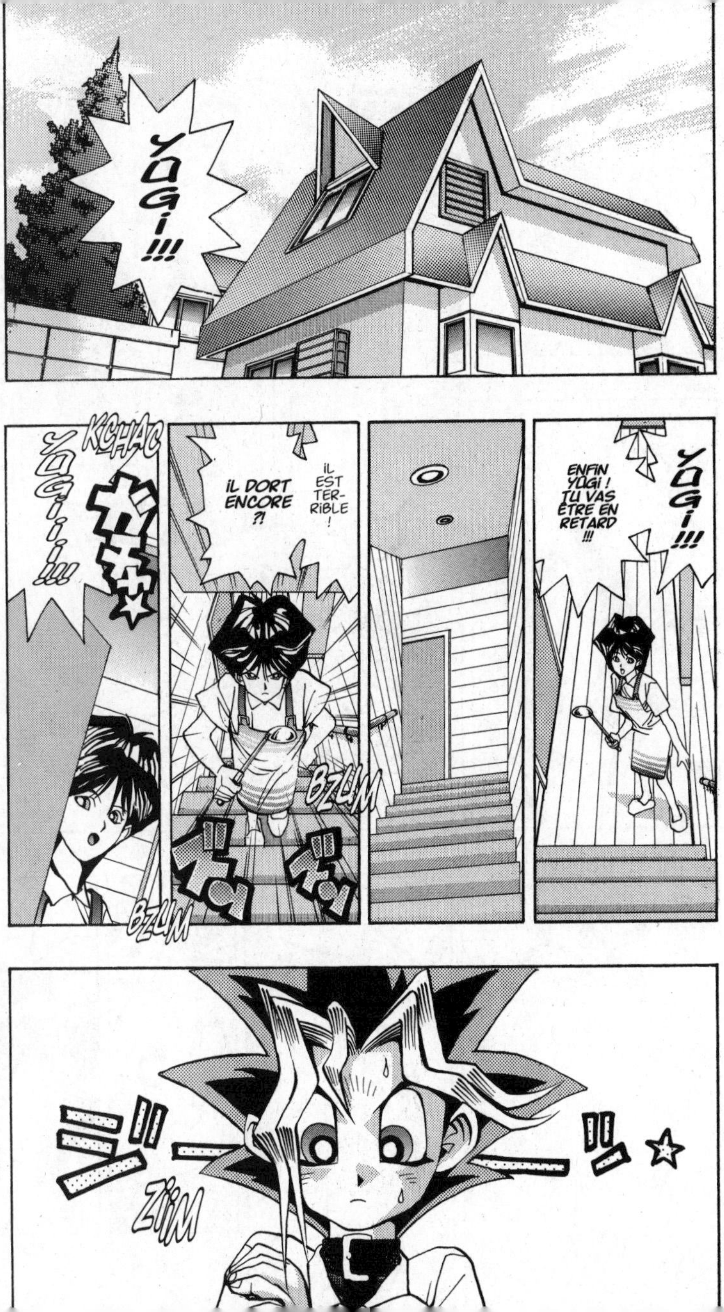
YŪGi !!!
YŪGi !!!
ENFIN YŪGi ! TU VAS ÊTRE EN RETARD !!!
iL DORT ENCORE ?!
iL EST TER-RiBLE !
BZUM
KCHAC
YŪGi-i-i-i !!!
BZUM
ZiiM

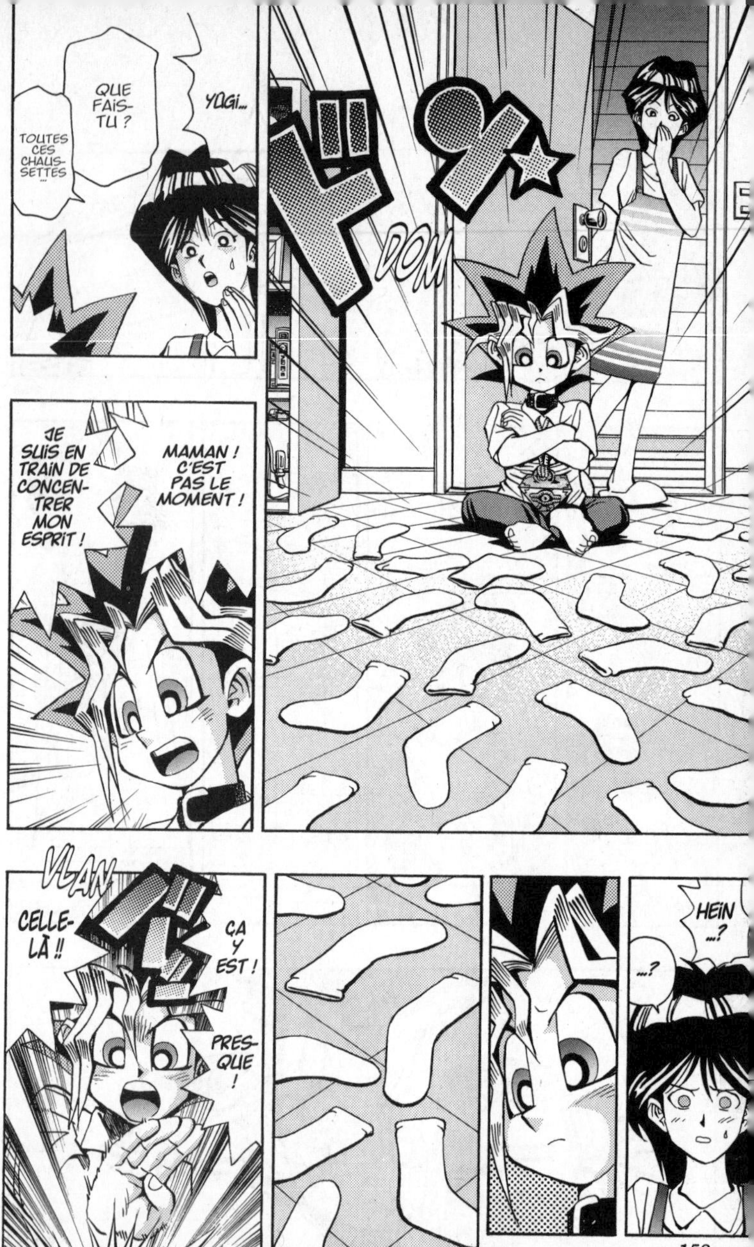
DOM
YUGI...
QUE FAIS-TU ?
TOUTES CES CHAUSSETTES ...
MAMAN ! C'EST PAS LE MOMENT !
JE SUIS EN TRAIN DE CONCENTRER MON ESPRIT !
HEIN ...?
...?
VLAN
ÇA Y EST !
PRESQUE !
CELLE-LÀ !!

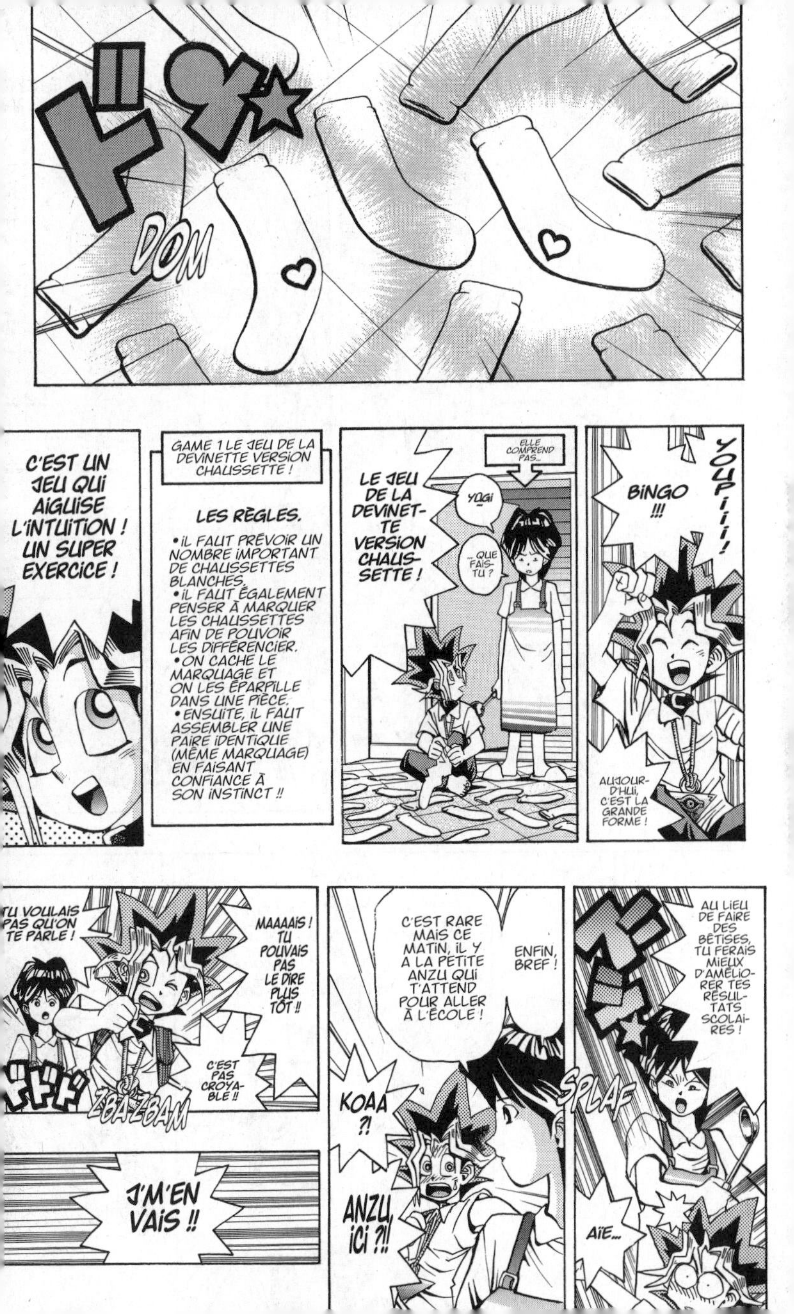
DOM
YOUPIIII !
BINGO !!!
AUJOURD'HUI, C'EST LA GRANDE FORME !
LE JEU DE LA DEVINETTE VERSION CHAUSSETTE !
YUGI
... QUE FAIS-TU ?
ELLE COMPREND PAS...
GAME 1 LE JEU DE LA DEVINETTE VERSION CHAUSSETTE !
LES RÈGLES.
• IL FAUT PRÉVOIR UN NOMBRE IMPORTANT DE CHAUSSETTES BLANCHES.
• IL FAUT ÉGALEMENT PENSER À MARQUER LES CHAUSSETTES AFIN DE POUVOIR LES DIFFÉRENCIER.
• ON CACHE LE MARQUAGE ET ON LES ÉPARPILLE DANS UNE PIÈCE.
• ENSUITE, IL FAUT ASSEMBLER UNE PAIRE IDENTIQUE (MÊME MARQUAGE) EN FAISANT CONFIANCE À SON INSTINCT !!
C'EST UN JEU QUI AIGUISE L'INTUITION ! UN SUPER EXERCICE !
AU LIEU DE FAIRE DES BÊTISES, TU FERAIS MIEUX D'AMÉLIORER TES RÉSULTATS SCOLAIRES !
SPLAF
AÏE...
ENFIN, BREF !
C'EST RARE MAIS CE MATIN, IL Y A LA PETITE ANZU QUI T'ATTEND POUR ALLER À L'ÉCOLE !
KOAA ?!
ANZU, ICI ?!!
MAAAAIS ! TU POUVAIS PAS LE DIRE PLUS TÔT !!
TU VOULAIS PAS QU'ON TE PARLE !
C'EST PAS CROYABLE !!
ZBA ZBAM
J'M'EN VAIS !!

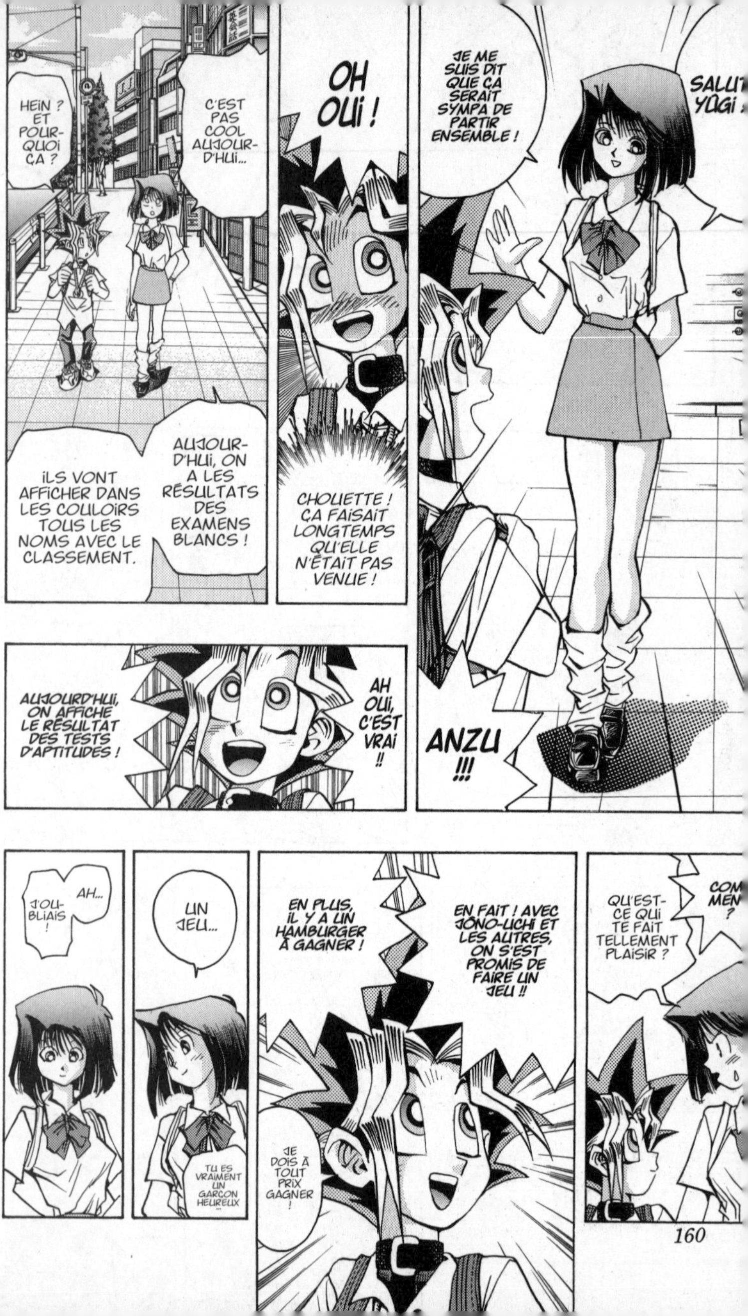
SALUT YUGI !
JE ME SUIS DIT QUE ÇA SERAIT SYMPA DE PARTIR ENSEMBLE !
ANZU !!!
OH OUI !
CHOUETTE ! ÇA FAISAIT LONGTEMPS QU'ELLE N'ÉTAIT PAS VENUE !
C'EST PAS COOL AUJOURD'HUI...
HEIN ? ET POURQUOI ÇA ?
AUJOURD'HUI, ON A LES RÉSULTATS DES EXAMENS BLANCS !
ILS VONT AFFICHER DANS LES COULOIRS TOUS LES NOMS AVEC LE CLASSEMENT.
AH OUI, C'EST VRAI !!
AUJOURD'HUI, ON AFFICHE LE RÉSULTAT DES TESTS D'APTITUDES !
COMMEN ?
QU'EST-CE QUI TE FAIT TELLEMENT PLAISIR ?
EN FAIT ! AVEC JÔNO-UCHI ET LES AUTRES, ON S'EST PROMIS DE FAIRE UN JEU !!
EN PLUS, IL Y A UN HAMBURGER À GAGNER !
JE DOIS À TOUT PRIX GAGNER !
UN JEU...
TU ES VRAIMENT UN GARÇON HEUREUX ...
AH... J'OUBLIAIS !

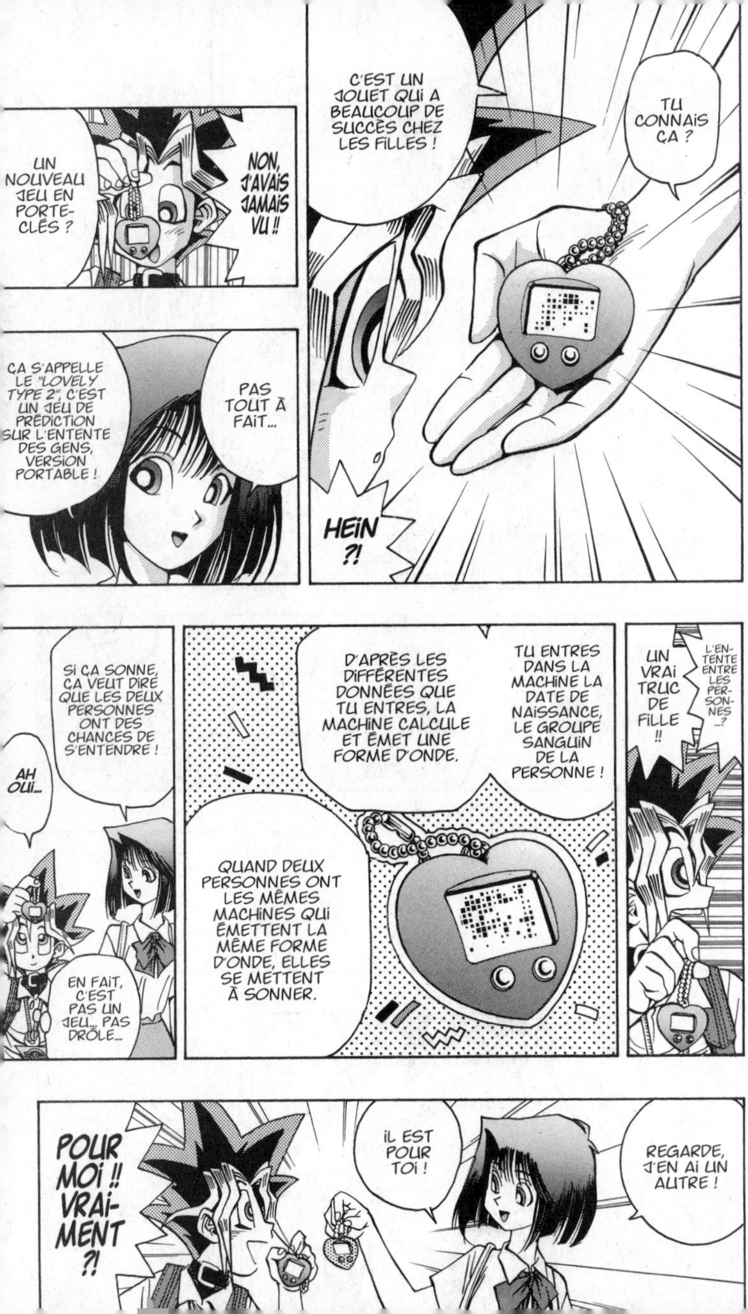
TU CONNAIS ÇA ?
C'EST UN JOUET QUI A BEAUCOUP DE SUCCÈS CHEZ LES FILLES !
HEIN ?!
NON, J'AVAIS JAMAIS VU !!
UN NOUVEAU JEU EN PORTE-CLÉS ?
PAS TOUT À FAIT...
ÇA S'APPELLE LE "LOVELY TYPE 2", C'EST UN JEU DE PRÉDICTION SUR L'ENTENTE DES GENS, VERSION PORTABLE !
L'ENTENTE ENTRE LES PERSONNES...?
UN VRAI TRUC DE FILLE !!
TU ENTRES DANS LA MACHINE LA DATE DE NAISSANCE, LE GROUPE SANGUIN DE LA PERSONNE !
D'APRÈS LES DIFFÉRENTES DONNÉES QUE TU ENTRES, LA MACHINE CALCULE ET ÉMET UNE FORME D'ONDE.
QUAND DEUX PERSONNES ONT LES MÊMES MACHINES QUI ÉMETTENT LA MÊME FORME D'ONDE, ELLES SE METTENT À SONNER.
SI ÇA SONNE, ÇA VEUT DIRE QUE LES DEUX PERSONNES ONT DES CHANCES DE S'ENTENDRE !
AH OUI...
EN FAIT, C'EST PAS UN JEU... PAS DRÔLE...
REGARDE, J'EN AI UN AUTRE !
IL EST POUR TOI !
POUR MOI !! VRAIMENT ?!

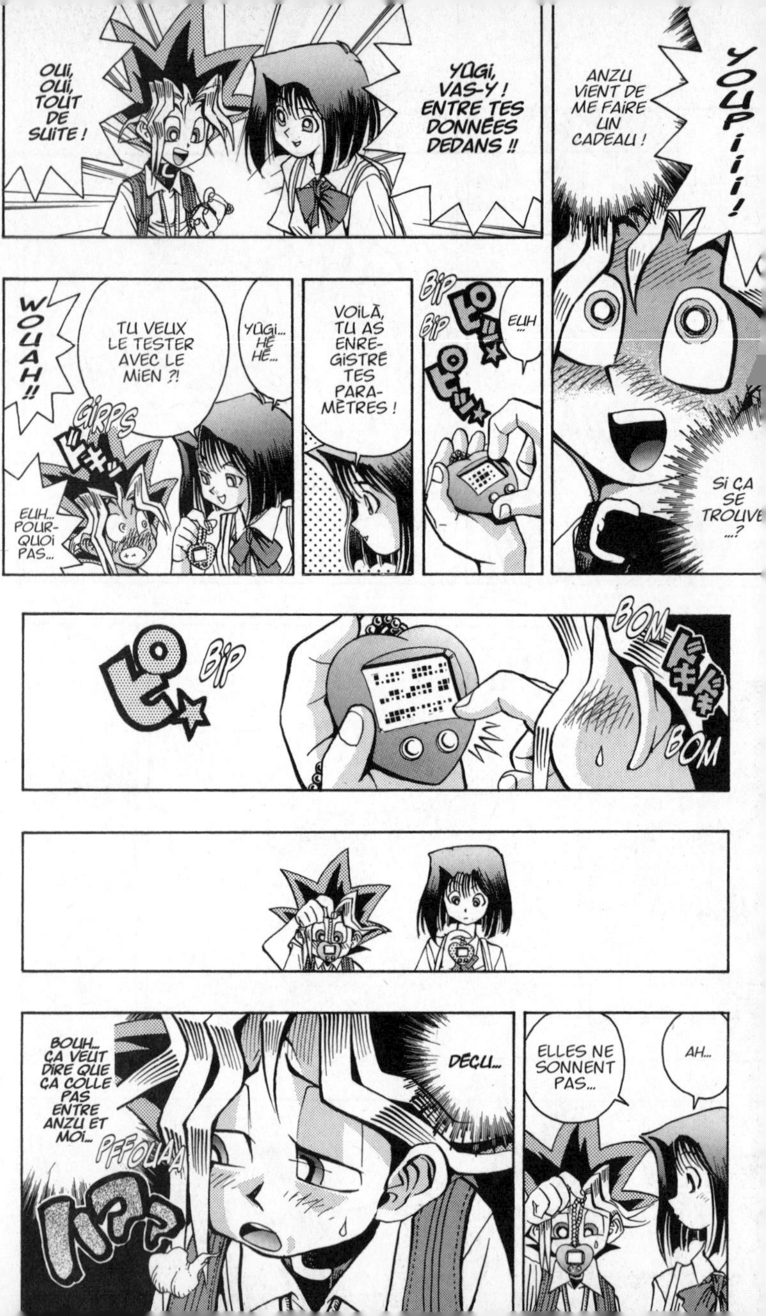

YOUPiiii !
ANZU VIENT DE ME FAIRE UN CADEAU !
YÛGI, VAS-Y ! ENTRE TES DONNÉES DEDANS !!
OUI, OUI, TOUT DE SUITE !
SI ÇA SE TROUVE ...?
BIP
BIP
EUH ...
VOILÀ, TU AS ENREGISTRÉ TES PARAMÈTRES !
YÛGI... HÉ HÉ...
TU VEUX LE TESTER AVEC LE MIEN ?!
WOUAH !!
GIRPS
EUH... POURQUOI PAS...
BOM
BOM
BIP
AH...
ELLES NE SONNENT PAS...
DÉÇU...
BOUH... ÇA VEUT DIRE QUE ÇA COLLE PAS ENTRE ANZU ET MOI...
PFFOUAA

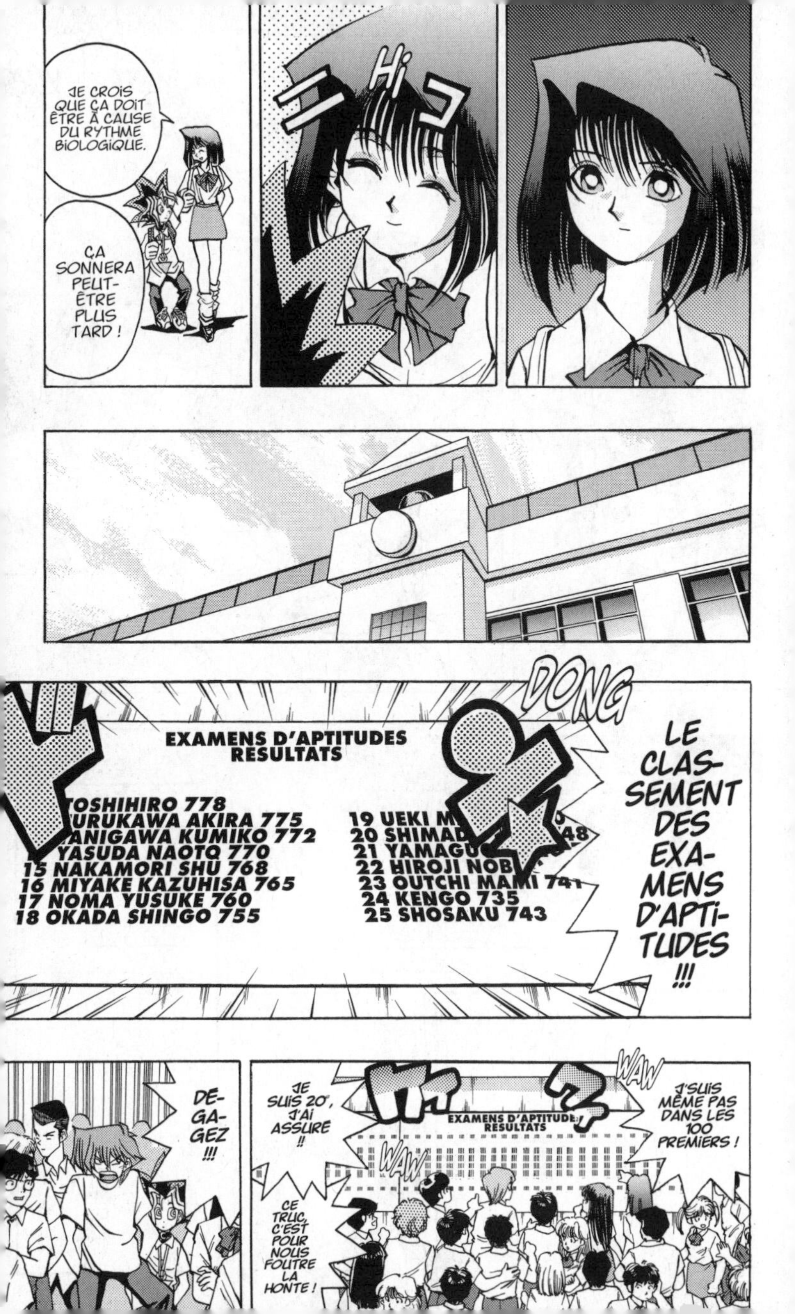
Hi
JE CROIS QUE ÇA DOIT ÊTRE À CAUSE DU RYTHME BIOLOGIQUE.
ÇA SONNERA PEUT-ÊTRE PLUS TARD !
DONG
LE CLASSEMENT DES EXAMENS D'APTITUDES !!!
EXAMENS D'APTITUDES
RESULTATS
TOSHIHIRO 778
URUKAWA AKIRA 775
ANIGAWA KUMIKO 772
YASUDA NAOTO 770
15 NAKAMORI SHU 768
16 MIYAKE KAZUHISA 765
17 NOMA YUSUKE 760
18 OKADA SHINGO 755
19 UEKI M
20 SHIMAD 48
21 YAMAGU
22 HIROJI NOB
23 OUTCHI MAMI 741
24 KENGO 735
25 SHOSAKU 743
WAW
J'SUIS MÊME PAS DANS LES 100 PREMIERS !
JE SUIS 20e, J'AI ASSURÉ !!
EXAMENS D'APTITUDE
RESULTATS
WAW
CE TRUC, C'EST POUR NOUS FOUTRE LA HONTE !
DE-GA-GEZ !!!

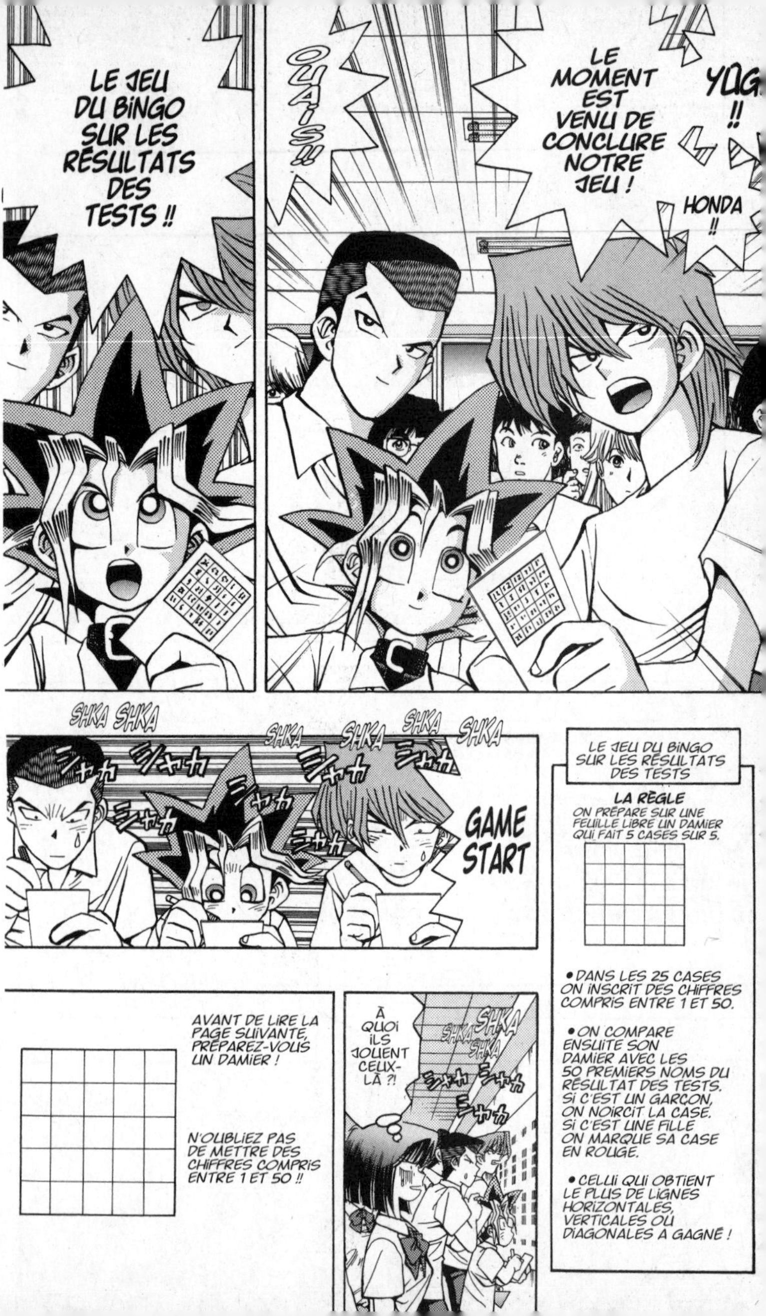

LE MOMENT EST VENU DE CONCLURE NOTRE JEU !
YÛG !!
HONDA !!
OUAIS !!
LE JEU DU BINGO SUR LES RÉSULTATS DES TESTS !!
LE JEU DU BINGO SUR LES RÉSULTATS DES TESTS
LA RÈGLE
ON PRÉPARE SUR UNE FEUILLE LIBRE UN DAMIER QUI FAIT 5 CASES SUR 5.
• DANS LES 25 CASES ON INSCRIT DES CHIFFRES COMPRIS ENTRE 1 ET 50.
• ON COMPARE ENSUITE SON DAMIER AVEC LES 50 PREMIERS NOMS DU RÉSULTAT DES TESTS. SI C'EST UN GARÇON, ON NOIRCIT LA CASE. SI C'EST UNE FILLE ON MARQUE SA CASE EN ROUGE.
• CELUI QUI OBTIENT LE PLUS DE LIGNES HORIZONTALES, VERTICALES OU DIAGONALES A GAGNÉ !
SHKA SHKA SHKA SHKA SHKA SHKA
GAME START
À QUOI ILS JOUENT CEUX-LÀ ?!
SHKA SHKA SHKA
AVANT DE LIRE LA PAGE SUIVANTE, PRÉPAREZ-VOUS UN DAMIER !
N'OUBLIEZ PAS DE METTRE DES CHIFFRES COMPRIS ENTRE 1 ET 50 !!

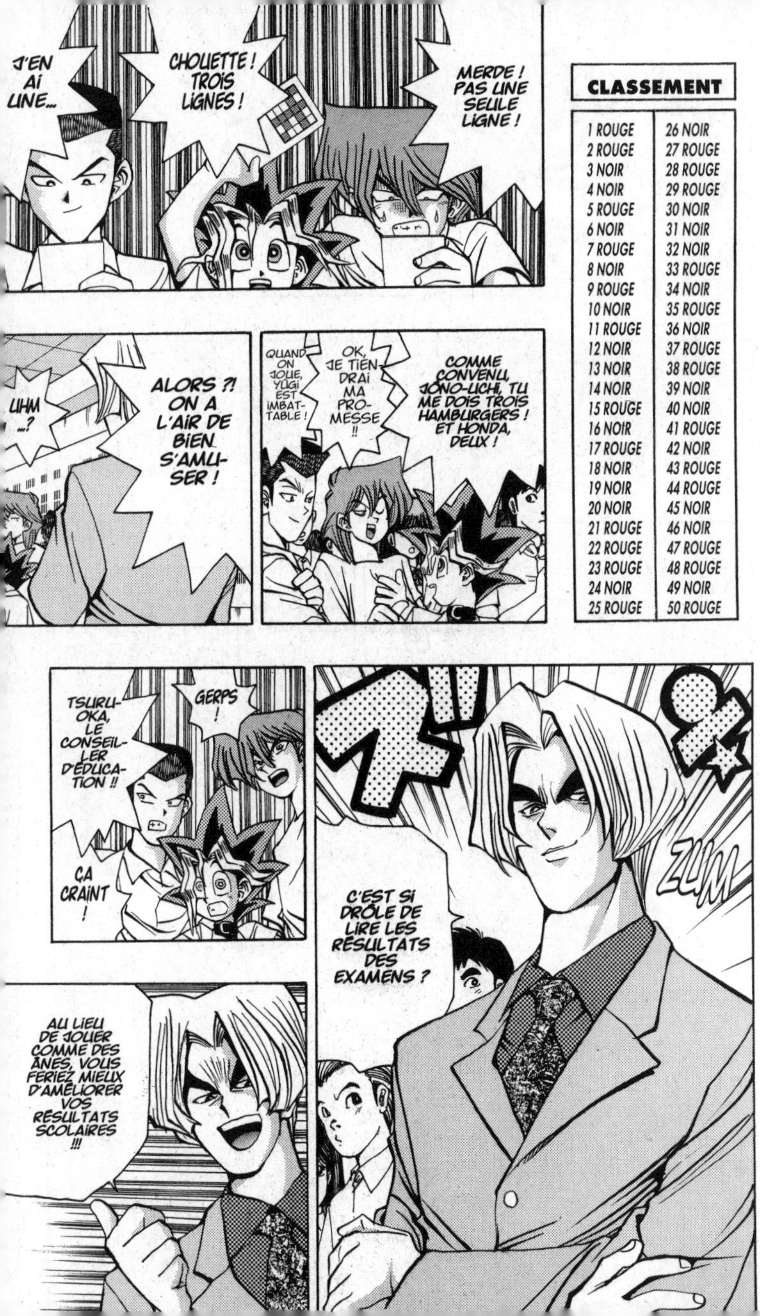
J'EN AI UNE...
CHOUETTE ! TROIS LIGNES !
MERDE ! PAS UNE SEULE LIGNE !
CLASSEMENT
1 ROUGE
2 ROUGE
3 NOIR
4 NOIR
5 ROUGE
6 NOIR
7 ROUGE
8 NOIR
9 ROUGE
10 NOIR
11 ROUGE
12 NOIR
13 NOIR
14 NOIR
15 ROUGE
16 NOIR
17 ROUGE
18 NOIR
19 NOIR
20 NOIR
21 ROUGE
22 ROUGE
23 ROUGE
24 NOIR
25 ROUGE
26 NOIR
27 ROUGE
28 ROUGE
29 ROUGE
30 NOIR
31 NOIR
32 NOIR
33 ROUGE
34 NOIR
35 ROUGE
36 NOIR
37 ROUGE
38 ROUGE
39 NOIR
40 NOIR
41 ROUGE
42 NOIR
43 ROUGE
44 ROUGE
45 NOIR
46 NOIR
47 ROUGE
48 ROUGE
49 NOIR
50 ROUGE
UHM ...?
ALORS ?! ON A L'AIR DE BIEN S'AMUSER !
QUAND ON JOUE, YUGI EST IMBATTABLE !
OK, JE TIENDRAI MA PROMESSE !!
COMME CONVENU, JONO-UCHI, TU ME DOIS TROIS HAMBURGERS ! ET HONDA, DEUX !
TSURUOKA, LE CONSEILLER D'ÉDUCATION !!
GERPS !
ÇA CRAINT !
C'EST SI DRÔLE DE LIRE LES RÉSULTATS DES EXAMENS ?
ZUM
AU LIEU DE JOUER COMME DES ÂNES, VOUS FERIEZ MIEUX D'AMÉLIORER VOS RÉSULTATS SCOLAIRES !!!

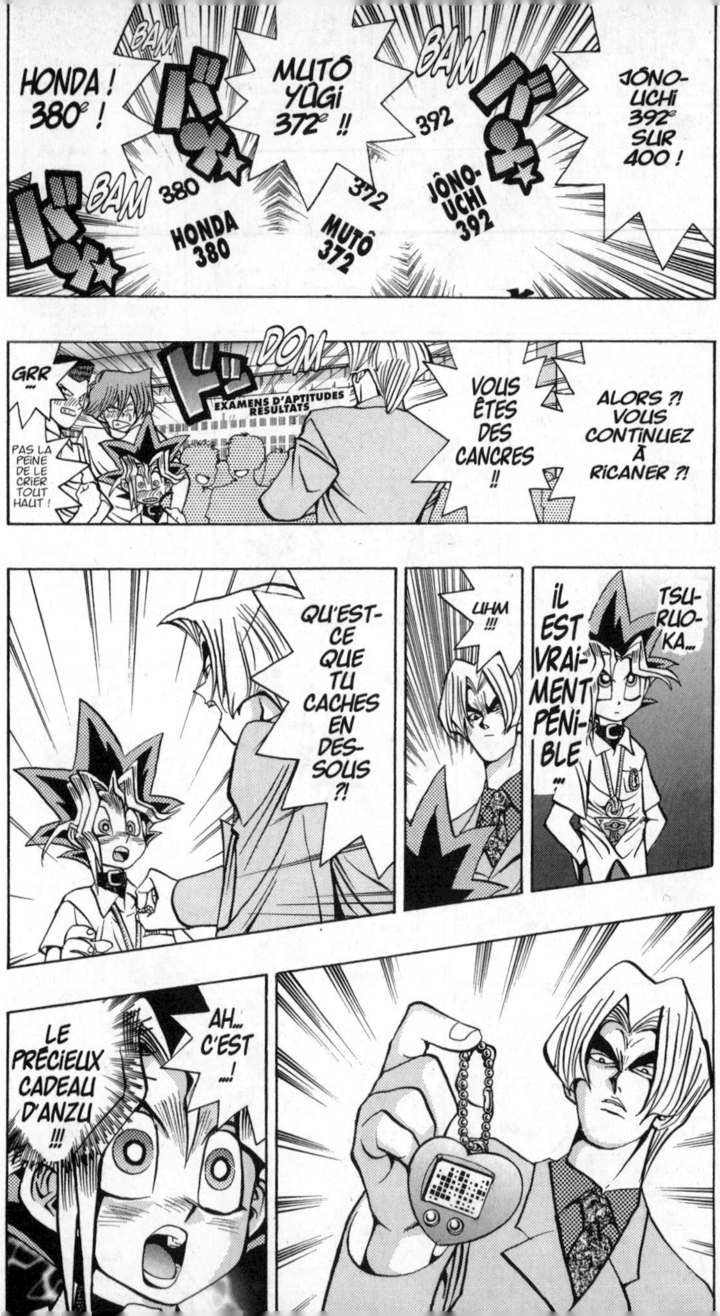
JÔNO-UCHI 392e SUR 400 !
BAM
392
JÔNO-UCHI 392
MUTÔ YÛGI 372e !!
372
MUTÔ 372
BAM
HONDA ! 380e !
380
HONDA 380
BAM
ALORS ?! VOUS CONTINUEZ À RICANER ?!
VOUS ÊTES DES CANCRES !!
DOM
EXAMENS D'APTITUDES RÉSULTATS
GRR ...
PAS LA PEINE DE LE CRIER TOUT HAUT !
TSU-RUO-KA...
IL EST VRAI-MENT PÉNI-BLE ...
UHM !!!
QU'EST-CE QUE TU CACHES EN DES-SOUS ?!
AH... C'EST ...!
LE PRÉCIEUX CADEAU D'ANZU !!!

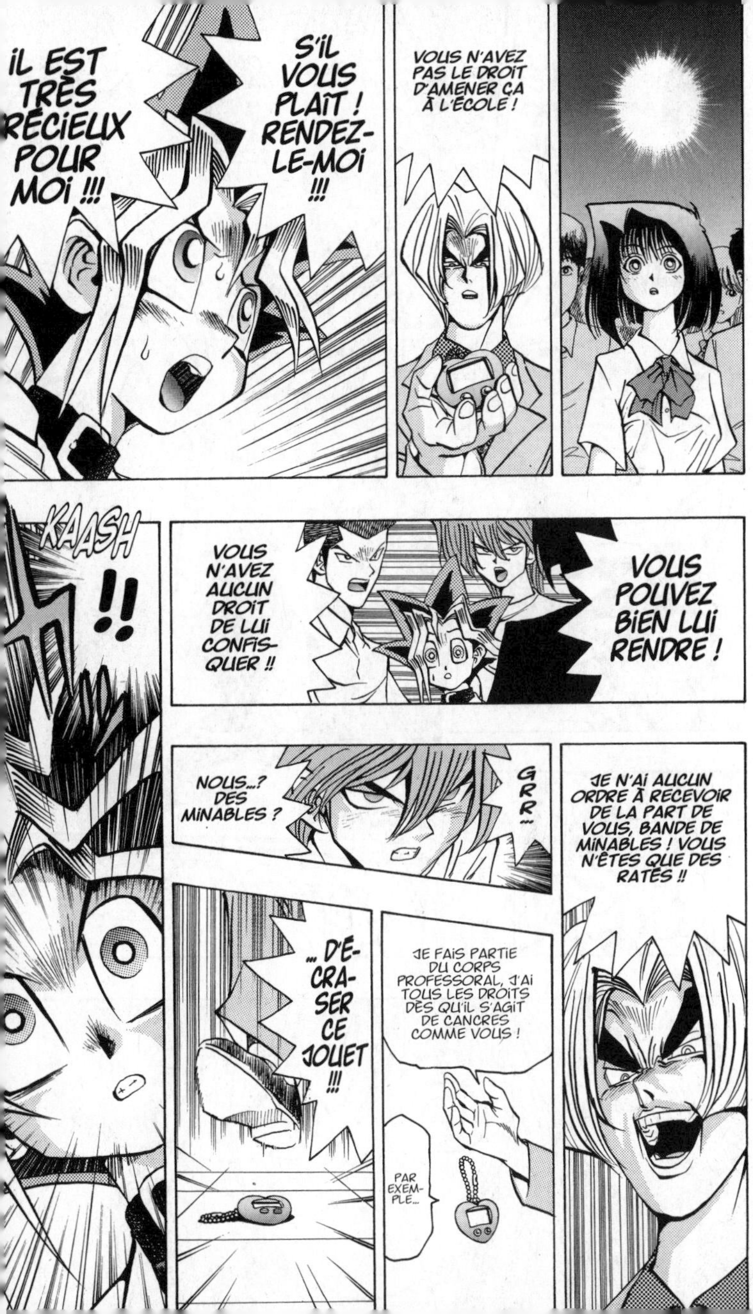
VOUS N'AVEZ PAS LE DROIT D'AMENER ÇA À L'ÉCOLE !
S'IL VOUS PLAÎT ! RENDEZ-LE-MOI !!!
IL EST TRÈS RÉCIEUX POUR MOI !!!
VOUS POUVEZ BIEN LUI RENDRE !
VOUS N'AVEZ AUCUN DROIT DE LUI CONFISQUER !!
JE N'AI AUCUN ORDRE À RECEVOIR DE LA PART DE VOUS, BANDE DE MINABLES ! VOUS N'ÊTES QUE DES RATÉS !!
GRR...
NOUS...? DES MINABLES ?
JE FAIS PARTIE DU CORPS PROFESSORAL, J'AI TOUS LES DROITS DÈS QU'IL S'AGIT DE CANCRES COMME VOUS !
PAR EXEMPLE...
... D'ÉCRASER CE JOUET !!!
KAASH
!!

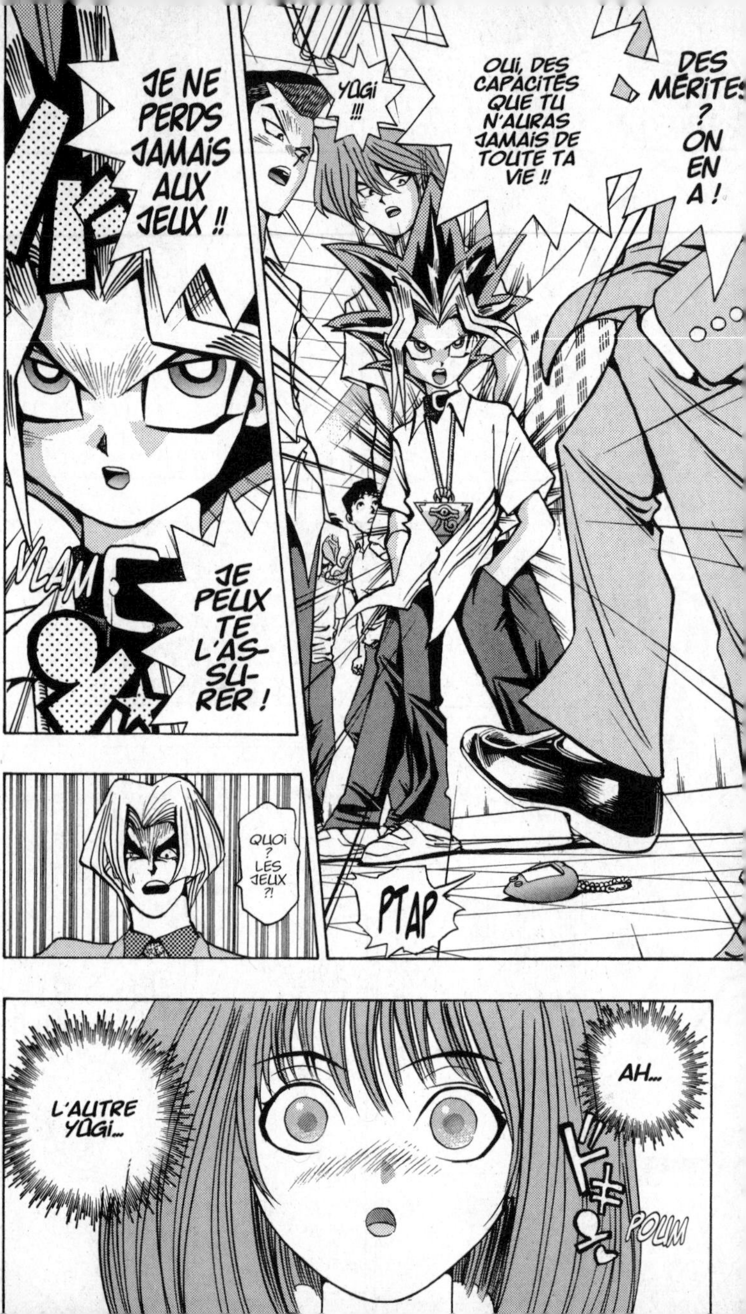
DES MÉRITES ? ON EN A !
OUI, DES CAPACITÉS QUE TU N'AURAS JAMAIS DE TOUTE TA VIE !!
YÛGI !!!
JE NE PERDS JAMAIS AUX JEUX !!
JE PEUX TE L'AS-SU-RER !
VLAM
PTAP
QUOI ? LES JEUX ?!
AH...
L'AUTRE YÛGI...
POUM

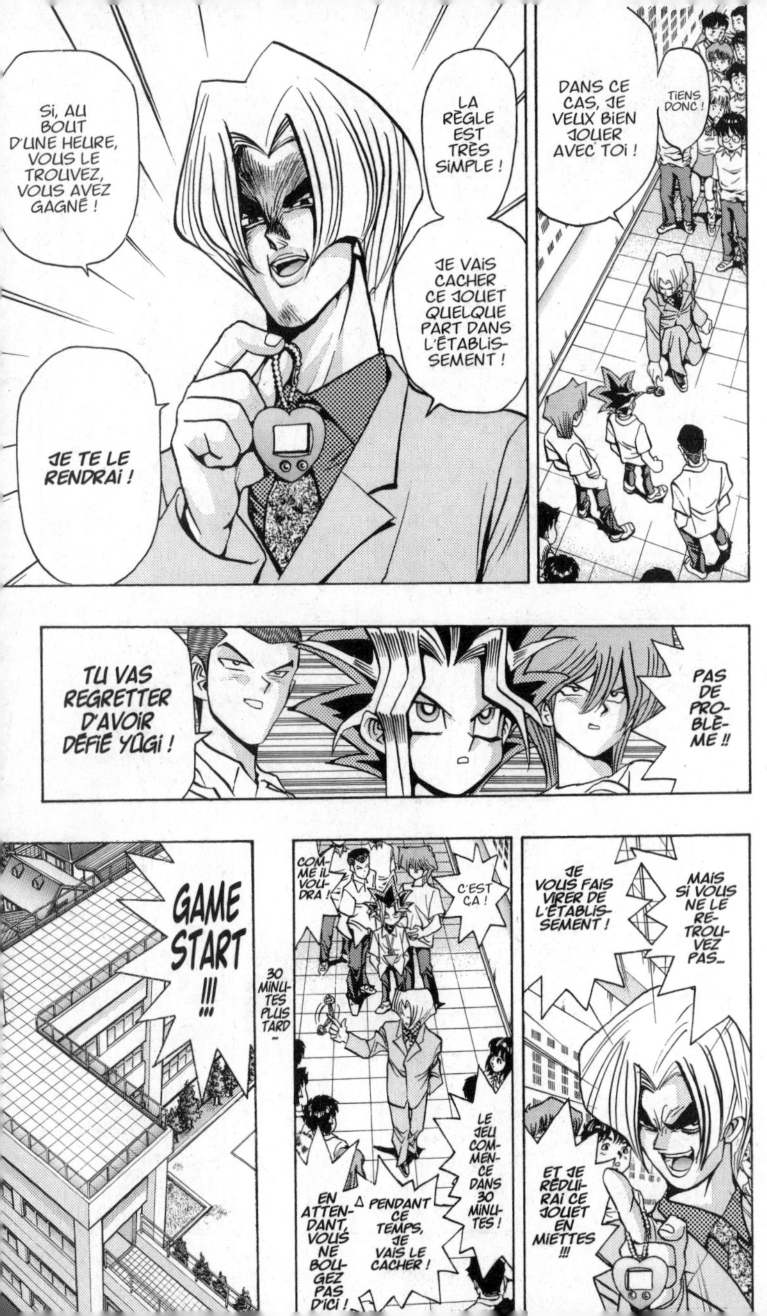

TIENS DONC !
DANS CE CAS, JE VEUX BIEN JOUER AVEC TOI !
LA RÈGLE EST TRÈS SIMPLE !
JE VAIS CACHER CE JOUET QUELQUE PART DANS L'ÉTABLISSEMENT !
SI, AU BOUT D'UNE HEURE, VOUS LE TROUVEZ, VOUS AVEZ GAGNÉ !
JE TE LE RENDRAI !
PAS DE PROBLÈME !!
TU VAS REGRETTER D'AVOIR DÉFIÉ YÛGI !
MAIS SI VOUS NE LE RETROUVEZ PAS...
JE VOUS FAIS VIRER DE L'ÉTABLISSEMENT !
ET JE RÉDUIRAI CE JOUET EN MIETTES !!!
C'EST ÇA !
COMME IL VOUDRA !
LE JEU COMMENCE DANS 30 MINUTES !
PENDANT CE TEMPS, JE VAIS LE CACHER !
EN ATTENDANT, VOUS NE BOUGEZ PAS D'ICI !
30 MINUTES PLUS TARD...
GAME START !!!

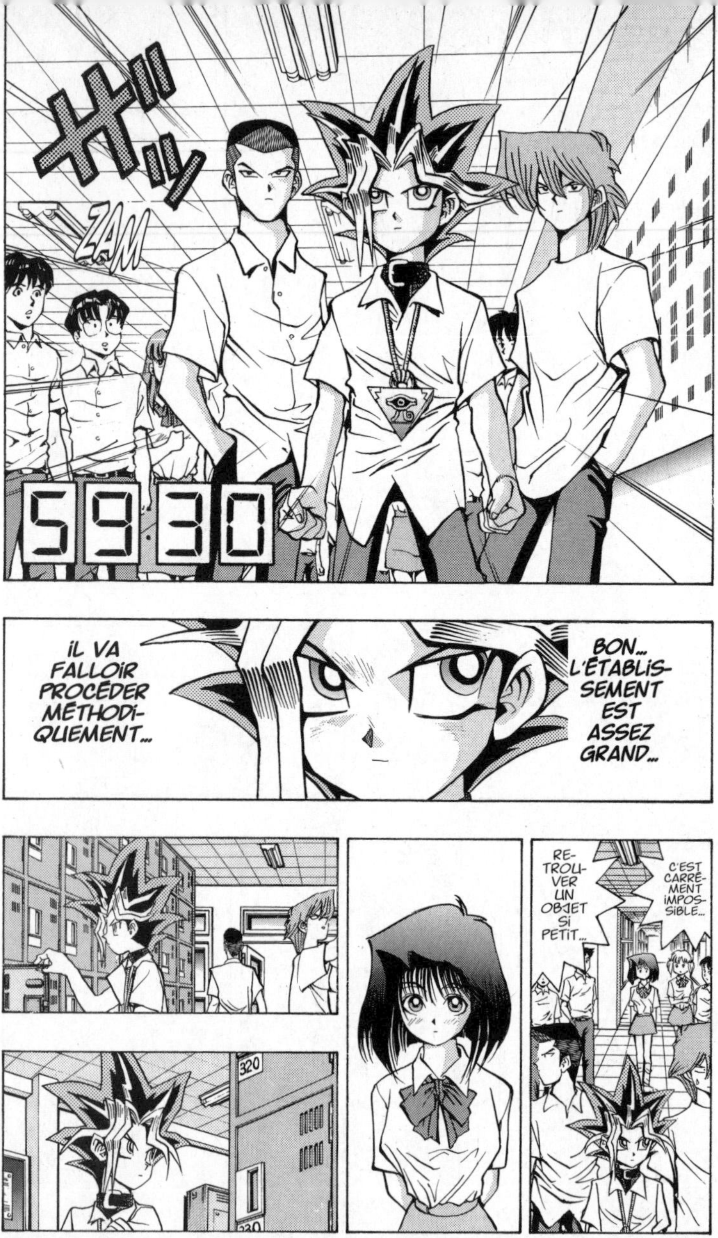
ZAM
59:30
BON... L'ÉTABLISSEMENT EST ASSEZ GRAND...
IL VA FALLOIR PROCÉDER MÉTHODIQUEMENT...
320
RETROUVER UN OBJET SI PETIT...
C'EST CARRÉMENT IMPOSSIBLE...

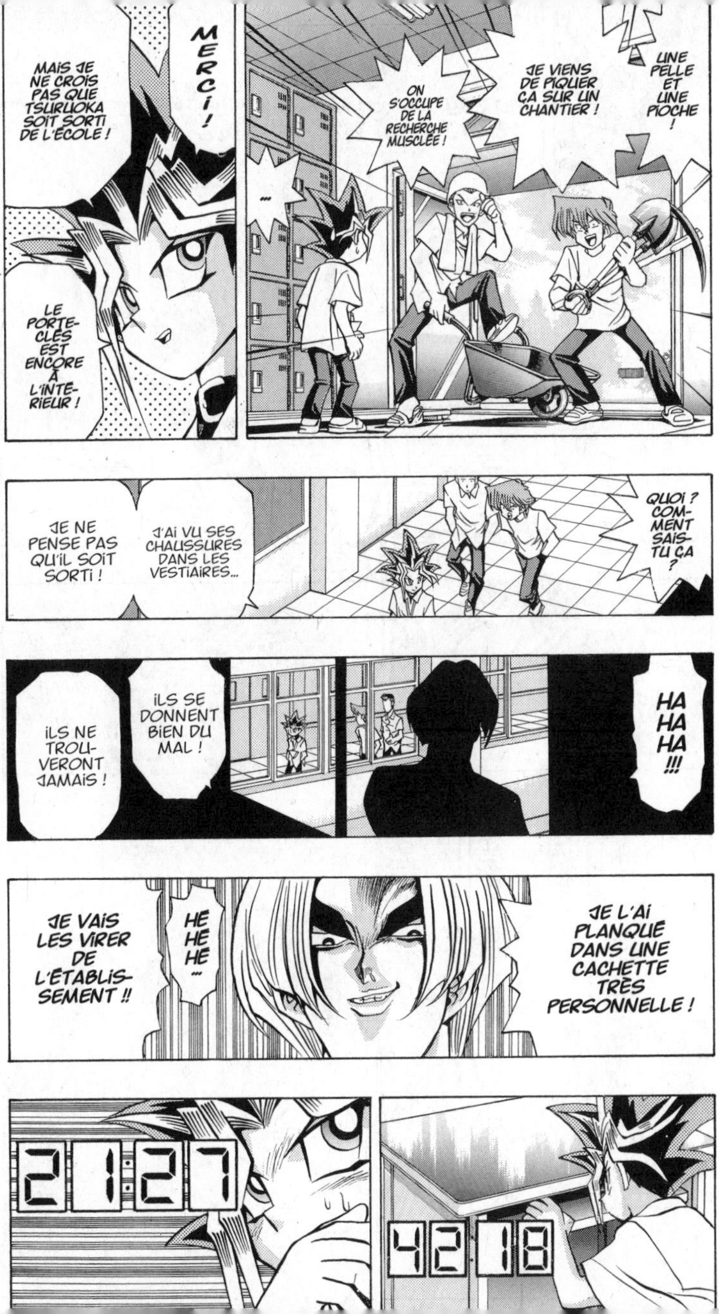
UNE PELLE ET UNE PIOCHE !
JE VIENS DE PIQUER ÇA SUR UN CHANTIER !
ON S'OCCUPE DE LA RECHERCHE MUSCLÉE !
...
MERCI !
MAIS JE NE CROIS PAS QUE TSURUOKA SOIT SORTI DE L'ÉCOLE !
LE PORTE-CLÉS EST ENCORE À L'INTE-RIEUR !
QUOI ? COM-MENT SAIS-TU ÇA ?
J'AI VU SES CHAUSSURES DANS LES VESTIAIRES...
JE NE PENSE PAS QU'IL SOIT SORTI !
HA HA HA !!!
ILS SE DONNENT BIEN DU MAL !
ILS NE TROU-VERONT JAMAIS !
JE L'AI PLANQUE DANS UNE CACHETTE TRÈS PERSONNELLE !
HE HE HE ...
JE VAIS LES VIRER DE L'ÉTABLIS-SEMENT !!
4218
2127

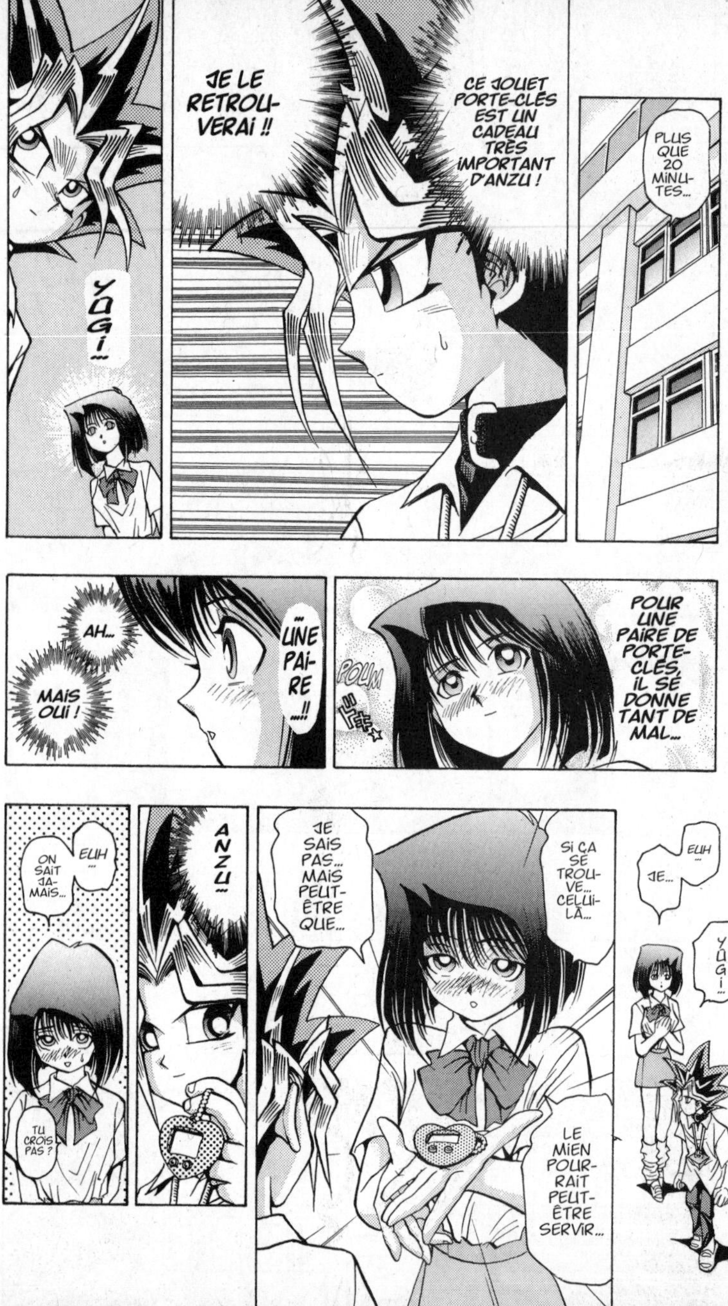
PLUS QUE 20 MINUTES...
CE JOUET PORTE-CLÉS EST UN CADEAU TRÈS IMPORTANT D'ANZU !
JE LE RETROUVERAI !!
YUGI...
POUR UNE PAIRE DE PORTE-CLÉS, IL SE DONNE TANT DE MAL...
POUM
...UNE PAIRE...!!
AH...
MAIS OUI !
YUGI...
EUH... JE...
SI ÇA SE TROUVE... CELUI-LÀ...
LE MIEN POURRAIT PEUT-ÊTRE SERVIR...
JE SAIS PAS... MAIS PEUT-ÊTRE QUE...
ANZU...
EUH...
ON SAIT JAMAIS...
TU CROIS PAS ?

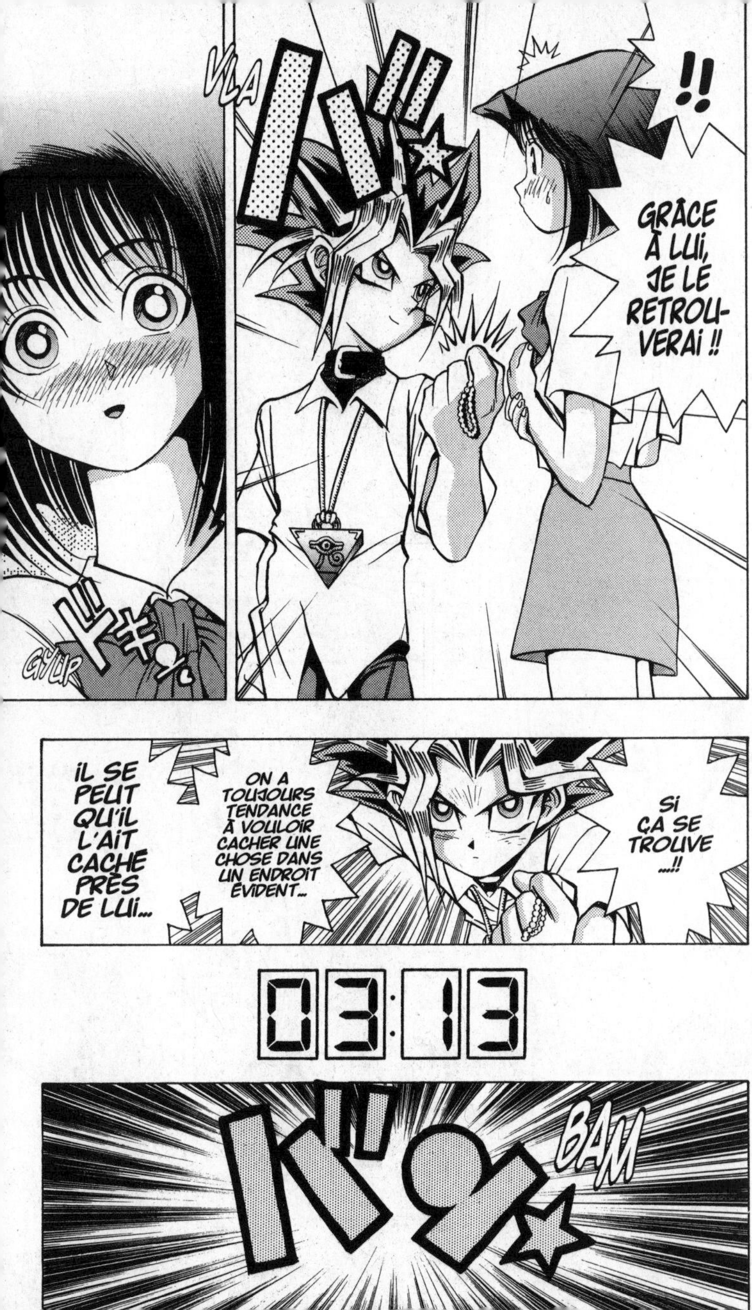
!!
VLA
GRÂCE À LUI, JE LE RETROUVERAI !!
GYUP
SI ÇA SE TROUVE ...!!
ON A TOUJOURS TENDANCE À VOULOIR CACHER UNE CHOSE DANS UN ENDROIT ÉVIDENT...
IL SE PEUT QU'IL L'AIT CACHE PRÈS DE LUI...
03:13
BAM

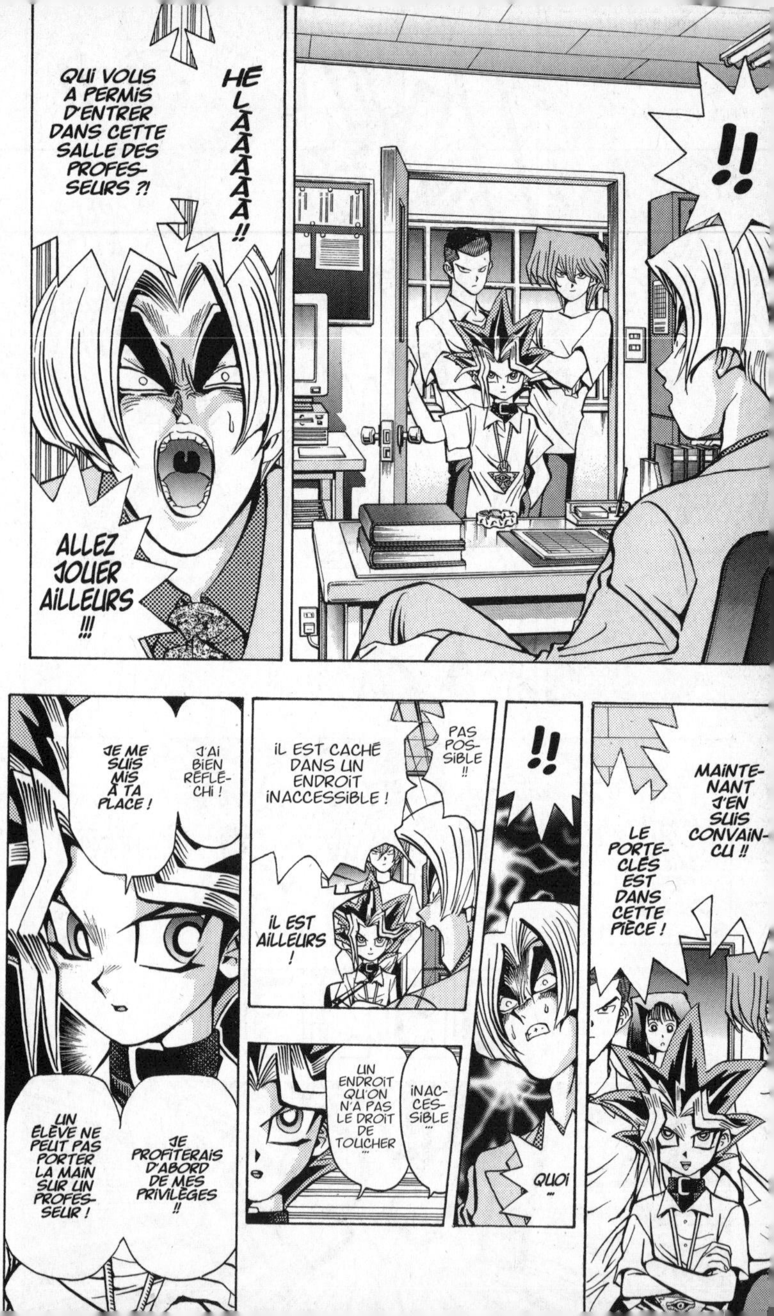
!!
HE LÀÀÀÀÀÀ !!
QUI VOUS A PERMIS D'ENTRER DANS CETTE SALLE DES PROFESSEURS ?!
ALLEZ JOUER AILLEURS !!!
MAINTENANT J'EN SUIS CONVAINCU !!
LE PORTE-CLÉS EST DANS CETTE PIÈCE !
!!
QUOI ...
PAS POSSIBLE !!
IL EST CACHÉ DANS UN ENDROIT INACCESSIBLE !
IL EST AILLEURS !
INACCESSIBLE ...
UN ENDROIT QU'ON N'A PAS LE DROIT DE TOUCHER ...
J'AI BIEN RÉFLÉCHI !
JE ME SUIS MIS À TA PLACE !
JE PROFITERAIS D'ABORD DE MES PRIVILÈGES !!
UN ÉLÈVE NE PEUT PAS PORTER LA MAIN SUR UN PROFESSEUR !

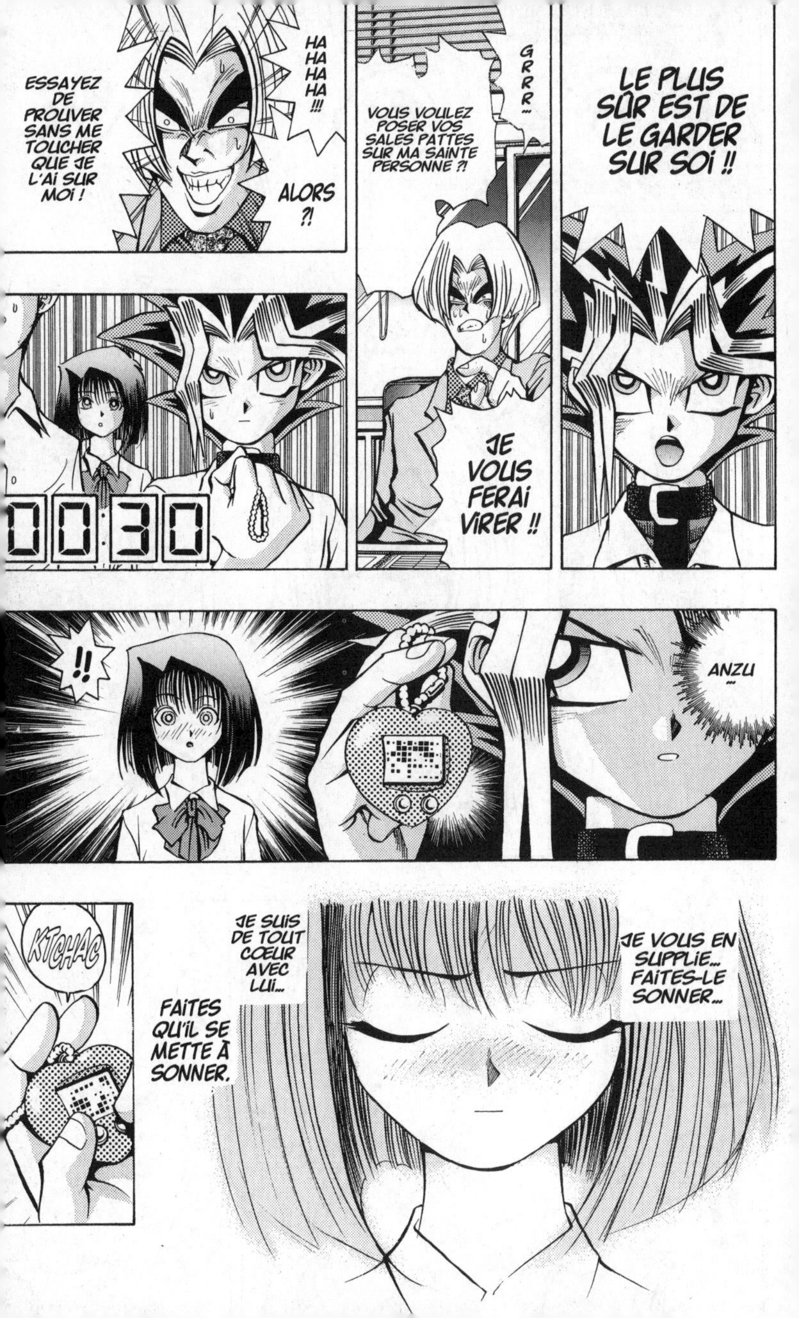
LE PLUS SÛR EST DE LE GARDER SUR SOI !!
GRRR...
VOUS VOULEZ POSER VOS SALES PATTES SUR MA SAINTE PERSONNE ?!
HA HA HA HA !!!
ESSAYEZ DE PROUVER SANS ME TOUCHER QUE JE L'AI SUR MOI !
ALORS ?!
JE VOUS FERAI VIRER !!
0030
ANZU ...
!!
JE VOUS EN SUPPLIE... FAITES-LE SONNER...
JE SUIS DE TOUT COEUR AVEC LUI...
FAITES QU'IL SE METTE À SONNER.
KTCHAC

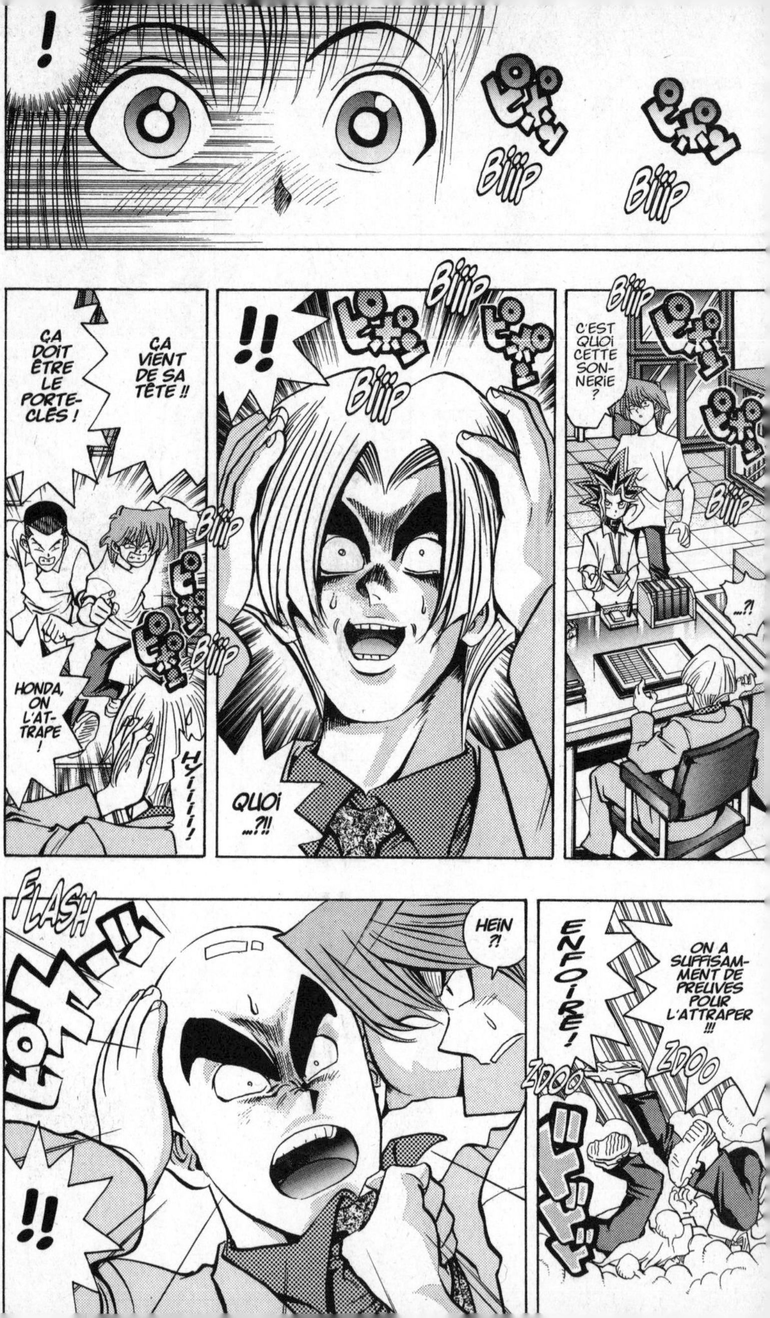

!
Biiip
Biiip
C'EST QUOI CETTE SONNERIE ?
Biiip
Biiip
...?!
!!
Biiip
Biiip
QUOI ...?!!
ÇA VIENT DE SA TÊTE !!
ÇA DOIT ÊTRE LE PORTE-CLÉS !
Biiip
Biiip
HONDA, ON L'ATTRAPE !
HYiiiiii !
ON A SUFFISAMMENT DE PREUVES POUR L'ATTRAPER !!!
ENFOIRÉ !
ZDOO
ZDOO
HEIN ?!
FLASH
!!

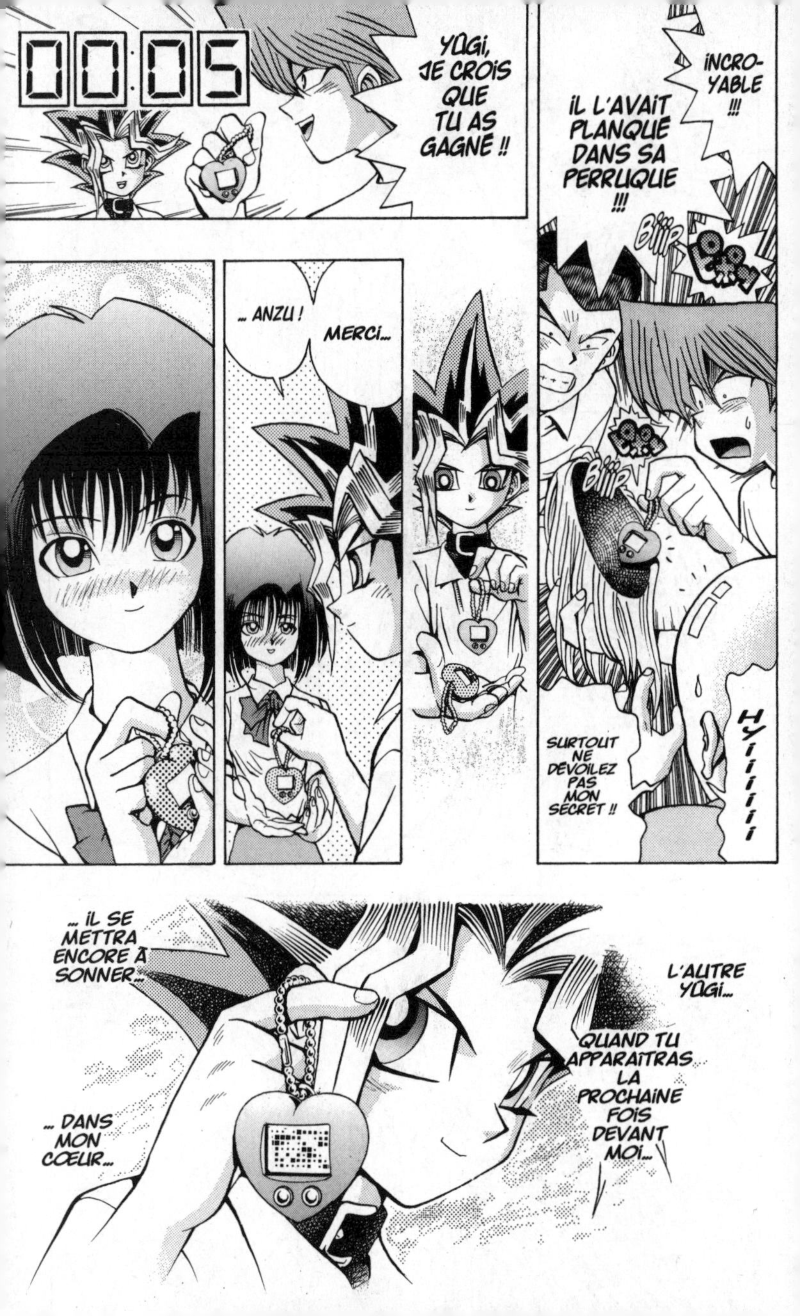

INCRO-YABLE !!!
IL L'AVAIT PLANQUÉ DANS SA PERRUQUE !!!
BIIIP
BIIIP
SURTOUT NE DÉVOILEZ PAS MON SÉCRET !!
HYIIIIIIII
00:05
YÛGI, JE CROIS QUE TU AS GAGNÉ !!
... ANZU !
MERCI...
... IL SE METTRA ENCORE À SONNER...
... DANS MON COEUR...
L'AUTRE YÛGI...
QUAND TU APPARAÎTRAS LA PROCHAINE FOIS DEVANT MOI...

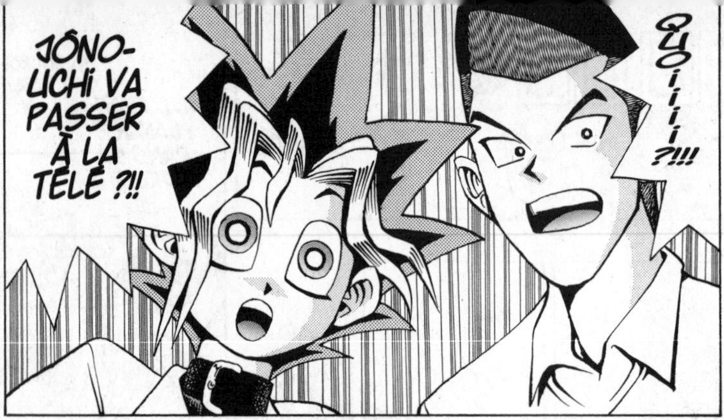
QUOiiiii ?!!!
JÔNO-UCHi VA PASSER À LA TÉLÉ ?!!

Battle 42 À MOI LE MILLION DE YENS !

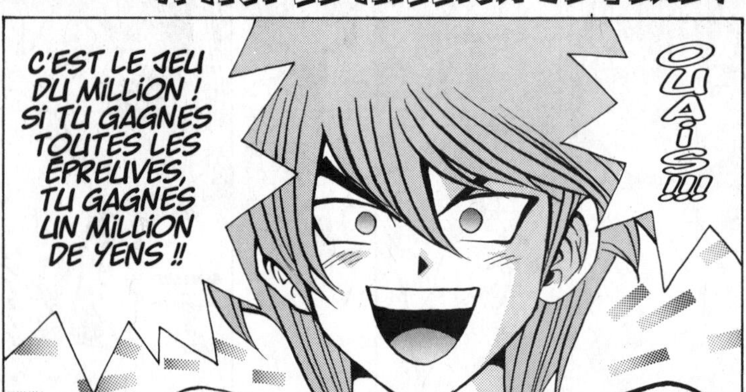
OUAiS !!!
C'EST LE JEU DU MiLLiON ! Si TU GAGNES TOUTES LES ÉPREUVES, TU GAGNES UN MiLLiON DE YENS !!

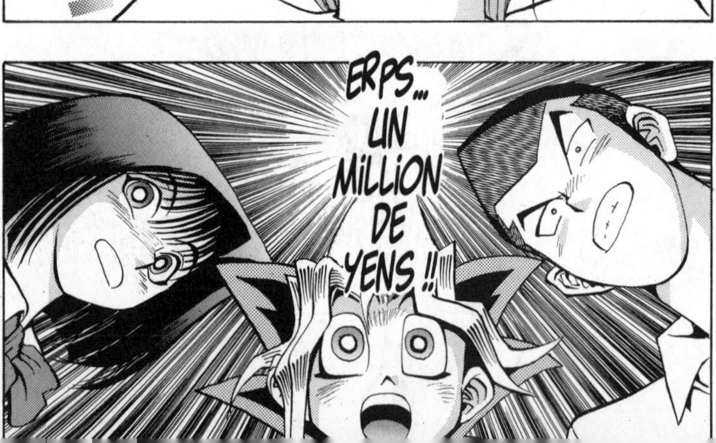
ERPS... UN MiLLiON DE YENS !!

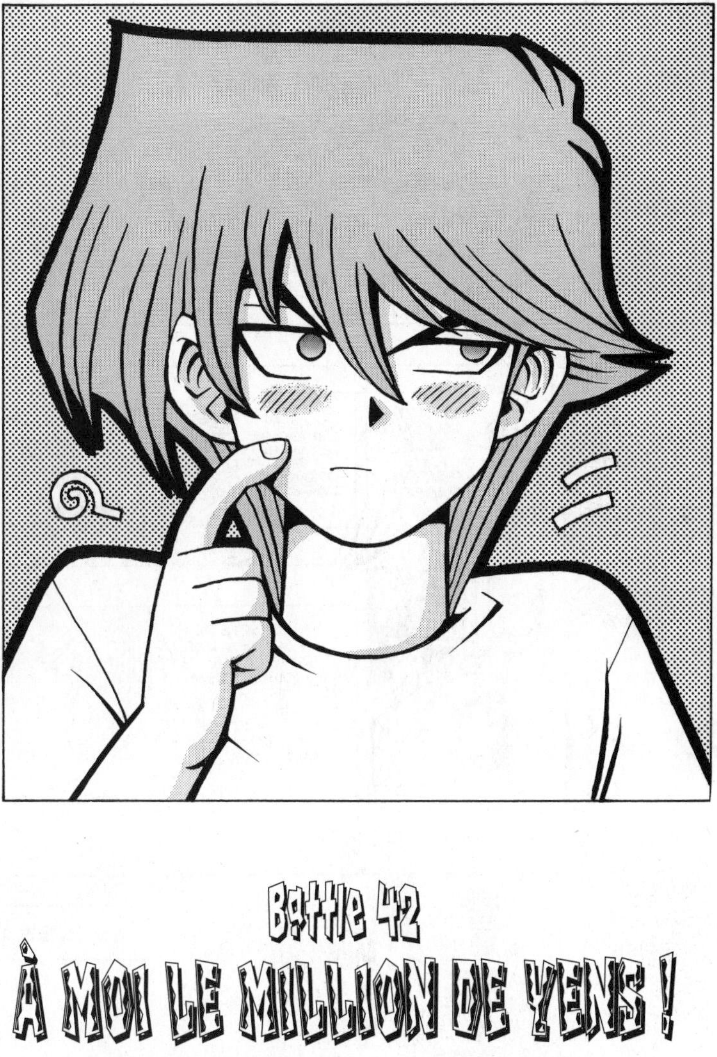

Battle 42
À MOI LE MILLION DE YENS !

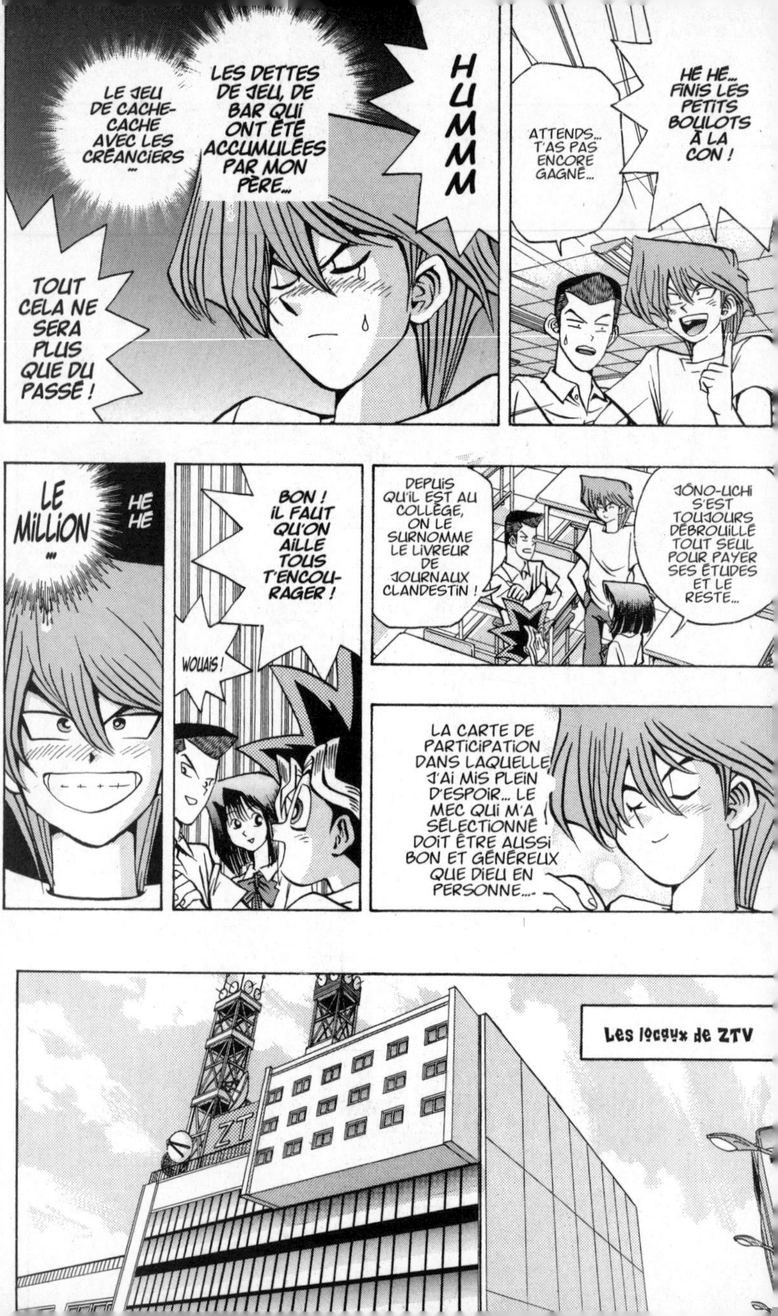
HE HE... FINIS LES PETITS BOULOTS À LA CON !
ATTENDS... T'AS PAS ENCORE GAGNÉ...
HUMMM
LES DETTES DE JEU, DE BAR QUI ONT ÉTÉ ACCUMULÉES PAR MON PÈRE...
LE JEU DE CACHE-CACHE AVEC LES CRÉANCIERS...
TOUT CELA NE SERA PLUS QUE DU PASSÉ !
JÔNO-UCHI S'EST TOUJOURS DÉBROUILLÉ TOUT SEUL POUR PAYER SES ÉTUDES ET LE RESTE...
DEPUIS QU'IL EST AU COLLÈGE, ON LE SURNOMME LE LIVREUR DE JOURNAUX CLANDESTIN !
LA CARTE DE PARTICIPATION DANS LAQUELLE J'AI MIS PLEIN D'ESPOIR... LE MEC QUI M'A SÉLECTIONNÉ DOIT ÊTRE AUSSI BON ET GÉNÉREUX QUE DIEU EN PERSONNE...
BON ! IL FAUT QU'ON AILLE TOUS T'ENCOURAGER !
WOUAIS !
LE MILLION...
HE HE
Les locaux de ZTV

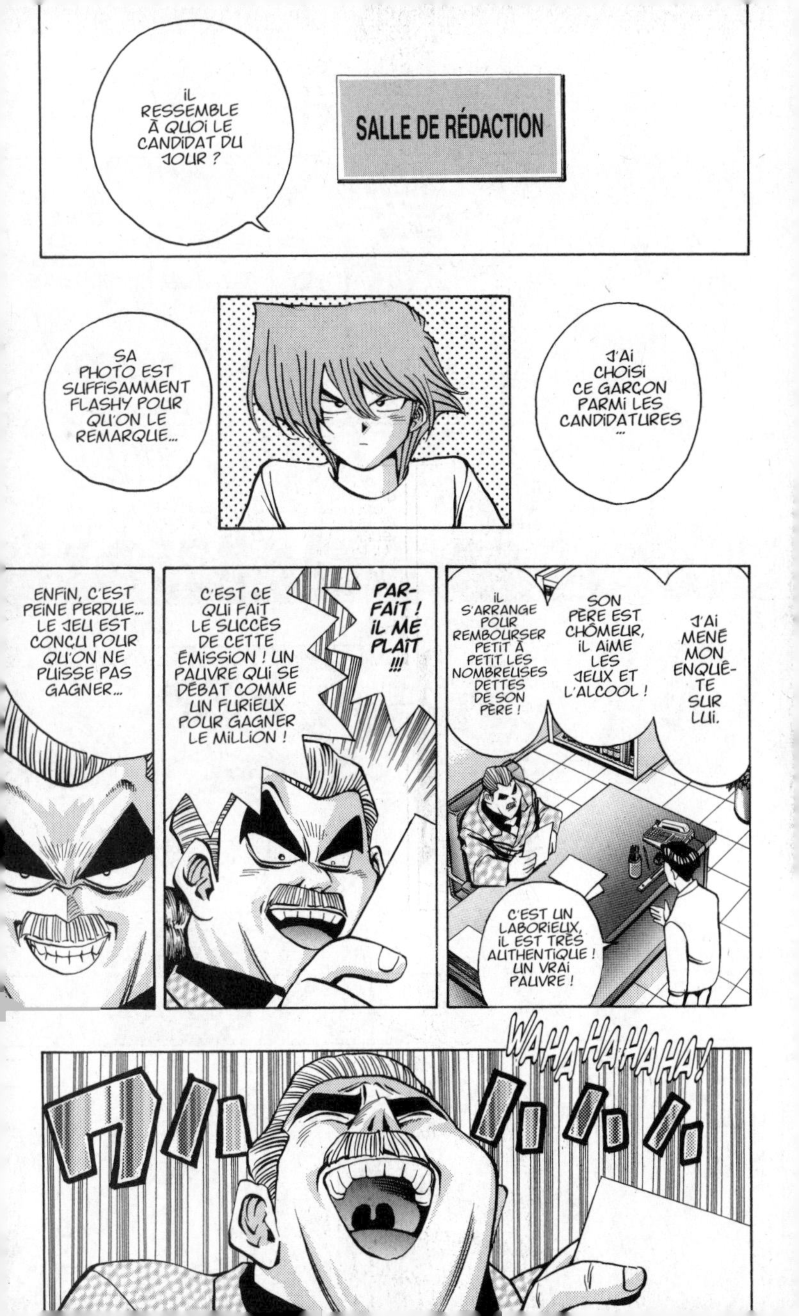
SALLE DE RÉDACTION
IL RESSEMBLE À QUOI LE CANDIDAT DU JOUR ?
J'AI CHOISI CE GARÇON PARMI LES CANDIDATURES ...
SA PHOTO EST SUFFISAMMENT FLASHY POUR QU'ON LE REMARQUE...
J'AI MENÉ MON ENQUÊTE SUR LUI.
SON PÈRE EST CHÔMEUR, IL AIME LES JEUX ET L'ALCOOL !
IL S'ARRANGE POUR REMBOURSER PETIT À PETIT LES NOMBREUSES DETTES DE SON PÈRE !
C'EST UN LABORIEUX, IL EST TRÈS AUTHENTIQUE ! UN VRAI PAUVRE !
PAR-FAIT ! IL ME PLAÎT !!!
C'EST CE QUI FAIT LE SUCCÈS DE CETTE ÉMISSION ! UN PAUVRE QUI SE DÉBAT COMME UN FURIEUX POUR GAGNER LE MILLION !
ENFIN, C'EST PEINE PERDUE... LE JEU EST CONÇU POUR QU'ON NE PUISSE PAS GAGNER...
WAHAHAHAHA !

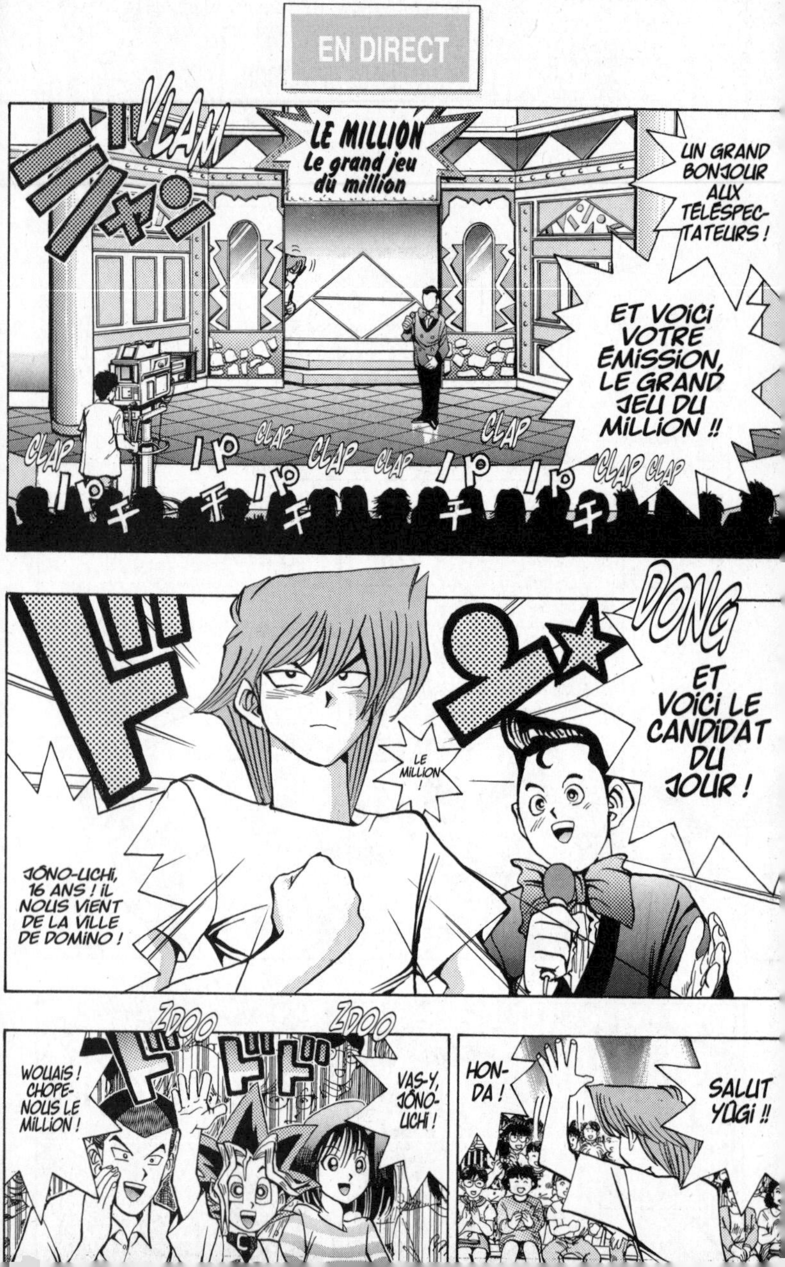
EN DIRECT
VLAM
LE MILLION
Le grand jeu du million
UN GRAND BONJOUR AUX TÉLESPECTATEURS !
ET VOICI VOTRE ÉMISSION, LE GRAND JEU DU MILLION !!
CLAP CLAP CLAP CLAP CLAP CLAP CLAP CLAP
DONG
ET VOICI LE CANDIDAT DU JOUR !
LE MILLION !
JÔNO-UCHI, 16 ANS ! IL NOUS VIENT DE LA VILLE DE DOMINO !
SALUT YÛGI !!
HON-DA !
ZDOO ZDOO
VAS-Y, JÔNO-UCHI !
WOUAIS ! CHOPE-NOUS LE MILLION !

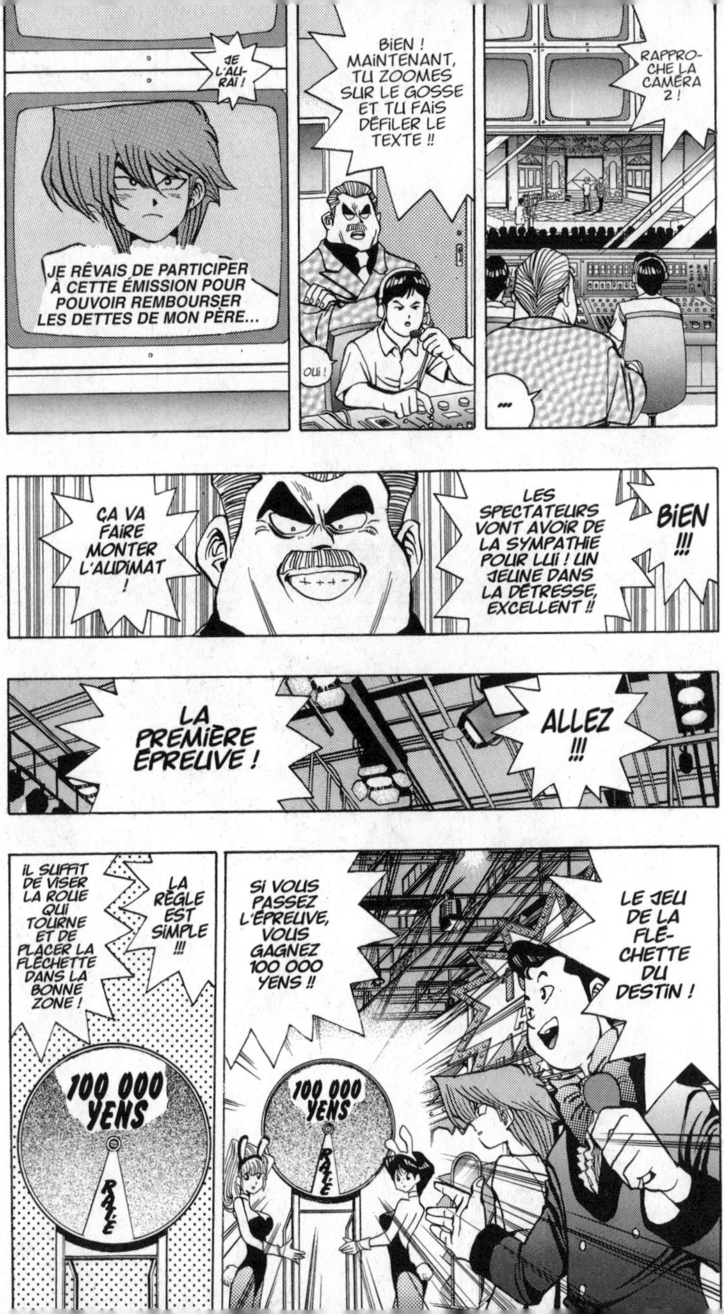
RAPPROCHE LA CAMÉRA 2 !
...
BIEN ! MAINTENANT, TU ZOOMES SUR LE GOSSE ET TU FAIS DÉFILER LE TEXTE !!
OUI !
JE L'AURAI !
JE RÊVAIS DE PARTICIPER À CETTE ÉMISSION POUR POUVOIR REMBOURSER LES DETTES DE MON PÈRE...
BIEN !!!
LES SPECTATEURS VONT AVOIR DE LA SYMPATHIE POUR LUI ! UN JEUNE DANS LA DÉTRESSE, EXCELLENT !!
ÇA VA FAIRE MONTER L'AUDIMAT !
ALLEZ !!!
LA PREMIÈRE ÉPREUVE !
LE JEU DE LA FLÉCHETTE DU DESTIN !
SI VOUS PASSEZ L'ÉPREUVE, VOUS GAGNEZ 100 000 YENS !!
100 000 YENS
RATÉ
LA RÈGLE EST SIMPLE !!!
IL SUFFIT DE VISER LA ROUE QUI TOURNE ET DE PLACER LA FLÉCHETTE DANS LA BONNE ZONE !
100 000 YENS
RATÉ

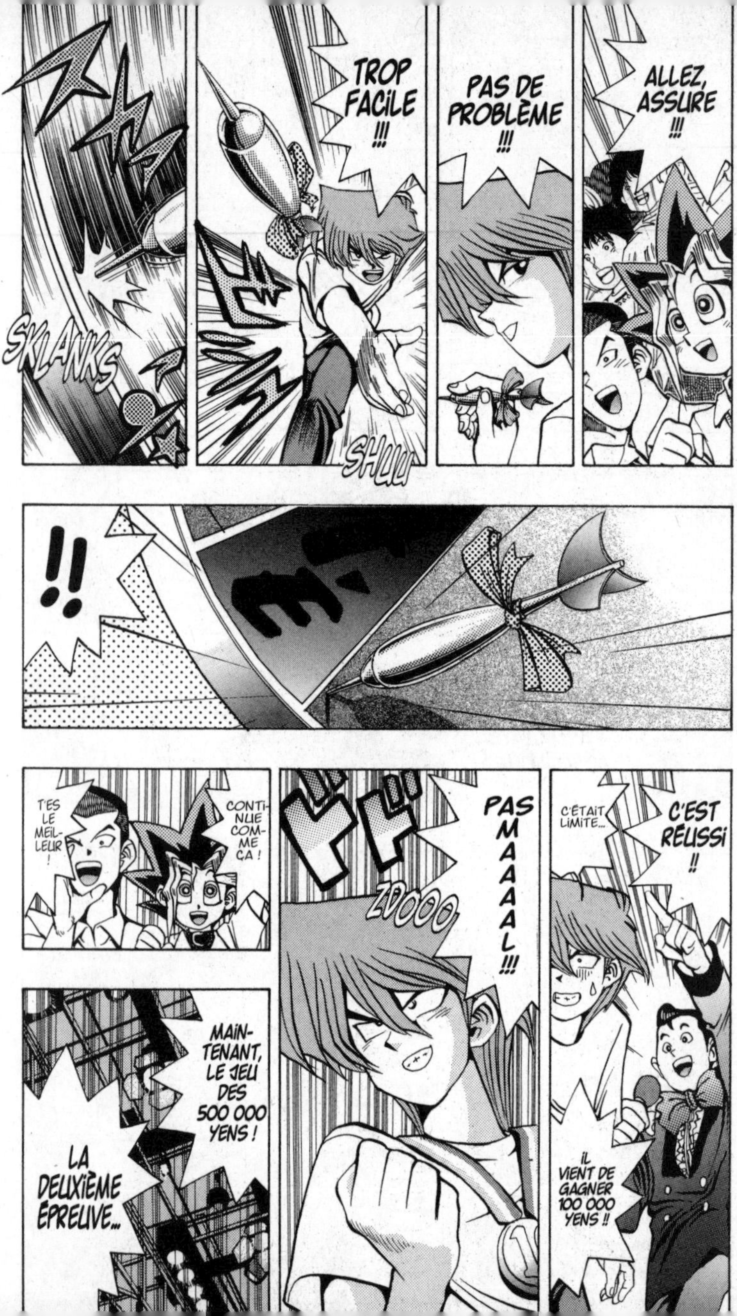
ALLEZ, ASSURE !!!
PAS DE PROBLÈME !!!
TROP FACILE !!!
SHUU
SKLANKS
!!
C'EST RÉUSSI !!
C'ÉTAIT LIMITE...
PAS MAAAAAAL !!!
ZDOOO
CONTI-NUE COM-ME ÇA !
T'ES LE MEIL-LEUR !
IL VIENT DE GAGNER 100 000 YENS !!
MAIN-TENANT, LE JEU DES 500 000 YENS !
LA DEUXIÈME ÉPREUVE...

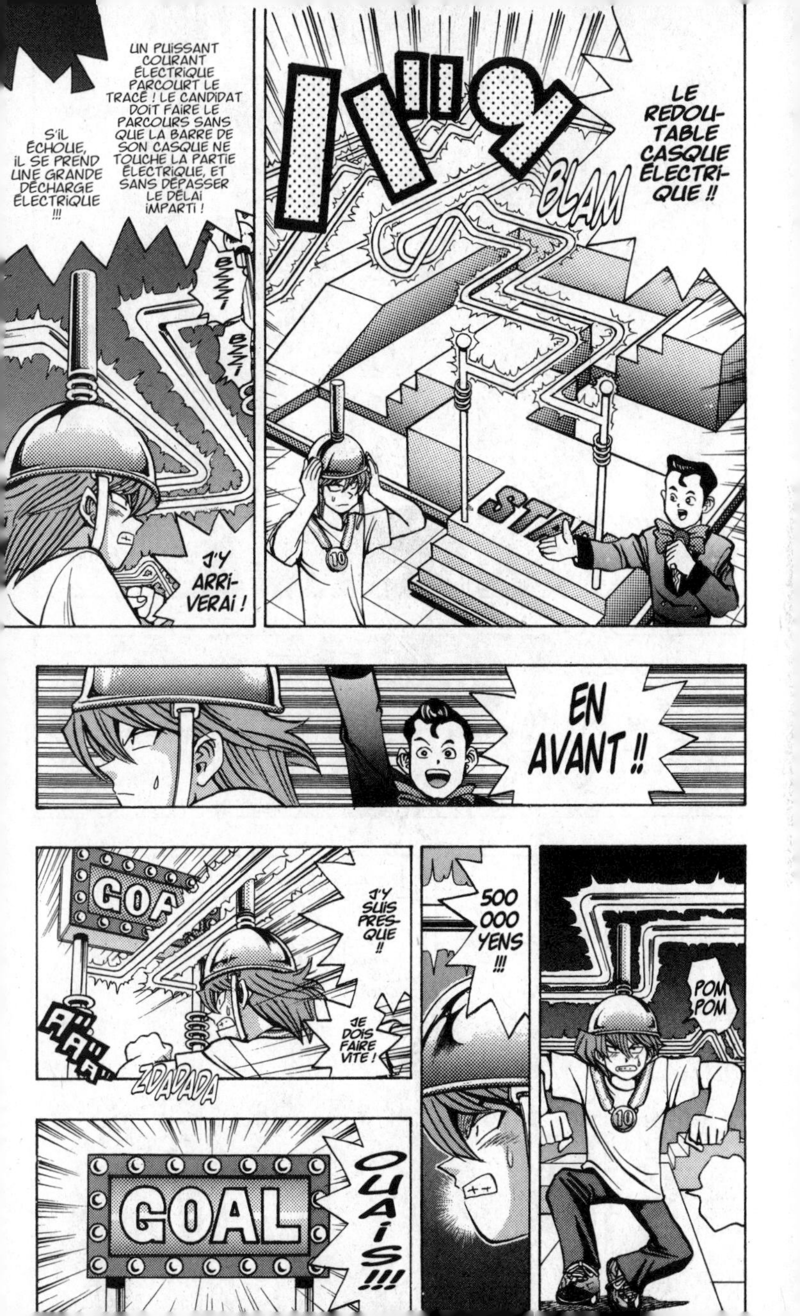
LE REDOUTABLE CASQUE ÉLECTRIQUE !!
BLAM
UN PUISSANT COURANT ÉLECTRIQUE PARCOURT LE TRACÉ ! LE CANDIDAT DOIT FAIRE LE PARCOURS SANS QUE LA BARRE DE SON CASQUE NE TOUCHE LA PARTIE ÉLECTRIQUE, ET SANS DÉPASSER LE DÉLAI IMPARTI !
S'IL ÉCHOUE, IL SE PREND UNE GRANDE DÉCHARGE ÉLECTRIQUE !!!
BZZZI
BZZZI
J'Y ARRIVERAI !
EN AVANT !!
POM POM
500 000 YENS !!!
J'Y SUIS PRESQUE !!
JE DOIS FAIRE VITE !
GOA
ZDADADA
GOAL
OUAIS !!!

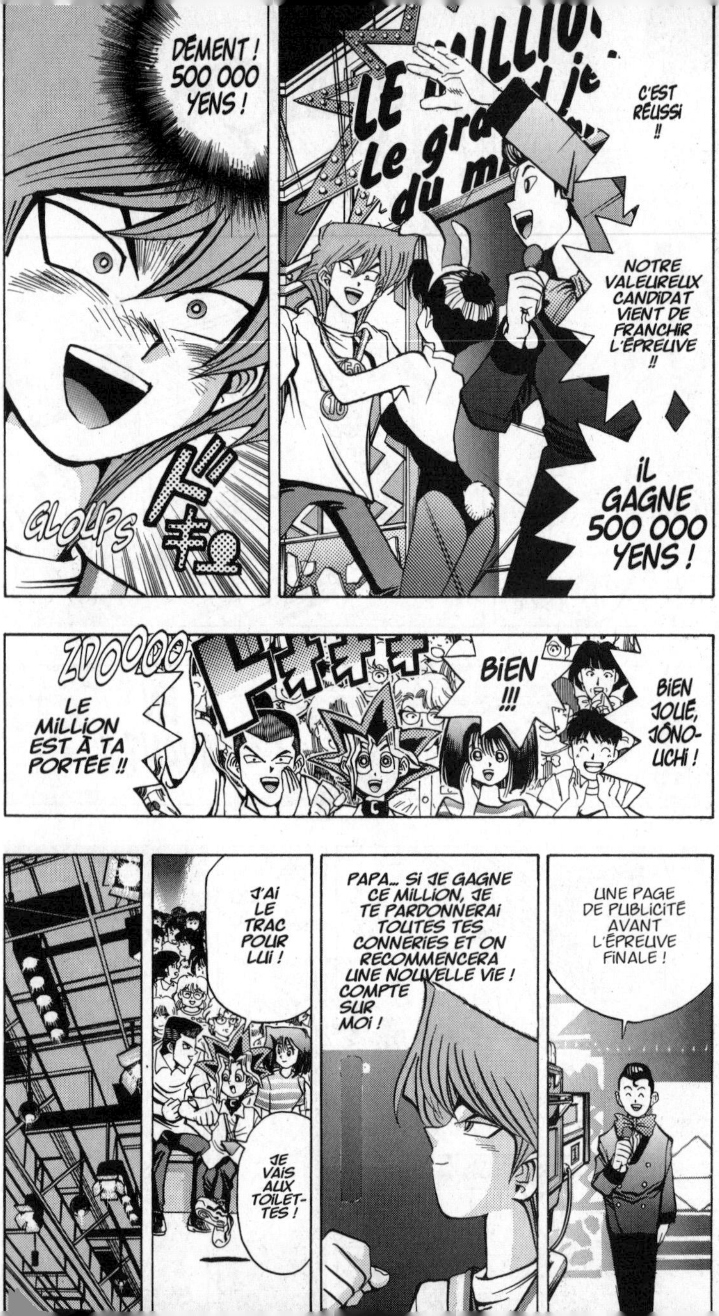

C'EST RÉUSSI !!
NOTRE VALEUREUX CANDIDAT VIENT DE FRANCHIR L'ÉPREUVE !!
IL GAGNE 500 000 YENS !
DÉMENT ! 500 000 YENS !
GLOUPS
BIEN JOUÉ, JÔNOUCHI !
BIEN !!!
LE MILLION EST À TA PORTÉE !!
ZDOOOO
UNE PAGE DE PUBLICITÉ AVANT L'ÉPREUVE FINALE !
PAPA... SI JE GAGNE CE MILLION, JE TE PARDONNERAI TOUTES TES CONNERIES ET ON RECOMMENCERA UNE NOUVELLE VIE ! COMPTE SUR MOI !
J'AI LE TRAC POUR LUI !
JE VAIS AUX TOILET-TES !

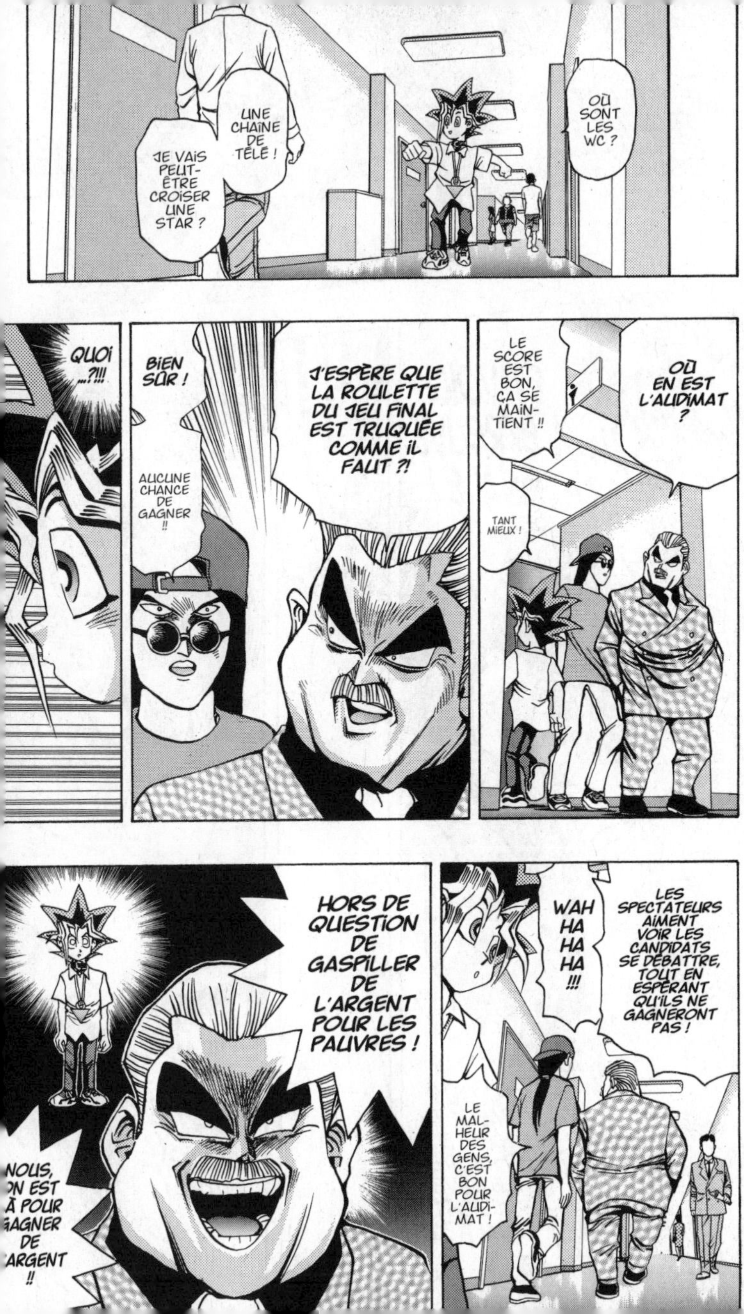
OÙ SONT LES WC ?
UNE CHAÎNE DE TÉLÉ !
JE VAIS PEUT-ÊTRE CROISER UNE STAR ?
OÙ EN EST L'AUDIMAT ?
LE SCORE EST BON, ÇA SE MAIN-TIENT !!
TANT MIEUX !
J'ESPÈRE QUE LA ROULETTE DU JEU FINAL EST TRUQUÉE COMME IL FAUT ?!
BIEN SÛR !
AUCUNE CHANCE DE GAGNER !!
QUOI ...?!!!
LES SPECTATEURS AIMENT VOIR LES CANDIDATS SE DÉBATTRE, TOUT EN ESPÉRANT QU'ILS NE GAGNERONT PAS !
WAH HA HA HA !!!
LE MALHEUR DES GENS, C'EST BON POUR L'AUDI-MAT !
HORS DE QUESTION DE GASPILLER DE L'ARGENT POUR LES PAUVRES !
NOUS, ON EST À POUR GAGNER DE ARGENT !!

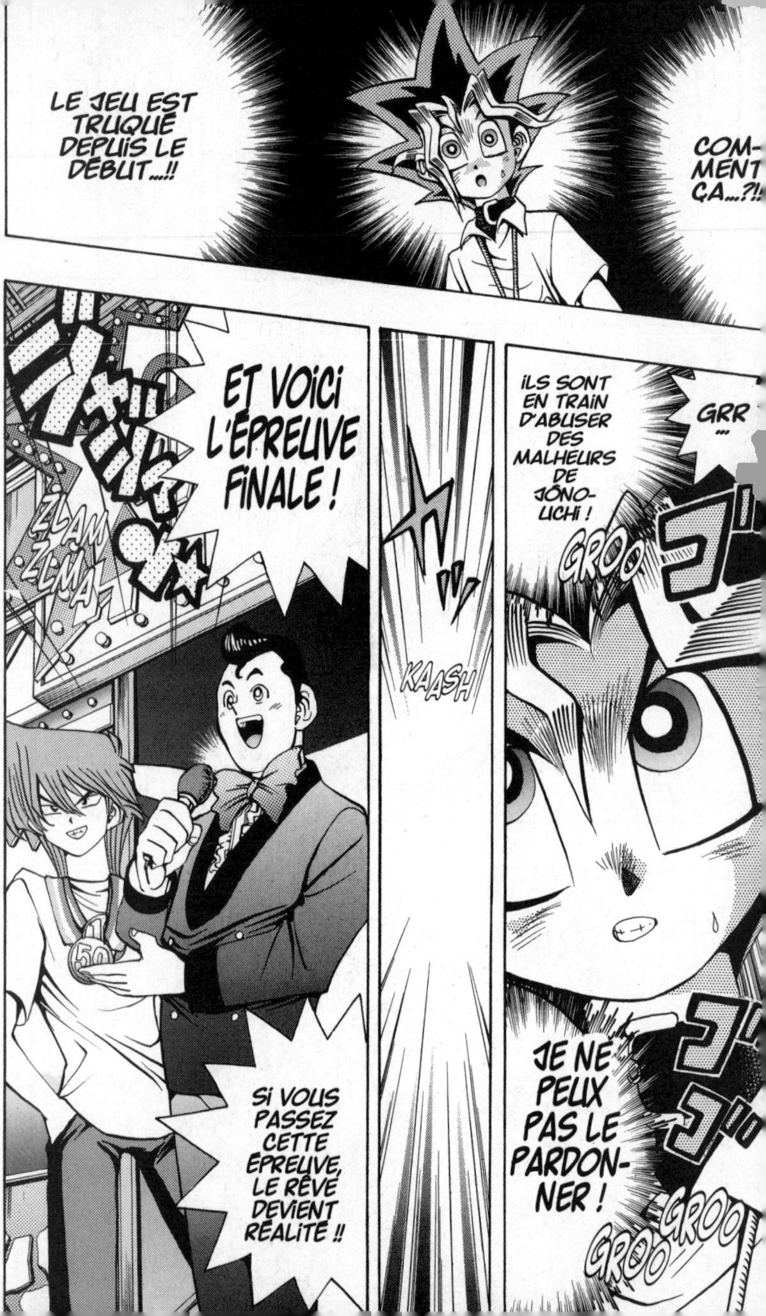
COMMENT ÇA...?!!
LE JEU EST TRUQUÉ DEPUIS LE DÉBUT...!!
GRR...
ILS SONT EN TRAIN D'ABUSER DES MALHEURS DE JÔNOUCHI !
GROO
JE NE PEUX PAS LE PARDONNER !
GROO GROO
KAASH
ET VOICI L'ÉPREUVE FINALE !
ZLAM ZLMA
SI VOUS PASSEZ CETTE ÉPREUVE, LE RÊVE DEVIENT RÉALITÉ !!

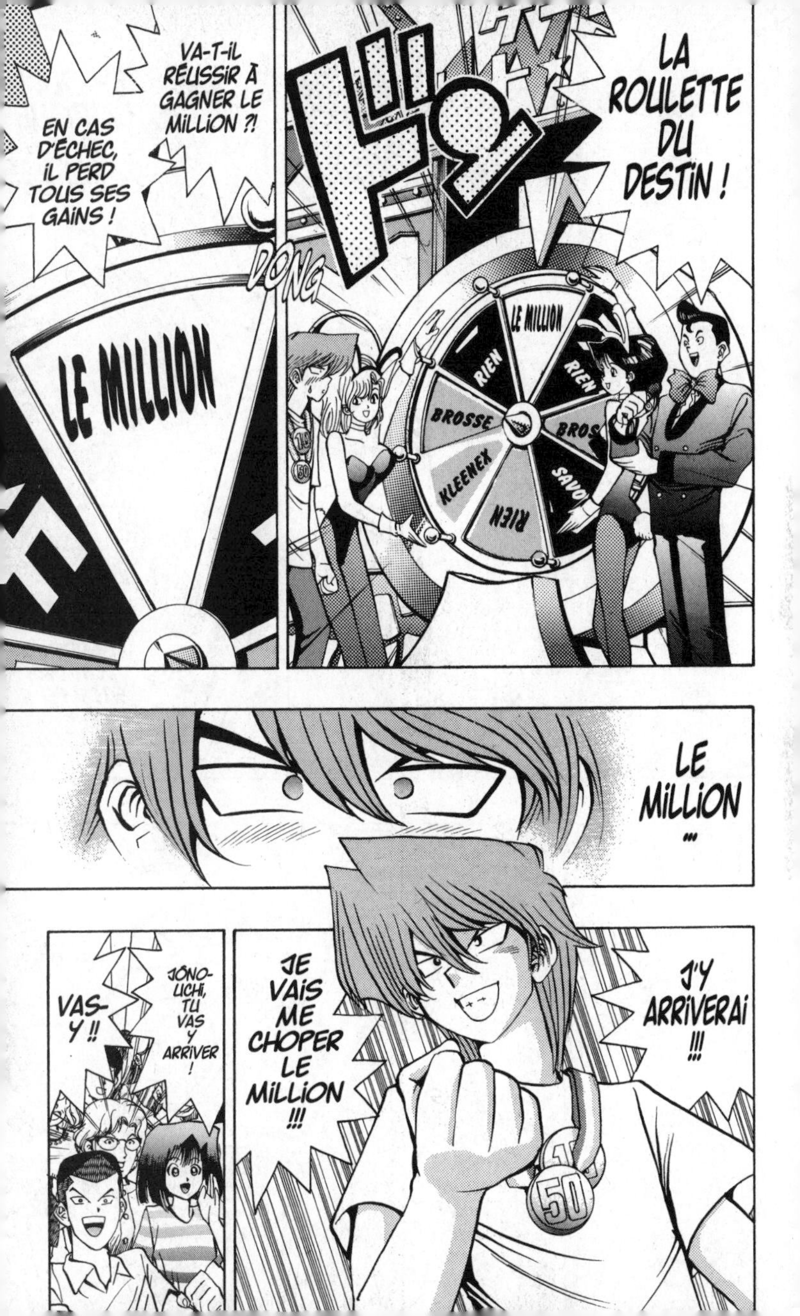
LA ROULETTE DU DESTIN !
DONG
VA-T-IL RÉUSSIR À GAGNER LE MILLION ?!
EN CAS D'ÉCHEC, IL PERD TOUS SES GAINS !
LE MILLION
LE MILLION
RIEN
RIEN
BROSSE
KLEENEX
RIEN
LE MILLION ...
J'Y ARRIVERAI !!!
JE VAIS ME CHOPER LE MILLION !!!
JÔNO-UCHI, TU VAS Y ARRIVER !
VAS-Y !!

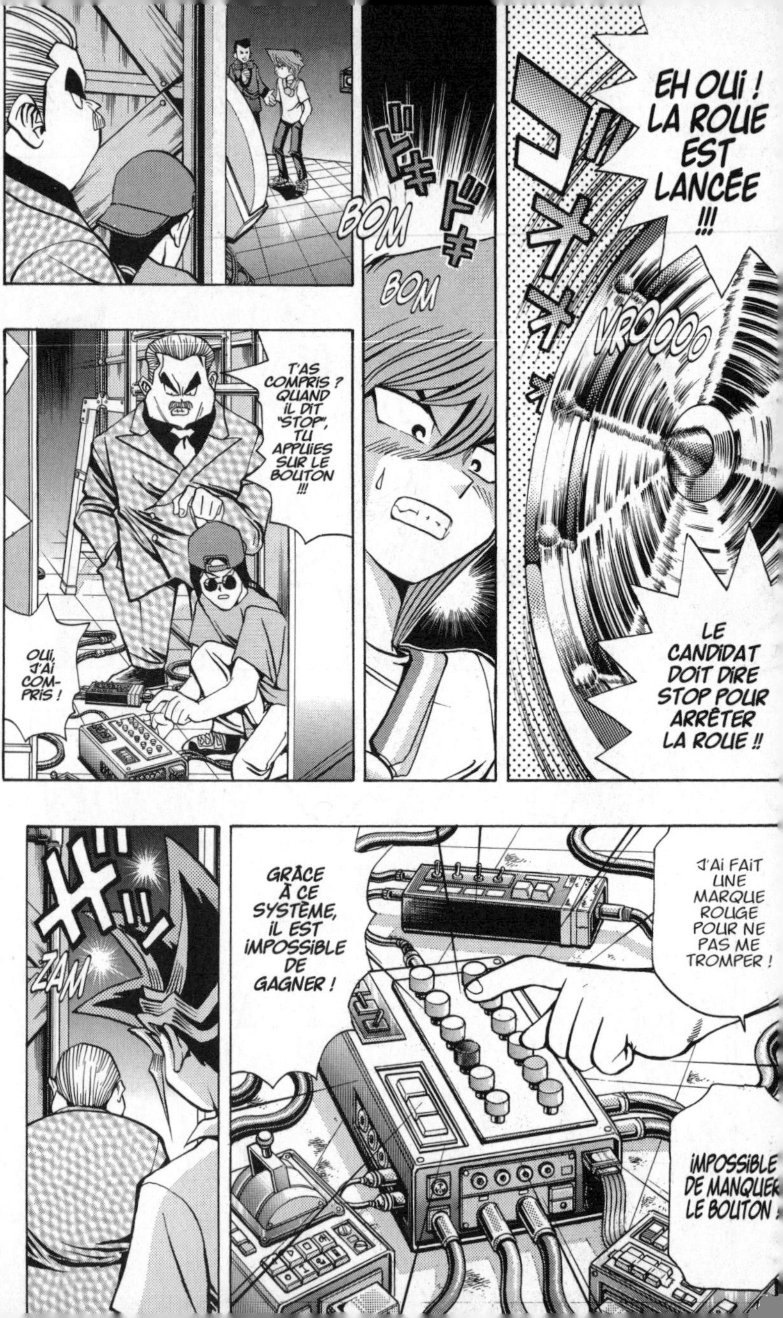
EH OUI ! LA ROUE EST LANCÉE !!!
VROOOO
LE CANDIDAT DOIT DIRE STOP POUR ARRÊTER LA ROUE !!
BOM
BOM
T'AS COMPRIS ? QUAND IL DIT "STOP", TU APPUIES SUR LE BOUTON !!!
OUI, J'AI COM-PRIS !
J'AI FAIT UNE MARQUE ROUGE POUR NE PAS ME TROMPER !
GRÂCE À CE SYSTÈME, IL EST IMPOSSIBLE DE GAGNER !
IMPOSSIBLE DE MANQUER LE BOUTON !
ZAM

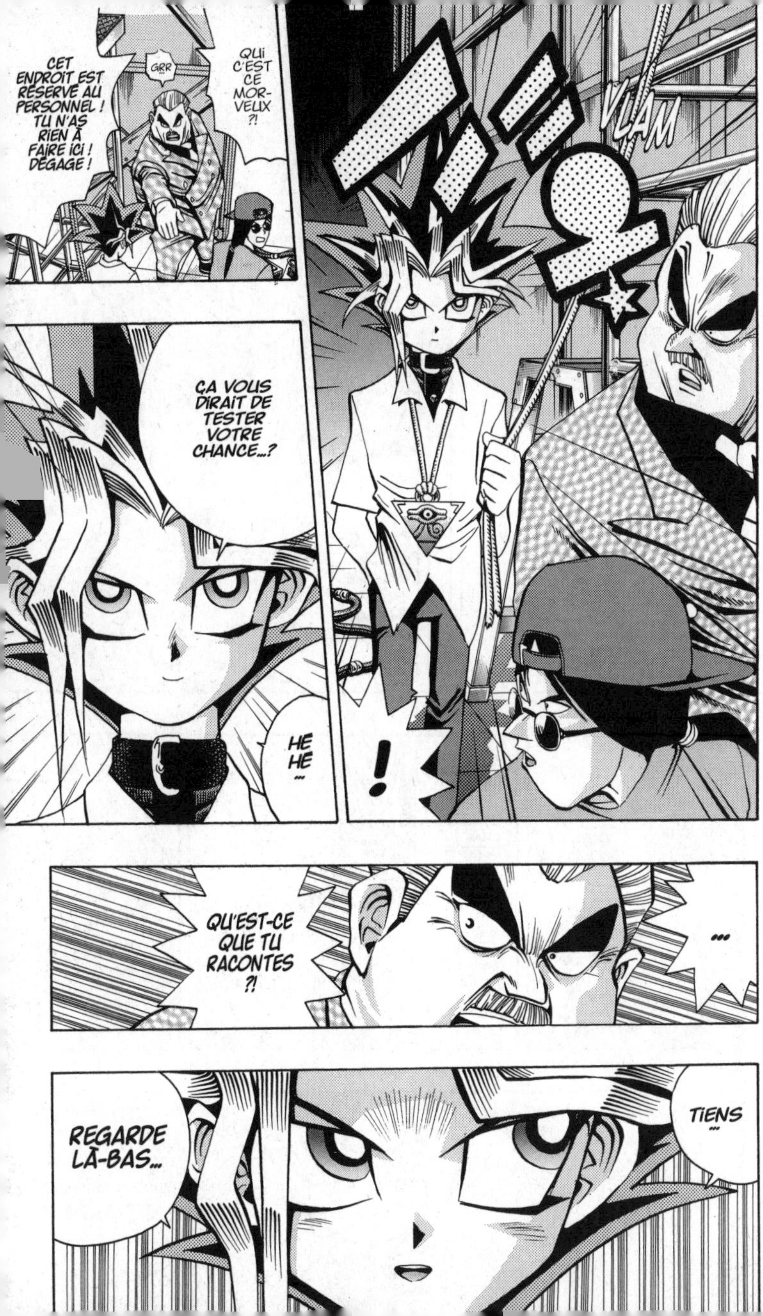
CET ENDROIT EST RÉSERVÉ AU PERSONNEL ! TU N'AS RIEN À FAIRE ICI ! DÉGAGE !
GRR ...
QUI C'EST CE MORVEUX ?!
VLAM
!?
ÇA VOUS DIRAIT DE TESTER VOTRE CHANCE...?
HE HE ...
!
QU'EST-CE QUE TU RACONTES ?!
...
REGARDE LÀ-BAS...
TIENS ...

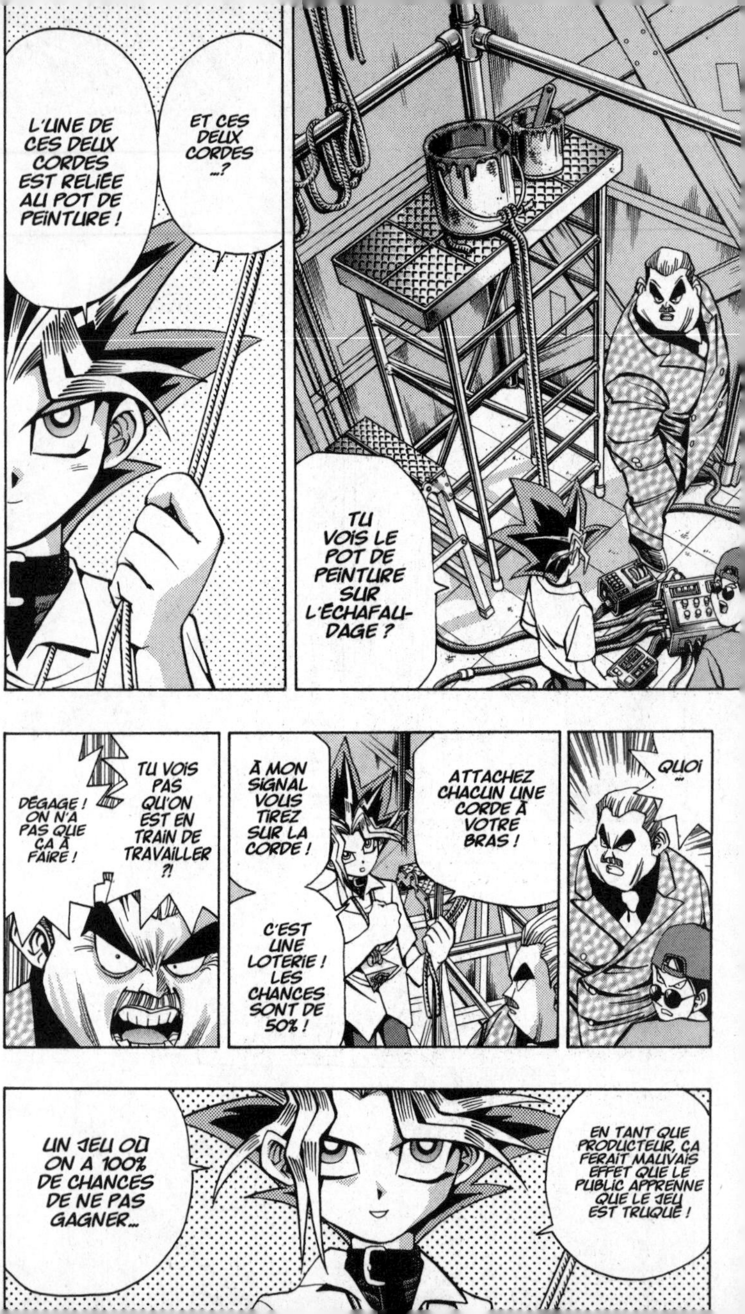
TU VOIS LE POT DE PEINTURE SUR L'ÉCHAFAUDAGE ?
ET CES DEUX CORDES ...?
L'UNE DE CES DEUX CORDES EST RELIÉE AU POT DE PEINTURE !
QUOI ...
ATTACHEZ CHACUN UNE CORDE À VOTRE BRAS !
À MON SIGNAL VOUS TIREZ SUR LA CORDE !
C'EST UNE LOTERIE ! LES CHANCES SONT DE 50% !
TU VOIS PAS QU'ON EST EN TRAIN DE TRAVAILLER ?!
DÉGAGE ! ON N'A PAS QUE ÇA À FAIRE !
EN TANT QUE PRODUCTEUR, ÇA FERAIT MAUVAIS EFFET QUE LE PUBLIC APPRENNE QUE LE JEU EST TRUQUÉ !
UN JEU OÙ ON A 100% DE CHANCES DE NE PAS GAGNER...

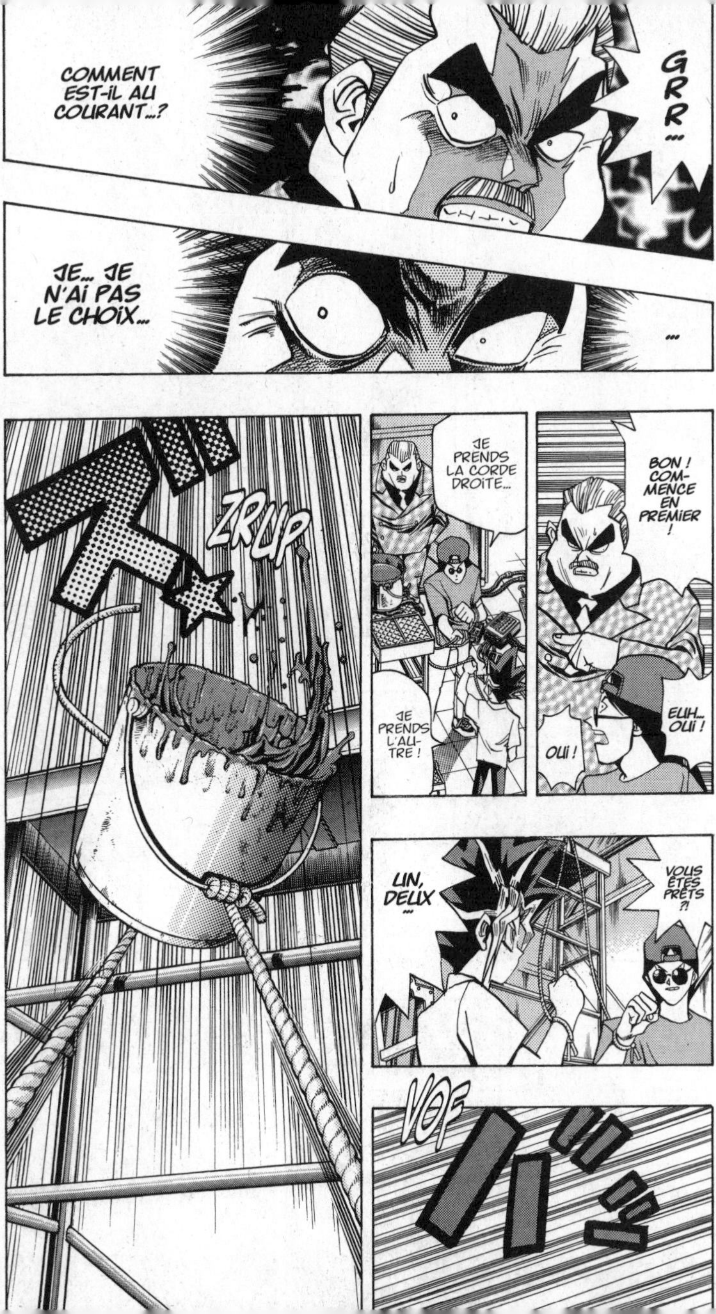
GRR...
COMMENT EST-IL AU COURANT...?
...
JE... JE N'AI PAS LE CHOIX...
BON ! COMMENCE EN PREMIER !
EUH... OUI !
OUI !
JE PRENDS LA CORDE DROITE...
JE PRENDS L'AUTRE !
VOUS ÊTES PRÊTS ?!
UN, DEUX...
VOF
ZRUP

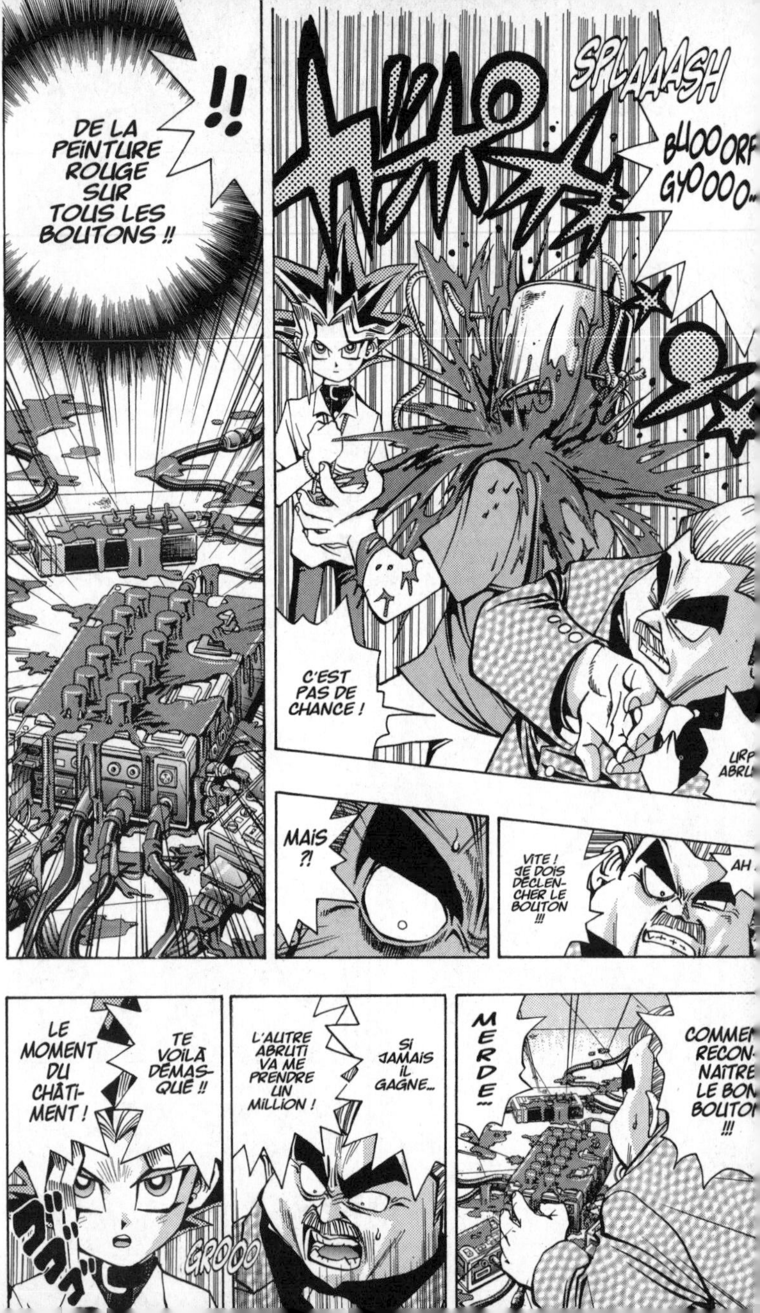
SPLAAASH
BUOOORF
GYOOOO...
C'EST PAS DE CHANCE !
URP
ABRU
VITE ! JE DOIS DÉCLENCHER LE BOUTON !!!
AH...
MAIS ?!
!!
DE LA PEINTURE ROUGE SUR TOUS LES BOUTONS !!
COMMEN RECON-NAITRE LE BON BOUTO !!!
MERDE...
SI JAMAIS IL GAGNE...
L'AUTRE ABRUTI VA ME PRENDRE UN MILLION !
GROOO
TE VOILÀ DÉMASQUÉ !!
LE MOMENT DU CHÂTIMENT !

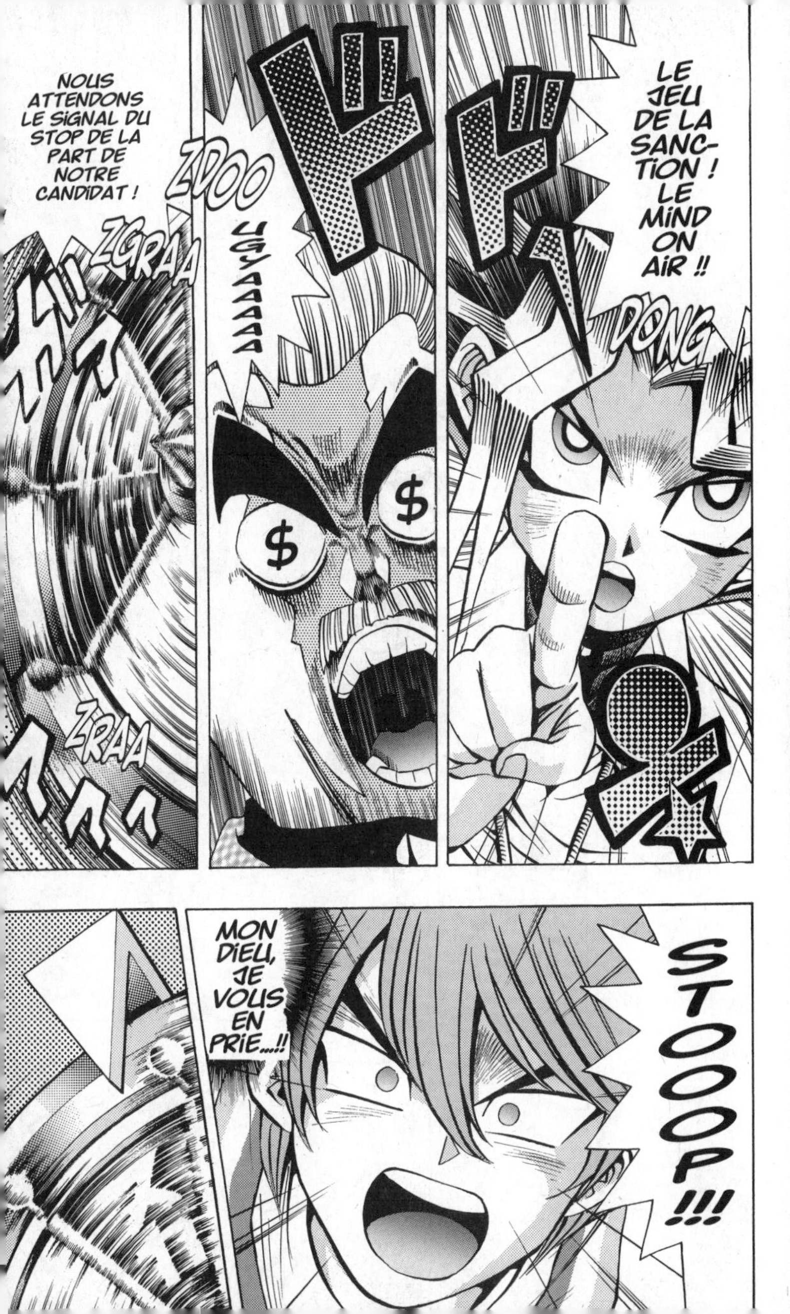
LE JEU DE LA SANCTION ! LE MIND ON AIR !!
DONG
UGYAAAAAA
NOUS ATTENDONS LE SIGNAL DU STOP DE LA PART DE NOTRE CANDIDAT !
ZDOO
ZGRAA
ZRAA
STOOOOP !!!
MON DIEU, JE VOUS EN PRIE...!!

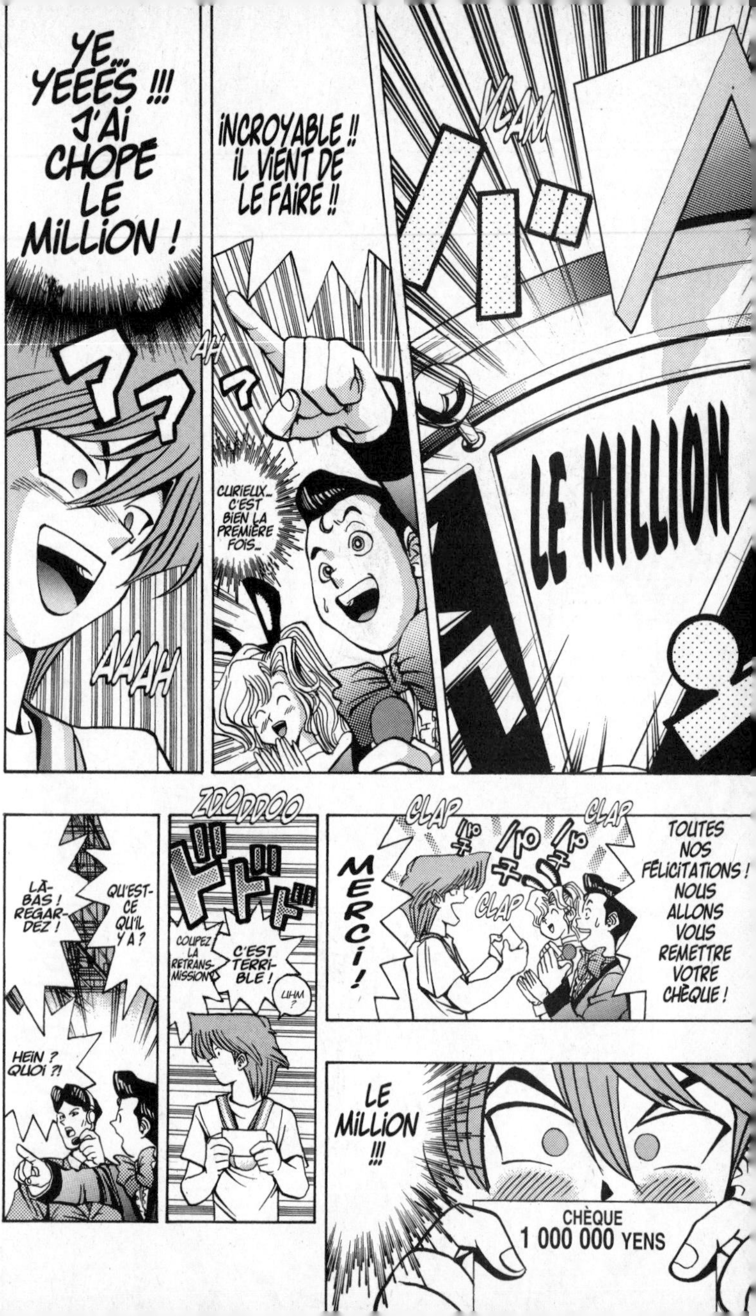
VLAM
LE MILLION
INCROYABLE !! IL VIENT DE LE FAIRE !!
AH
CURIEUX... C'EST BIEN LA PREMIÈRE FOIS...
YE... YEEES !!! J'AI CHOPÉ LE MILLION !
AAAH
CLAP
CLAP
CLAP
TOUTES NOS FÉLICITATIONS ! NOUS ALLONS VOUS REMETTRE VOTRE CHÈQUE !
MERCI !
LE MILLION !!!
CHÈQUE 1 000 000 YENS
ZDOODDOO
COUPEZ LA RETRANSMISSION !
C'EST TERRIBLE !
UHM ?
LÀ-BAS ! REGARDEZ !
QU'EST-CE QU'IL Y A ?
HEIN ? QUOI ?!

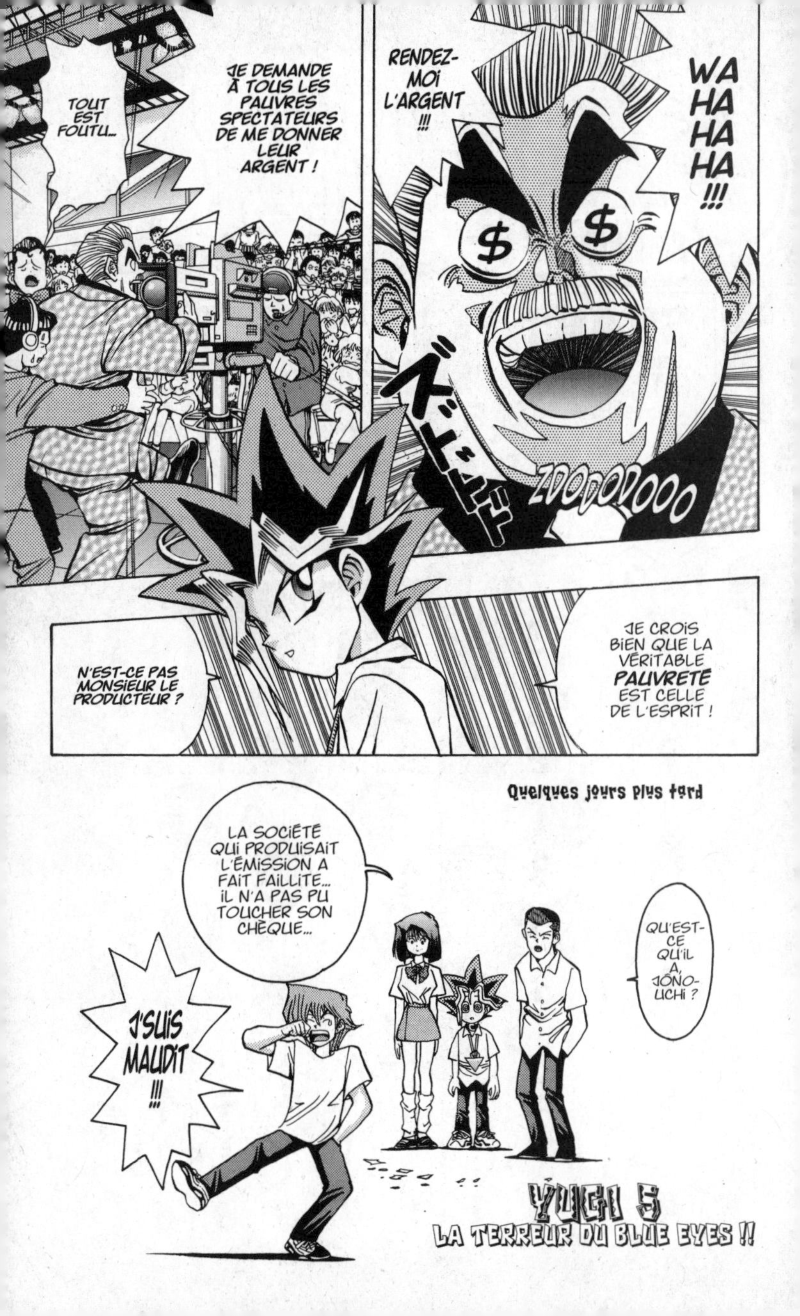
WA HA HA HA !!!
RENDEZ-MOI L'ARGENT !!!
ZDODODOOO
JE DEMANDE À TOUS LES PAUVRES SPECTATEURS DE ME DONNER LEUR ARGENT !
TOUT EST FOUTU...
JE CROIS BIEN QUE LA VÉRITABLE PAUVRETÉ EST CELLE DE L'ESPRIT !
N'EST-CE PAS MONSIEUR LE PRODUCTEUR ?
Quelques jours plus tard
QU'EST-CE QU'IL A, JÔNO-UCHI ?
LA SOCIÉTÉ QUI PRODUISAIT L'ÉMISSION A FAIT FAILLITE... IL N'A PAS PU TOUCHER SON CHÈQUE...
J'SUIS MAUDIT !!!
YUGI 5
LA TERREUR DU BLUE EYES !!

Hips Hips !

SUPPLÉMENT

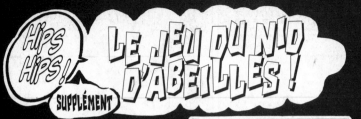

LE JEU DU NID D'ABEILLES !

START

Celui qui lance le dé le premier se place sur la case du chiffre correspondant !

De deux à cinq joueurs. Prévoir des pions et un dé. **LA RÈGLE :**

Une fois les pions placés sur la case de départ, les joueurs décident au janken de celui qui commence le premier !

On avance en fonction du chiffre qui apparaît sur le dé ! Toutefois, on ne peut avancer que sur les cases qui portent le même chiffre !

Pour progresser dans le jeu, il faut bien réfléchir à son trajet au préalable ! Le premier arrivé... est le vainqueur !!

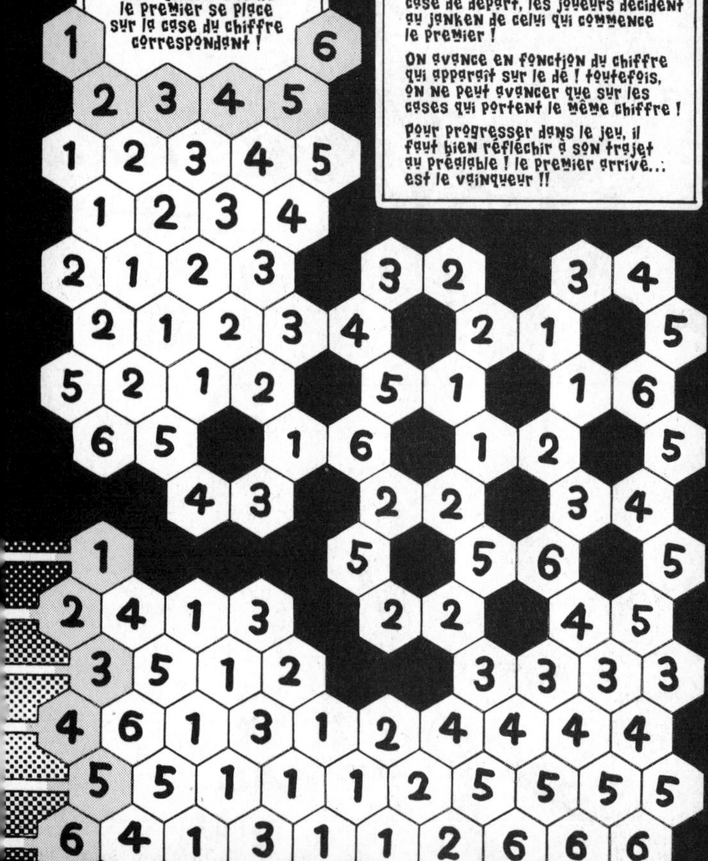

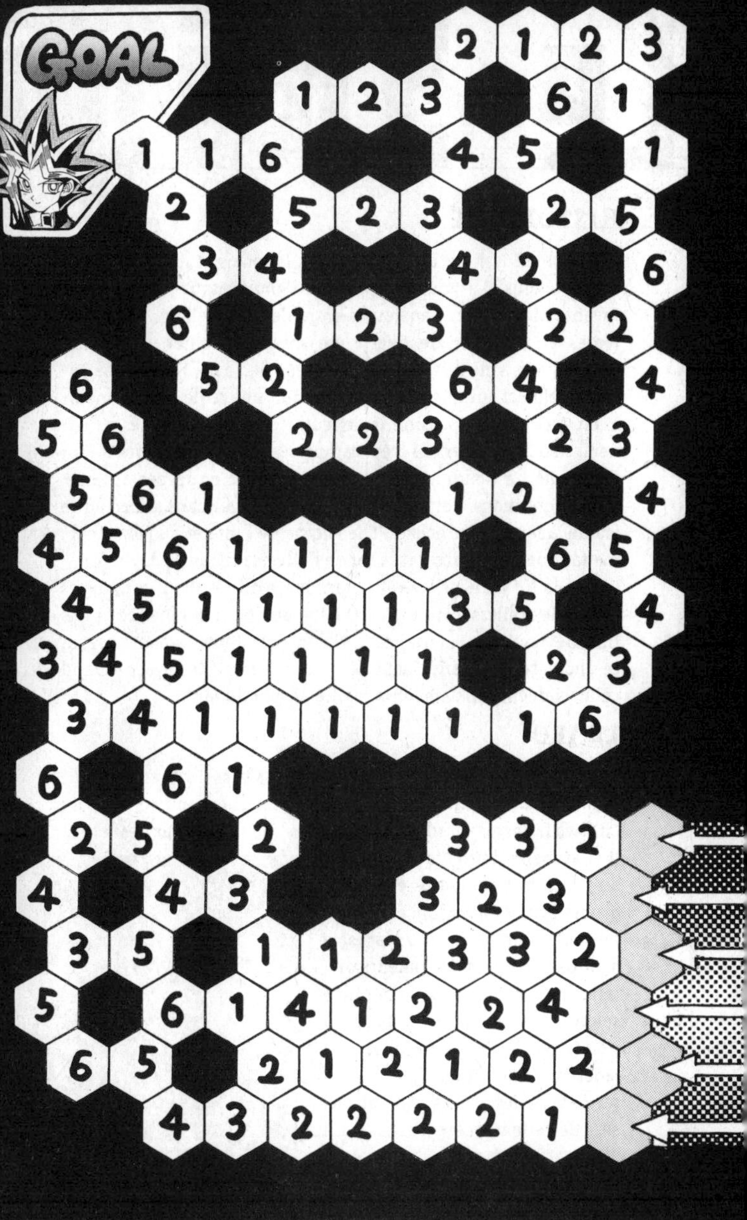
GOAL

le Shôgi

HISTORIQUE

Le shôgi est le nom du jeu d'échecs japonais. Tout comme nos échecs à nous, il est dérivé du jeu que l'empereur de l'Inde Ravana inventa afin que ses généraux s'entraînent à améliorer leurs stratégies et tactiques de guerre. Le shôgi, tel qu'on le connaît aujourd'hui, a été instauré à la fin du 16e siècle par l'empereur Go-Nara. Celui-ci aurait également introduit une règle unique inédite en Occident : la possibilité de réutiliser les pièces prises à l'ennemi. Pour profiter de ces captures, on les "parachute" sur l'échiquier, à l'endroit où on le désire, mais en respectant certaines conditions. Cette particularité n'apparaît dans aucun autre jeu de la famille des échecs. Elle augmente l'intérêt du jeu en permettant de mieux acculer le roi de l'adversaire, au mat.

C'est à la fin du 16e siècle et durant le 17e que le shôgi connut ses lettres de noblesse. Trois grands généraux reprirent le shôgi à des fins de tactiques militaires : Nobunaga, Hideyoshi et Ieyasu. Le shôgi se popularisa sous le gouvernement de Ieyasu quand celui-ci devint finalement le maître absolu du Japon.

LE JEU

L'échiquier du shôgi est composé de 81 cases : 9 en largeur, numérotées en chiffres arabes, et 9 en longueur, numérotées en chiffres japonais ou romains ou encore identifiées par des lettres de l'alphabet latin. Contrairement au nôtre qui comporte des cases claires et des cases foncées, il est de couleur uniforme. Les pièces ne sont pas non plus de couleurs différentes. Le camp est déterminé selon la direction vers laquelle pointe la flèche dont elles ont légèrement la forme.

Au départ, les pièces sont disposées de cette manière :

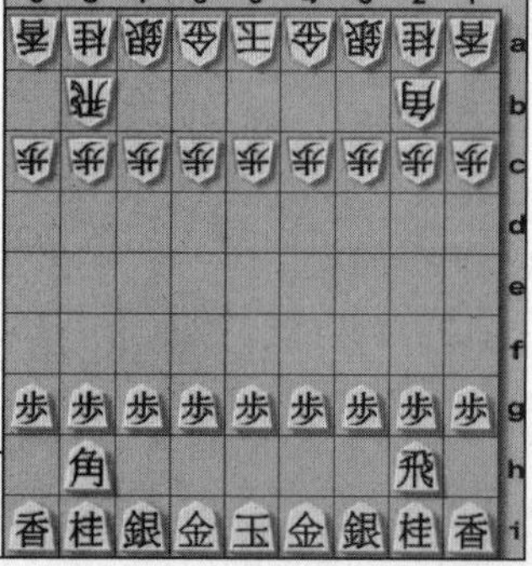
9 8 7 6 5 4 3 2 1
a
b
c
d
e
f
g
h
i
歩 歩 歩 歩 歩 歩 歩 歩 歩
角 飛
香 桂 銀 金 玉 金 銀 桂 香

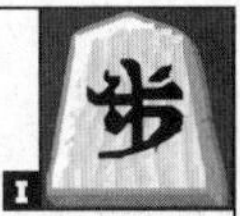
1

LES PIÈCES

Dans chaque camp, il y a 9 pions, 2 lances, 2 cavaliers, 2 généraux d'argent, 2 généraux d'or, 1 roi, 1 fou et une tour.

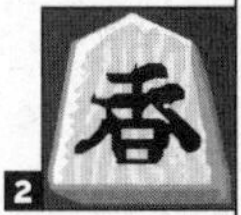
2

LES DÉPLACEMENTS

Les **pions (1)** se déplacent comme ceux de nos échecs, d'une case à la fois vers l'avant. Ils ne mangent cependant que dans le sens de leur déplacement et ne peuvent pas reculer. Il ne peut y avoir qu'un seul pion du même camp dans une colonne.

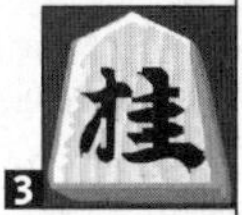
3

Les **lances (2)** avancent uniquement vers l'avant, d'autant de cases qu'on le désire. Elles ne peuvent ni se déplacer latéralement ni reculer.

Les **cavaliers (3)** se déplacent uniquement d'une case en diagonale et d'une case en avant (ou inversement) et passent par-dessus les autres pièces. Ils ne peuvent ni se déplacer latéralement ni reculer.

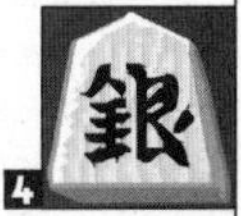
4

Les **généraux d'argent (4)** avancent comme le roi, d'une seule case en toute direction, hormis latéralement (droite et gauche) et en arrière. Mais ils peuvent reculer en diagonales.

Les **généraux d'or (5)** avancent également comme le roi, sauf en diagonales arrières.

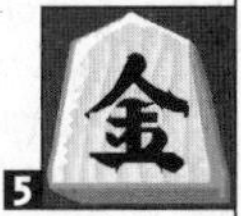
5

Le **roi (6)** se déplace dans toutes les directions, d'une seule case à la fois. C'est la pièce qu'il faut mater.

Le **fou (7)** se déplace comme le fou de nos échecs, en diagonales uniquement.

La **tour (8)** se déplace comme la tour de nos échecs, dans toutes les directions sauf en diagonales.

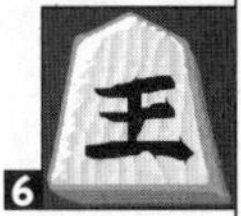
6

LE PARACHUTAGE

Le shôgi possède une caractéristique unique, c'est le "parachutage". Il consiste à remettre en jeu les pièces capturées à l'ennemi pour en faire des alliés. Cela équivaut à un coup et remplace donc le déplacement d'une pièce sur l'échiquier. Le joueur "parachute" la pièce capturée où il veut, mais se doit de respecter les conditions suivantes :

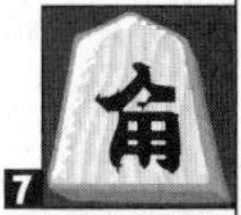
7

- La case doit être libre.
- La pièce doit pouvoir se déplacer au moins une fois encore.

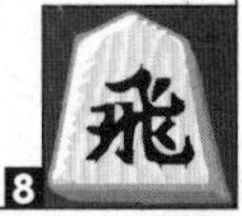
8

- Un pion ne peut pas être parachuté devant le roi et le mettre mat.
- Un pion ne peut pas être parachuté sur une colonne déjà occupée par un autre pion (autrement dit, on ne peut "doubler" le pion) sauf si celui-ci est déjà promu.

LA PROMOTION

C'est l'autre caractéristique du shôgi. Une pièce est promue lorsqu'elle arrive dans la zone adverse délimitée par les 3 premières lignes du camp ennemi. Elle n'est cependant pas obligatoire, sauf lorsque la pièce arrive à l'autre bout du plateau. La promotion concerne toutes les pièces, hormis le roi et le général d'or.

Les pions, les lances, les cavaliers et les généraux d'argent deviennent des généraux d'or. Ils héritent ainsi des déplacements de ces derniers et perdent leurs anciennes propriétés.

La tour et le fou conservent leurs anciens déplacements tout en héritant des déplacements du roi. Lorsqu'une promotion est effectuée, on retourne la pièce, qui présente alors un autre caractère indiquant qu'elle est promue.

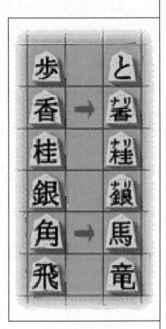

VARIATIONS

Il existe dans le shôgi, tout comme dans nos échecs, un grand nombre de variétés de jeux. Le tsume shôgi est, par exemple, une résolution de mat en un temps ou en un nombre de coups impartis. Les paris sont ouverts sur la réussite ou l'échec du joueur. Cette variation est assez populaire dans les rues.

Pour en savoir plus, visitez les sites web suivants :

http://www.chez.com/shogi/
http://www.multimania.com/asa/
http://www.halcyon.com/stouten/shogi.html

Avez-vous l'étoffe d'un grand détective?

DÉTECTIVE CONAN
DE GOSHO AOYAMA

Edogawa Conan, le détective plus futé de sa génération, victime d'une mystérieuse organisation d'hommes en noir, redevient enfant et retourne à l'école primaire. Tout en préservant le secret sur sa nouvelle identité, il résout enquêtes, affaires sombres et autres meurtres inexpliqués. Déjà 30 volumes contant la vie quotidienne de ce petit garçon capable de faire la lumière sur les crimes les plus machiavéliques!

PSYCHOMETRER

DE Yûma Andô et Masashi Asaki

EIJI

Là où les méthodes d'investigations classiques ont échoué, il reste encore la psychométrie...

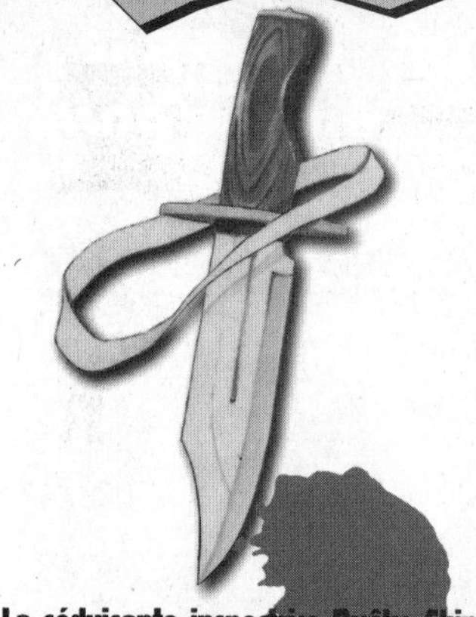

DARK
kana

La séduisante inspectrice Ryôko Shima est spécialisée en psychologie criminelle : à partir de détails qui ont l'air insignifiants, elle est capable de dresser scientifiquement le profil d'un meurtrier en série. Malgré tout, ses connaissances ont leurs limites. C'est la raison pour laquelle, elle demande à Eiji Asuma, un lycéen pourvu du don de psychométrie, de faire équipe avec elle. La psychométrie est un don extra-sensoriel qui permet à Eiji de lire le passé des gens ou des objets qu'il touche. À Tokyo, les tueurs en série ne font pas dans la dentelle et le tandem Eiji-Shima aura fort à faire.

Un manga très réaliste dans lequel on plonge littéralement !

C'est à ses lecteurs que la collection Kana doit son succès et elle le leur rend bien : chaque mois, des pages bonus entières leur sont réservées. Dessins et courriers enrichissent encore davantage les mangas traduits. La collection s'élargit d'années en années et Kana propose désormais des mangas pour un plus grand nombre !

Les nouvelles valeurs

Collection Dark kana

Terrible : "Monster" de Naoki Urasawa.

Le Dr Tenma ne pouvait pas savoir que l'enfant dont il allait sauver la vie, deviendrait un tueur machiavélique, mystérieux et sanguinaire. Ce qui est fait est fait. Sur les traces de Johan surnommé "Monster", le docteur Tenma cherche la vérité. Quand un manga fait vraiment peur...

Frissonnant : "Psychometrer Eiji"
de Masashi Asaki d'après un scénario de Yûma Andô.

Un jeune lycéen doté d'un don de vision extra-lucide fait équipe avec une séduisante inspectrice pour traquer les tueurs en série dans Tokyo. Le jeune Eiji découvre en même temps que nous, l'étendue et l'efficacité de son pouvoir. Un manga "épicé" !

Excitant : "Samouraï Deeper Kyô" de Akimine Kamijô.

Dans le Japon du 17e siècle, c'est la loi du plus fort qui a été instaurée. Le plus fort en l'occurrence s'appelle Kyô. On dit de lui que c'est un démon, mais ceux qui l'ont vu ne sont plus là pour le confirmer. Qui est-il vraiment ?

Collection Shôjo

Héroïque : "Basara" de Yumi Tamura.

Après l'apocalypse, le monde a été asservi. Le messie tant attendu a été tué par le tyran, mais sa sœur jumelle va le remplacer secrètement pour préserver l'espoir de tout un peuple. Un récit au souffle épique.